中國學術思想 研究輯刊

二五編

林慶彰 主編

第13冊

從「教化爲學」到「適性爲學」
——兩漢以迄嵇康論學思想之重要轉折

陳俊榮 著

花木蘭文化出版社

國家圖書館出版品預行編目資料

從「教化為學」到「適性為學」——兩漢以迄嵇康論學思想之
重要轉折／陳俊榮 著 — 初版 — 新北市：花木蘭文化出版社，
2017〔民106〕
目 4+204 面；19×26 公分
（中國學術思想研究輯刊 二五編：第 13 冊）
ISBN 978-986-404-924-0（精裝）
1. 玄學 2. 魏晉南北朝哲學
030.8   106000999

中國學術思想研究輯刊
二五編　第十三冊　　　　　　　　ISBN：978-986-404-924-0

從「教化爲學」到「適性爲學」
——兩漢以迄嵇康論學思想之重要轉折

作　　者　陳俊榮
主　　編　林慶彰
總 編 輯　杜潔祥
副總編輯　楊嘉樂
編　　輯　許郁翎、王筑　美術編輯　陳逸婷
出　　版　花木蘭文化出版社
社　　長　高小娟
聯絡地址　235 新北市中和區中安街七二號十三樓
　　　　　電話：02-2923-1455 ／傳眞：02-2923-1452
網　　址　http://www.huamulan.tw　信箱 hml810518@gmail.com
印　　刷　普羅文化出版廣告事業
封面設計　劉開工作室
初　　版　2017 年 3 月
全書字數　184820 字
定　　價　二五編 20 冊（精裝）新台幣 38,000 元

從「教化爲學」到「適性爲學」
——兩漢以迄嵇康論學思想之重要轉折

陳俊榮　著

作者簡介

陳俊榮，1988 年生。國立中山大學中文系、國立臺灣大學中國文學所碩士班畢業，現任職於國立臺灣大學出版中心編輯。研究範圍主要在儒學與漢晉思想，對於學術史的演變以及知識分子的人生理想有相當濃厚之興趣。

提　要

　　對漢晉之際思想的研究，多著力於漢代以天人關係、元氣論爲主的思想，如何轉變爲魏晉玄學。相較於這些以核心概念爲主的研究取徑，本文選擇由士大夫論學思想這一視角切入，觀察整體學術發展的脈絡，尋繹此一轉變的內在理路。

　　漢代論學思想的基調，基本上由董仲舒所奠定。董仲舒將太學教育的目的，定位在「教化」與「養賢」兩大功能，並由此啓示「學」所蘊含的「教化」與「覺悟」之義。往後的論學思想發展，便循著這兩條主線，形成重視群體教化，和重視個體覺悟兩種論述。前者即爲漢代主流的「教化爲學」，而後者在漢代雖依附於「教化爲學」的脈絡，但已爲嵇康所提倡的「適性爲學」埋下伏流。因此，由「教化爲學」到「適性爲學」的發展，並非一般論述中斷裂性的典範轉移。

　　從董仲舒到嵇康，本文透過三條主要脈絡的梳理：一、漢代經學本身的發展；二、士大夫「以學爲本」認知下，對於論學思想的推展，包括其中所彰顯的知性論學，以及在「學」與「情性」的關係上，更爲深刻的論述；三、漢末清議興起後，論辯技巧、思辨方式，都有了新的發展，特別在道家思想的勃興下，士大夫的思想中注入了新的活力，凡此都影響了當時論學思想的發展，並可觀察到其中的轉變。

　　經由這三條脈絡的梳理，最終聚焦於嵇康與張叔遼辯論「自然好不好學論」的議題。從中可以觀察到，嵇康檢討漢代經學的權威性，繼承士大夫「以學爲本」的認知，進一步推展漢末以來「情性」、「知性」、「才性」、言意之辨等議題，著眼於個體殊異之情性，進而提出「適性爲學」的新思想。

　　本文欲透過「論學思想」此一研究視角，呈顯漢晉之際士大夫所認知的「學」、「性」、「知性」、「欲」、「情」等概念的變化如何反應在學術發展上，並希望爲漢晉學術史的研究，提供另一種可能的途徑。

目次

前　言

　　每當沮喪、挫折時，總會在心中輕輕浮現一句話：「難行能行，難忍能忍；學處廣大，悲心懇切」，這是閱讀趙樸初《佛教常識問答》時偶然記起的一句話，從此便埋入心中，久久不能消去。對於這句話的感動，並非來自於宗教關懷與情感，而是字字句句中，透顯出來一種對生命、對個人深沉地反省與領會：難行者不能行，難忍者不能忍，則何事能成？何事能忍？終究只能因循苟且，一事無成；人若不具有廣大涵養、精深透徹的學識，則所知淺薄，何以能待人應事？而即使有了如此精深之學識，若沒有懷有慈人之樂、悲人之苦的慈悲心，那麼只會造成絕對的權力、絕對的腐敗。自此「學」與「我」之間便結下了不解之緣，本書或許便是在這自我對話、尋覓，以及與古人對話、尋覓的過程中逐漸誕生的。

　　漢晉學術之間的轉變是中國學術史上一段相當重要的時期。漢代經學至魏晉玄學的發展，一直以來都有相當多的詮釋與研究，無論是學術方法的轉變、個人或群體之自覺、還是突破式跳躍等，所在多有。而本書試著基於過去的研究成果，從「論學思想」這個角度，重新梳理這段過程與轉變。

　　無論是王官貴族，還是平民布衣，對於「學」的理解與詮釋、實踐與目的，都會有不一樣的看法與省思；先秦時期，學術知識的解放，造成了百家爭鳴，風起雲湧地改變當時的學術風貌與政治型態，同樣地，兩漢以下至魏晉之際，歷經了今古文之爭、經學的僵固與轉化、清談的興起等，士人對於自身為學的理解，產生了不一樣的看法，而這樣的認知轉變，提供尋索漢晉學術轉變的另一條可能路徑。

　　循著這條路徑，可以看到董仲舒提倡儒學與太學教育肅穆的神情，也會

看到劉向、揚雄、王充、王符、徐幹等人徘徊在經典與個人情性中，低吟沉思，當然王弼的慧光以及嵇康的颯爽，均透顯出除了僵固、瑣碎的經學外，還有其他為學的可能性，希望透過本書的梳理，能重新理解、反省古人對於自身為學的期待、想像與實踐，並試著基於學術史的歷程性解讀，與描述論學思想繼承與開創之際，能夠看見士人在其中煥發的獨特個性。

最後謹以愛因斯坦一語作結，以作為自身的鼓勵：「讓知識活起來並且保持生命力，與解決專門的問題都是同等重要的。」

西元二〇一六年九月三十日誌於五股明德

第一章　緒　論

第一節　論題緣起與形成

本文論題的提出，導源自閱讀湯用彤先生〈謝靈運〈辨宗論〉書後〉一文的啓悟。〔註1〕湯氏受謝靈運〈與諸道人辨宗論〉的提點，梳理漢魏以來，聖人可不可學、可不可至的問題，並進行簡易的歸納與推論，得出漢代中國傳統是「聖人不可學不可至」，而印度所傳入的佛教傳統則爲「聖人可學可至」。

漢代對於聖人的理解，基本上認爲人之初生時，所稟之氣性，即已決定此人是否能爲聖，故學者一般均認爲聖人卓絕於凡人之上，凡人不可能學爲聖人，更不可能達至聖人的境界。

佛教對於聖人（即成佛）的理解，是相信能夠靠修練，逐漸臻至聖人（佛）的境界，畢竟「如不能成佛，絕超凡入聖之路，則佛教根本失其作用」〔註2〕，佛教立教本意，本是透過三諦、八正道的提點，欲使人能解脫煩惱，證得眞如本性，得以度脫輪迴之苦，臻入佛境，故對於成佛採取可學可至的理想。

但這兩種對於聖人的理解，卻造成了當時士人認知上的矛盾：「當時中國學術之兩大傳統立說大體不同，中國傳統（謝論所謂孔氏）謂聖人不可學不可至；印度傳統（謝氏所謂釋氏）聖人可學亦可至。學術界二說並立相違似

〔註1〕 參見湯用彤：《魏晉玄學論稿》（上海：上海古籍出版社，2005 年），頁 94～100。
〔註2〕 同前註，頁 98。

無法調和，常使人徘徊歧路墮入迷惘。」〔註3〕今觀謝靈運〈與諸道人辨宗論〉
云：

> 同遊諸道人，並業心神道，求解言外，余枕疾務寡，頗多暇日，聊
> 伸由來之意，庶定求宗之悟。釋氏之論，聖道雖遠，積學能至，累
> 盡鑒生，不應漸悟。孔氏之論聖道既妙，雖顏殆庶，體無鑒周，理
> 歸一極。有新論道士以爲，寂鑒微妙，不容階級，積學無限，何爲
> 自絕，今去釋氏之漸悟，而取其能至，去孔氏之殆庶，而取其一極。
> 一極異漸悟，能至非殆庶，故理之所去，雖合各取，然其離孔釋矣。
> 余謂二談，救物之言，道家之唱得意之說，敢以折中，自許竊謂新
> 論爲然，聊答下意，遲有所悟。〔註4〕

謝靈運指出當時孔氏傳統是無法臻至聖境，而佛家卻云積學可至，則二者之
矛盾該如何協調？故謝氏依新論道士（竺道生）見解，折衷二者，得出「頓
悟成聖」，即「聖人不可學可至」之結果。故湯氏總結道：

> 康樂承生公之説作〈辨宗論〉，提示當時學説二大傳統之不同，而指
> 明新論乃二説之調和。其作用不啻在宣告聖人之可至，而爲伊川謂
> 「學」乃以至聖人學説之先河。則此論在歷史上有甚重要之意義蓋
> 可知矣。〔註5〕

湯氏認爲謝靈運雖沒有在義理上有任何超脫或自得的見解，但卻點出當時兩
大傳統的矛盾，並試圖以竺道生的意見，折衷二者，提出「頓悟成聖」的說
法，得以溝通二者，此一提點揭示了由佛教轉入宋明之學的關鍵，實是歷史
上甚重要之因緣。〔註6〕

　　本文論題的產生，便在湯氏論證中國傳統「聖人不可學不可至」的脈絡
下，試圖去披索、思考這個概念從何而至，因爲聖人若不可學、不可至，則
漢儒爲學的目標似乎便落失了。湯氏雖透過皇侃《論語義疏》中對於「學」
與「聖人」的說明，指出時人認爲聖人以「寄言出意」的方法，「意在勸教，

〔註3〕 同前註。
〔註4〕 謝靈運：〈與諸道人辨宗論〉，釋道宣：《廣弘明集》（臺北：臺灣中華書局影
印常州天寧寺本校刊，1981年），卷二十，頁9。
〔註5〕 湯用彤：《魏晉玄學論稿》，頁100。
〔註6〕 〈辨宗論〉所提儒學成聖與佛教成佛之間的矛盾、衝突、調和等，可化爲「頓、
漸、內、外」四方面討論，此正爲魏晉以下至宋明在學術上最重要的問題。
詳參錢穆：《中國學術思想史論叢（四）・三論禪宗與理學》（臺北：蘭臺出版
社，2000年），頁294～295。

若聖人則固非學能也」。〔註7〕但所謂的「勸教」指的是什麼？又若聖人勸教，僅是指點凡人為學，則所學為何？又何須要學？換句話說，若聖人勸學，並不是在誘使眾人成聖，那麼為學的目標究竟為何？這是本文欲考察的第一個問題，即是「若學不成聖，則當世為學的目的是什麼？」〔註8〕

　　由兩漢經學到魏晉玄學，一般咸認為在學術型態上，有相當大的轉變，〔註9〕從名理、言意、有無、聖人觀等論題上著眼，而有特定的議題與範疇。〔註10〕由此可以追問，在這轉變的過程中，士人對於自身「成學」，是否有

〔註7〕　如湯氏引《論語義疏》「志學章」，皇侃疏云：「此章明孔子隱聖同凡……皆所以勸物也。」；又引「我非生知章」，疏云：「孔子謙以同物，自同常教。」均在說明聖人之勸學，乃在勉勵凡人，自身是不需透過學而成的。見湯用彤：《魏晉玄學論稿》，頁96。

〔註8〕　事實上，漢代並非一開始便傾向於「聖人不可學不可至」，如賈誼著，閻振益、鍾夏校注：《新書校注・勸學》（北京：中華書局，2011年）云：「謂門人學者：『舜何人也？我何人也？夫啟耳目，載心意，從立移徙，與我同性，而舜獨有賢聖之名，明君子之實，而我曾無鄰里之聞，寬徇之智者，獨何與？然則舜僬僥而加志，我僮僮而弗省耳。』」（頁296～297）提到舜與眾人皆同「性」，而舜所以有聖賢之名，乃在於能勤勉有志，則眾人只要肯努力為學，便有機會達至聖賢之境。往後傾向於「不可學不可至」，也許肇因於後來天人感應與天道觀的興起。又《淮南子・脩務》已提到「性命可說，不待學問而合於道者，堯、舜、文王也」又云「夫學，亦人之砥錫也」、「知人無務，不若愚而好學」等，則約略可推斷自武帝朝開始形成聖人生知的概念，然中才雖不如聖人之知，卻並非能就此屏棄「學」，由此可進一步探究既然學不成聖，那麼當世仍推崇學的目的是什麼。上引《淮南子》分見劉安著，何寧集釋《淮南子集釋》：（北京：中華書局，2006年），頁1329～1330、1339、1347。

〔註9〕　謝大寧：《從災異到玄學》（臺北：國立臺灣師範大學國文研究所博士論文，1989年）受到孔恩（Thomas Kuhn）：《科學革命的結構》（The Structure of Scientific revolution）的啟發，認為從兩漢災異之論到魏晉玄學是學術典範轉移的現象，且這現象是在並存且競爭的狀態中，逐漸過渡的過程。本文不使用「學術典範」一詞，而使用「學術型態」一詞，主要是考量到二者的確具有不同型態，且關注與論述的主題、方法均有明顯的不同，此處僅採用中性之詞說明，而暫不採謝氏之推論。

〔註10〕　參見湯一介：《郭象與魏晉玄學》（北京：北京大學出版社，2009年）云：「從漢末到魏晉的思想發展來看：『才性問題』是要給人性找存在的根據；『有無問題』是要給天地萬物找存在的根據；『一多問題』，是要給社會（當然是指封建社會）找存在的根據；『聖人問題』則是給當時人們的理想人格找根據。」（頁21）、林麗真：《魏晉清談主題之研究》（臺北縣永和市：花木蘭出版社，2008年）曾將當時的論題分類，概括為「經學上的談題」、「史學上的談題」、「子學上的談題」、「文學藝術上的談題」以及「佛學上的談題」。許抗生：《魏晉思想史》（臺北：桂冠，1992年）將玄學的特徵概括為：1.以「三玄」為重要研究對象、2.以辯證「有無」問題為中心課題、3.以討論宇宙的本體之學為

意識「自身之學」爲何，甚至對此有所反思？亦即若兩漢確實對爲學有一較普遍、共同認可的目的，那麼在學術型態轉變的同時，是否也會對學的目的產生影響或改變？若有影響或改變，又是如何反映出來？此爲本文欲考察的第二個問題「由兩漢學術過渡到魏晉時，爲學目的是否有改變？其改變的過程又是如何？」

通過對上面兩個問題的尋索，而聚焦於嵇康上，可概括三個原因：第一，從賈誼《新書‧勸學》到徐幹《中論‧治學》，多是站在正面的立場上肯定、論述「學」，〔註11〕但在嵇康時，卻突然形成了一個獨特的議題「自然好不好學」，其中對於「學」的認知定有所反思，因此可以基於前面兩個問題的探究，將嵇康此論的提出，以及如何論述，作爲一個重要的參考。第二，嵇康是在魏晉玄風影響下，第一個較爲明確論述此議題的人，因此可以觀察嵇康，在兩漢學術轉移到魏晉玄風的過程中，如何取捨，並形塑其論學思想。最後，透過對於嵇康系統化的解析，有助於理解兩漢到魏晉時期，整體論學思想內涵與性質的移轉。

因此本文的論題與架構，通過上述三個問題的尋索，可以推導出：

（一）「若學不成聖，則當世為學的目的是什麼？」

儒學與經學自董仲舒以下，開始成爲漢代朝廷官方的主流學術，特別是在董仲舒建請太學，並由公孫弘請立後，漢代卿大夫自此多具備儒生的背景。由董仲舒提倡建立太學的目的，以及《春秋繁露》等著作，可以清楚看到「教化爲學」被當成最主要的目的，這同時也成爲漢代論學思想的基調。

（二）「由兩漢學術過渡到魏晉時，為學目的是否有改變？其改變的過程又是如何？」

從董仲舒到魏晉之間，士大夫對於「學」的看法逐漸改變，經由劉向、揚雄等人，士大夫「以學爲本」的認知逐漸清晰。而東漢太學清議的興起，也在不同層面上，影響了論學思想的發展，從中可以輪廓出當時論學思想轉變的軌跡。

　　其哲學的基本特徵、4.以討論名教與自然的關係問題，爲其哲學的根本目的。（頁4～5）。

〔註11〕除賈誼《新書》明確標示「勸學」外，其實自漢初學者如陸賈《新語》已相當強調「學」的重要，如〈慎微〉云「力學而誦詩、書，凡人所能爲也」、〈資質〉云「凡人莫不知善之爲善，惡之爲惡；莫不知學問之有益於己，怠戲之無益於事也」，見陸賈著，王利器校注：《新語校注》（北京：中華書局，2012年），頁104、129。

再者，王符、徐幹、王弼等人，隨著論學思想的發展，各自以其學識才性，在不同的面向上，反省過去種種的討論，並試著重構、形塑出自己心目中理想的論學思想究竟當如何。

（三）「嵇康在漢晉之間如何繼承、形塑與開展其論學思想」。

嵇康與張叔遼在兩漢以迄論學思想的思潮中，提出了「自然好不好學」的爭論，並從二人的論辯中，可以尋繹出嵇康背後隱而未顯、脈絡分明「適性為學」的主張。

從以上三個問題的基點出發，梳理出「教化為學」、「適性為學」這兩個端點，作為本文發展的主要脈絡。以下將本文所涉及到的概念以及名詞，略作說明，以作為正文之引導。

首先，在說明「論學思想」這個概念前，必須先說明「學」包含了哪些意涵，據湯用彤先生的歸納，大要有以下四種意思：「學者乃造為」、「學者效也，乃由教，由外鑠」、「學者漸進，積累而有成」、「學者由於不足」〔註12〕，每一種意涵，背後所反映的思想立基點不同，但以「學」字而言，彼此之間的意思其實是互相貫通的，如段玉裁云：

> 〈學記〉曰：「學然後知不足。知不足然後能自反也。」按知不足所謂覺悟也。記又曰：「教然後知困，知困然後能自強也。」故曰：「教學相長」也。〈兌命〉曰：「學學半，其此之謂乎！」按〈兌命〉上學字謂教，言教人乃益己之學半。教人謂之學者，學所以自覺，下之效也。教人所以覺人，上之施也。故古統謂之學也。〔註13〕

段玉裁從〈學記〉的「知不足而後自反」，說明其義為「覺悟」，而後引〈兌命〉之文，說明「覺悟」若與「效法」聯繫，可解為「下之效上」，亦即見識到自己所不足於上之處在哪，而後效仿學習；同理，「教」則是以人覺人，是由上知下所不足，而使下覺悟的過程。總而言之，「學」的動力，來自於認知到自身的不足而後「覺悟」，以彌補自己的不足，並朝向更理想的自己努力；而「教」則是在這個前提下，透過相對已達到理想的人，對於尚未臻至理想之境的人，使之覺悟、願意學習，進而完善自身。故「學」之義，可由「覺悟」擴充至「效法」，二者之義可以相涵，更根本地說，「學」是種漸進完善

〔註12〕湯用彤：《魏晉玄學論稿》，頁99。
〔註13〕許慎著，段玉裁注：《說文解字注》（臺北：黎明文化事業公司影印經韻樓藏版，1996年），頁128。

自身、漸積改善的過程。

對於「學」有基礎認識後，接著來說明「論學思想」。一般通常會將這個概念連結到「教育」、「學校」等現代意義的理解上，並傾向於現今所謂教育理論，本文所說的「論學思想」當然兼有這樣的意涵，但並非重心所在，實則較清楚的定義爲：

> 士人在成學過程中，對於自身爲學的理解，其內涵包含爲學目的、
> 爲學方法、學的內容、解析學與人性之間的關聯等層面。

比起「學」單純就「覺悟」或「效法」而言，「論學思想」更著重於士人成學過程中的「主體認知」與「爲學目的」。由「主體認知」的角度切入，可以觀察士人在面對「學」的活動時，對於學的自覺與看法，特別是牽涉到人性與學之間的關係，如何構織成爲學的可能；而「爲學目的」則爲士人面對「學」時，所自覺或預設的目的，而這目的可能較爲著重自身，但也有可能以群體爲考量。因此「主體認知」與「爲學目的」乃「論學思想」最重要的意涵，意味著士人個人的體會，以及對於「學」最終目的的看法，本文擬從這兩方面進行考察與論述。

「教化爲學」與「適性爲學」指的是在「論學思想」中，以「教化」或「適性」爲主要目的。目的不同，伴隨而來的主體認知與方法等均會隨著牽動，因此從董仲舒到嵇康的歷程發展中，將可以觀察到對於「教化」還是「適性」的關注，有移轉的趨勢。

此處必須特別說明，「教化」與「適性」均是由「人情」與「人性」爲出發點，但二者著重之處不同。前者著重的是「共性」，試圖從人人共有的性情中，尋思出疏導漸善的方法、化民爲善；後者則著重在「殊性」，強調人人與生俱來不同的才性，能夠在殊別之下，安頓好每一個人的位置，使得人人皆能盡其才，而無所扞格。然而，必須強調的是，「教化」與「適性」之間，並非一定全然衝突，毫無相容之處，而是比起衝突，二者之間更多的是相輔相成的互動，若在「論學思想」的脈絡中，則是傾向性的問題。換言之，董仲舒以下的主流論點，多是站在「教化爲學」的立場而論，然而到了嵇康時，則將重心落在「適性爲學」上，二者之間的發展，是種過渡，也是一種傾向性的差異，並非絕對水火不容、取此捨彼的態度。尤其是在「教化爲學」過於僵化的情況下，「適性爲學」反而在不同的思維與立論點上，補充、修正了「教化爲學」的內涵，使得在「適性爲學」的前提下，得以施行一定程度的

「教化」。〔註14〕

第二節　研究文獻回顧

　　本文所開展的「論學思想」，概括而言，將會涉及到教育制度與思想、士風、經學到玄學、名教與自然等面向。經由考察當世的教育制度與思想，可以具體了解制度背後所反映的爲學思想，以及當時士人成學的過程。「士風」多指東漢以來，士人在個人或群體自覺下，所從事的種種活動，凡此均牽涉到士人的主體認知，可作爲觀察「論學思想」發展過程中重要的參考面向。經學到玄學的轉變則是漢晉之際在學術上最顯著的現象，學術思潮的轉變，也包含著士人治學意趣、治學方法等方面的改變，而此正是我們可以切入觀察漢晉之際論學思想轉變的重要學術背景。名教與自然的討論，則進一步聚焦在經學到玄學的轉變中，最核心的論題之一，這主要表現在兩方面：士人學術思想的歸趨以及立身行事的出處之道，具體包含了儒道互動、經典詮釋，以及在士風的表現上等等。以下將針對這些議題，將學界主要的前行研究作簡要的回顧，以爲本文的背景與脈絡做鋪陳。

一、教育制度與思想

　　在這個時期的教育制度研究上，大部分均從漢代太學教育爲基點出發，從中延伸出幾個層面：博士、博士弟子員、經學教育、察舉、考試、官邸學、鴻都門學、郡國學校、私人教育、蒙學等來介紹，主要的研究都以此爲準。

　　余書麟《中國教育史》〔註15〕在兩漢制度面上，分爲京師直系的太學、京師旁系的學校（鴻都門學、四姓小侯學〔即官邸學〕）、郡國學校及私學四種，分別論述當時教育制度的發展。而魏晉間的制度討論，則略爲提及，此

〔註14〕本文觀察的脈絡，蘇志宏已曾就「教化論」進行梳理，唯本文開展的基點與論述的脈絡，與其所言有別，但蘇氏已點出與本文相契之論點，其云：「秦漢官方的禮樂教化理論隨著董仲舒的神學目的論的提出而昌盛，隨著兩漢官方經學的沒落而衰敗，經過東漢時期揚雄、王充等『異端』思想家和東漢末年的社會批判時潮的批判和發展，形成了魏晉時期以『有無』、『本末』等思維形式的出現、以『自然』說明『名教』爲特點的玄學禮樂教化理論。」參見蘇志宏：《秦漢禮樂教化論》（成都：四川人民出版社，1991年），頁2。

〔註15〕余書麟：《中國教育史》（臺北：國立臺灣師範大學出版組出版，1960～1961年）。

時主要的建樹，在於分別「太學」與「國子學」，「太學」主要接受平民學生，而「國子學」則以貴族子弟爲主。在考試、選舉方面，則分爲「普通選舉」（賢良方正、孝廉、秀才、博士弟子）與「特殊選舉」（公府辟舉科、童子科），值得注意的是，余氏將博士弟子考試置入選舉當中，作爲選舉制度的一項，頗有選舉與考試合一的意味。

楊承彬《秦漢魏晉南北朝教育制度》，〔註16〕基本也採取這種方式，但比起余書麟而言，少了教育思想的論述，僅僅針對教育制度說明，比較特別之處，此書增列了「中央行政教育」與「地方行政教育」，分別說明中央的太常博士以及地方的郡守等，如何透過行政來進行教育。在考試、選舉方面，楊氏說明較詳，將考試分爲「考課」、「射策」、「對策」三類，對象則有太學生、博士、尚書、試孝廉四種身分；選舉上，以方式而言有「徵召」、「詔舉」、「察舉」、「辟舉」等方式，以科目而言，則分爲「賢良方正」、「孝廉茂才」兩大類。

程舜英《兩漢教育制度史資料》、〔註17〕《魏晉南北朝教育制度史資料》〔註18〕以「制度史資料」爲出發點，通過分類的方式，將涉及上述範圍的原始材料羅列而出，並予以簡要的說明，以此輪廓出漢代教育制度的基本發展面向，材料豐富、詳實，可對兩漢教育制度有相當清楚的認識。

陳東原《中國教育史》〔註19〕則試圖對於兩漢到魏晉間教育的發展，給予歷史脈絡的說明，亦即將當時的學術思想、士風、政治演變等因素均考慮進去，而非僅僅說明制度上的演變。毛禮銳、邵鶴亭、瞿菊農三人合著的《中國教育史》〔註20〕近於陳氏的寫作方式，但對於兩漢的思想家有另外提出簡要的論述與說明，與此同時，毛氏另外與沈灌群主編的《中國教育通史》〔註21〕對於這方面的說明更爲詳實、細緻。

李國鈞、王炳照《中國教育制度通史》〔註22〕、顧明遠主編的《中國教

〔註16〕楊承彬：《秦漢魏晉南北朝教育制度》（臺北：臺灣商務印書館，1978 年）。

〔註17〕程舜英：《兩漢教育制度史資料》（北京：北京師範大學出版社，1983 年）。

〔註18〕程舜英：《魏晉南北朝教育制度史資料》（北京：北京師範大學出版社，1988 年）。

〔註19〕陳東原：《中國教育史》（臺北：臺灣商務印書館，1966 年）。

〔註20〕毛禮銳、邵鶴亭、瞿菊農：《中國教育史》（臺北：五南圖書出版公司，1989 年）。

〔註21〕毛禮銳、沈灌群：《中國教育通史》（濟南：山東教育出版社，1995 年）。

〔註22〕李國鈞、王炳照主編：《中國教育制度通史》（濟南：山東教育出版社，1999

育大系‧歷代教育制度考》與《中國教育大系‧歷代教育論述選評》〔註 23〕
等叢書，有更爲豐富詳實的資料可資參考。

　　以上諸書均可以作爲漢晉之間，教育制度的參考。就制度而言，諸書研
究差異不大，主要的差別在於對教育思想演變的歷史背景的解讀，以及當時
有關教育思想的知識分子如何論述及看待教育本身。

　　在教育思想方面，余氏、毛氏二書除了對於當時的教育制度提出說明
外，還進一步討論當代的知識分子對於教育的論述，如余氏在漢晉之際列舉
了《淮南子》、賈誼、董仲舒、揚雄、王充、葛洪、劉勰等人；毛氏在《中
國教育史》中則舉了董仲舒、王充、桑弘羊、桓譚、嵇康、傅玄等人。而在
《中國教育通史》中則更詳備地羅列出當世學者，除上述諸人外，還增加了
司馬遷、劉向、揚雄、班固、王符、鄭玄、徐幹、荀悅、葛洪等人。

　　這些涉及教育制度或思想的專書，多能從制度面，結合時代、政經環境
說明當時的教育發展，且對於各個涉及教育思想的思想家，或詳實，或精要
地點出其要點所在。然而本文所關心的，則是希望能梳理從董仲舒以下，關
於「教化爲學」發展到「適性爲學」的脈絡，並尋出其內在理路，故教育制
度或思想的前行研究，可以提供宏觀的背景與線索，得以藉其力而迥入本文
所欲探尋之脈絡。

　　因教育制度與思想涉及的範圍相當廣泛，因此除了作爲本文開展的基礎
外，尚可尋得幾點可與本文對話之處。此處僅以嵇康的「論學思想」爲例，
其餘部分則留待相關章節說明，以避免支蔓。

　　毛禮銳，邵鶴亭，瞿菊農共同撰寫的《中國教育史》，早先對於嵇康的
論學思想，頗有誤解，其云：「嵇康對文化和教育的消極態度是應該批判的。
他的清談放任，不拘禮法，反對儒家的六經名教，含有一種反抗當時現實的
精神。這是那個時代玄學思潮的特點。既厭棄禮法，但事實上又不能完全廢
棄禮法，既要求自然，但事實上又不能拋棄教育。」〔註 24〕此論以爲嵇康〈難
自然好學論〉充滿了自身的矛盾。稍後毛禮銳又與沈灌群主編的《中國教育
通史》便重新修正這個說法，將嵇康論學思想較爲平實地指點出來。其云：
「『越名教而任自然』這個思想總綱也體現在它的教育思想中。他一方面嚴

〔註 23〕　顧明遠主編：《中國教育大系（修訂版）》（武漢：湖北教育出版社，2004 年）。
〔註 24〕　毛禮銳，邵鶴亭，瞿菊農著：《中國教育史》，頁 231～232。

厲批判儒家『名教』教育理論,另方面提出『任自然』教育主張。在他的教育思想中,『越名教』和『任自然』是一個共同體中的兩個方面,相輔相承。」〔註25〕又云:「嵇康『任自由』的教育主張,要求受教育者個性自然地發展,這在中國教育史上具有重要地位。這一主張實質上是把個性與自然等同了起來,合二而一。它把個性的本質看作自然發展,把自然發展看作個性的根本要求。」〔註26〕又指出嵇康「越名教」與「任自然」均具有二重性,即一方面批判名教,一方面又接受名教;同樣地,一方面強調「任自然」,一方面又強調須調節性情,不能任性妄爲。〔註27〕此處所論頗切本文所述嵇康「論學思想」之核心。但本文擬在此基礎上,上溯其源,描述嵇康論學思想形成之因,並通過重新梳理嵇康與張叔遼的論辯,逐層剖析、挖掘嵇康「適性論學」形塑之過程及其核心,以期能更全面地展開嵇康「適性論學」的全貌。

二、從兩漢經學到魏晉玄學的轉變

本文所涉及的論題,剛好是在兩漢經學發展到魏晉玄學的脈絡中,因此對於這時段的學術轉變情況,也必須有相當的了解,並站在前人研究的基礎上,提供本文尋索的資源。

從兩漢經學過渡到魏晉玄學的轉變,前人已有豐富且深刻的探討,以下主要藉由謝大寧對學界討論兩漢經學轉移到魏晉玄學的回顧,提要於註腳中,以作爲主要的前行研究概況。

謝氏將學界主要的解釋分爲:「歷史演變的源流」以及「現實因素的促成」。〔註28〕就「歷史演變的源流」而言,有三種主要的解釋,一者以揚雄、王充、張衡等兩漢道家爲遠源,湯用彤先生〈魏晉玄學流別略論〉、〔註29〕余英時〈漢晉之際士之新自覺與新思潮〉二文均有談及;二者爲荆州新學的發展爲其近因,主要以湯用彤先生〈王弼之周易論語新義〉〔註30〕爲首論(實

〔註25〕 毛禮銳,沈灌群:《中國教育通史》,頁 405。
〔註26〕 同前註,頁 414。
〔註27〕 同前註,頁 414～418。
〔註28〕 以下概括於謝大寧:《從災異到玄學》,頁 1～27。
〔註29〕 謝氏所云,見湯用彤:《魏晉玄學論稿》,頁 38。湯氏在文中將當時玄學的學術流別,概分爲四種:王弼之本無;向秀、郭象之崇有;心無義;不眞空義。
〔註30〕 湯用彤:《魏晉玄學論稿》云:「王弼之《易》注出,而儒家之形上學之新義乃成。新義之生,源於漢代經學之早生歧異。遠有今古學之爭,而近則有荆

發展蒙文通《經學抉原》），而為學界基本定論；三者為東漢以來士的自覺精
神之發展為其內在因素，此本之於錢穆先生《國學概論》，〔註31〕而由余英
時前文所闡發。〔註32〕就「現實因素的促成」而言，亦有三種主要解釋，一
者為玄學由才性名理之論所轉至，此點又分為三種歧異：1. 政治上避禍的手
段，此為陳寅恪先生〈陶淵明之思想與清談之關係〉〔註33〕所揭示；2. 為學
問往抽象化之途轉進的必然趨勢，此本之於湯用彤先生〈言意之辨〉〔註34〕
所云；3. 才性論和玄論俱是地主統治階級為鞏固階級利益而發展的一套政治

州章句之後定。」（頁 70）。

〔註31〕錢穆：《國學概要》（北京：商務印書館，2007 年）云：「今魏晉南朝三百年學
　　　術思想，亦可以一言蔽之，曰『個人自我之覺醒』是已。」（頁 147）。

〔註32〕余英時：〈漢晉之際士之新自覺與新思潮〉，《中國知識人之史的考察》（桂林：
　　　廣西師範大學出版社，2004 年），主要由「群體自覺」與「個體自覺」來說明
　　　當時學術轉移的過程，簡述如下：所謂「群體自覺」，或可以文中一言概括「其
　　　所以然者，雖不能不推原於兩漢士族在政治、經濟、社會各方面之發展及因
　　　之而生之群體自覺，然若貫通全部文化史而言之，則其根本精神實上承先秦
　　　之士風，下開宋明儒者之襟抱，絕不能專自一階級之利害解釋之也。」（頁 218
　　　～219）；所謂個體自覺，其文明言：「即自覺為具有獨立精神之個體，而不與
　　　其他個體相同，並處處表現其一己獨特之所在，以期為人所認識之義也。」（頁
　　　232～233）。其云魏晉玄思之起云：「此實為獲得充分發展與具有高度自覺之
　　　精神個體。要求認識宇宙人生之根本意義，以安頓其心靈之必然歸趨也。故
　　　東漢學術自中葉以降，下迄魏晉玄學之興，實用之意味淡，而滿足內心要求
　　　之色彩日濃。」（頁 277）。

〔註33〕陳寅恪：〈陶淵明之思想與清談之關係〉，《金明館叢稿初編》（北京：生活・
　　　讀書・新知三聯書店，2001 年）云：「當魏末西晉時代即清談之前期，其清談
　　　乃當日政治上之實際問題，與其時士大夫之出處進退至有關係，蓋藉此以表
　　　示本人態度及辯護自身立場者，非若東晉一朝即清談後期，清談只為口中或
　　　紙上之玄言，已失去政治上之實際性質，僅作明示身分之裝飾品者也。」（頁
　　　201）又云：「大抵清談之興起由於東漢末世黨錮諸名士遭政治暴力之摧壓，
　　　一變其指實之人物品題，而為抽象玄理之討論，啓自郭林宗，而成於阮嗣宗，
　　　皆避禍遠嫌，消極不與其時政治當局合作者也。」（頁 202）。

〔註34〕湯氏云：「文化學術雖異代不同，然其因革推移，悉由漸進。魏晉教化，導源
　　　東漢。……復次，研究時代學術之不同，雖當注意其變遷之跡，而尤應識其
　　　所以變遷之理由。理由又可分為二：一則受之於時風。二則謂其治學之眼光
　　　之方法。……依言意之辨，普遍推之，而使之為一切論理之準量，則實為玄
　　　學家所發現之新眼光新方法。……由此言之，則玄學統系之建立，有賴於言
　　　意之辨。但詳溯其源，則言意之辨實亦起於漢魏間之名學。名理之學源於評
　　　論人物。」參見湯用彤：《魏晉玄學論稿》，頁 19～20。又湯氏〈讀人物志〉
　　　亦嘗云：「談論既久，由具體人事以至抽象玄理，乃學問演進之必然趨勢。」
　　　（頁 10）。

理論，此爲唐長孺〈九品中正制度試釋〉〔註 35〕及〈魏晉玄學之形成及其發展〉〔註 36〕所論。二者爲因才性名理討論中新方法的發現和引用，此爲日人青木正兒〈清談〉與湯用彤先生〈言意之辨〉所持之論。三者因救世之弊，言何王之說乃在破除天人災異的迷信，此本容肇祖《魏晉的自然主義》。〔註 37〕

　　後來的研究取徑，大多皆本於以上數說，〔註 38〕但也有學者跳脫這種架構，並不認爲玄學是漸進而來的發展，而是某種跳躍性的突破，如陳弱水〈漢晉之際的名士思潮與玄學突破〉云：

　　　　雖然玄學思想的某些要素在東漢晚期已有顯露，就一個思想體系而

〔註 35〕　唐長孺：〈九品中正制度試釋〉，《魏晉南北朝史論叢》（北京：中華書局，2011年）說明中正制度的功用時，便云：「第一，從東漢兩百年培養起來的學門大族雖然暫時受到壓制，但他們在社會上的勢力有深厚的基礎，這一點就不能不加以考慮。第二，在理論上人物評價還是重觀察而不重考試。因此一方面保留鄉閭評定的殘骸，另一方面又將向來與政府對立的或是代表大族、名士勢力的選舉威權轉而與政府合作。中正制度的設立就發揮了這樣一個作用。」（頁 91～92）又云：「九品中正創立時盡管有將選舉權收歸中央的企圖，事實上卻加重了大族在地方上的威權，從而鞏固了門閥的統治。」（頁113～114）。

〔註 36〕　唐長孺：〈魏晉玄學之形成及其發展〉，《魏晉南北朝史論叢》云：「魏晉玄學家抬出道家來有兩種意義：一是重新發揮老子無爲而治的主張，指導怎樣作一個最高統治者，這種政治主張隨著門閥的發展與鞏固，實質上是要削弱君權，放任世家大族享受其特權；其二是一些不得意的士人，以憤世嫉俗的心情提出『自然』來反抗當局所提倡的名教。我們可以概括地分爲正統的或在朝的玄學家與別派的或在野的玄學家。他們的區別在理論上有老或莊之偏重，但主要的仍是對於儒家名教（包括政治制度、禮法以及人事安排等）的態度。」（頁 311）。

〔註 37〕　容肇祖：《魏晉的自然主義》（臺北：臺灣商務印書館，1980年）云：「他（筆者按：指何晏）以爲天地萬物的起源，是『無』『無爲』，是自然。打破向來種種天命，天意，天施賞罰的迷信。」（頁 11）又云：「弼注《老子》既能發明《老子》意旨，使利用《老子》五千文之籠統文義以爲奸者失其依託。又注《易》，能打破漢以來的『道士易』，掃空一切五行災異等讖緯之說。在當日學術上，自是很大的貢獻。然而兩家的學說，俱起於『救世之弊』。……何晏誦稱『天道以自然運』，王弼說『天地任自然無爲無造』，又說『地不爲獸生芻而獸食芻，不爲人生狗而人食狗』。打破向來的陋見及民間的迷信，其意可見。」（頁 28～29）。

〔註 38〕　如曾春海《兩漢魏晉哲學史》（臺北：五南，2008年）其論魏晉玄學的起因，包括：（一）兩漢儒學的異化和衰微、（二）漢末荊州學風之導引、（三）由漢至魏，談辯之風盛行──由清議至清談、（四）王充以後自然無爲天命觀之影響。（頁 146～149）。

言，玄學並不是逐漸演進而成的。它的歷史只能追溯到何晏、夏侯玄、王弼諸人，這個思潮在曹魏齊王芳正始年間（240～249）勃然興起，在此之前，也許萌動於青年何晏、夏侯玄和他們的友朋之間，但並沒有更早的先行者的蹤跡。換言之，玄學的出現，是思想史上的一個跳躍——也許還可以說是斷裂。〔註39〕

陳氏透過東漢以來的名士文化、漢魏之際的歷史因緣及學術狀態，以及玄學的思想史淵源，來構築玄學出現前，已具備的學術資源及歷史環境，從而誕生了玄學。

　　謝氏所整理的主要是各種對於漢魏間學術轉移的因緣；而陳氏重新梳理的則著重於此跳躍性的突破可能具備的前行因素。無論是漸進式的轉變，還是跳躍性的突破，均有其理論之基礎，故本文欲在前行研究的基礎下，以「論學思想」為中心，試著提供另一種研究漢晉學術轉移的可能途徑，以省察究竟是近於漸進式的轉變，還是近於跳躍性的突破。

三、漢晉之士風

　　嚴格說起來，士風的研究應該屬於上述議題中的一環，作為兩漢經學到魏晉玄學轉變中重要的因素，余英時或陳弱水為文時，多著重於此。此處獨立出來討論，主要是因為若討論「論學思想」，則勢必要考量到士人自身的認知，故對於士風的探討是相當重要的。

　　關於「士風」的定義，張蓓蓓有相當清楚且明確的說法，其云：

> 所用「士風」一詞，係就士人在人生行為上、讀書態度上、內心意
> 願上的一般趨向而言。〔註40〕

張氏將「士風」分成「人生行為」、「讀書態度」與「內心意願」三個方向來探討，並簡單歸納為：

> 士人的自覺，表現為讀經重博通求義理，兼涉諸子；積極過問政治，
> 盡全力劾奏懲治戚宦；人生行為上或更加著意修明德行以示異於姦

〔註39〕陳弱水：〈漢晉之際的名士思潮與玄學突破〉，《中國史新論——思想史分冊》（臺北：中央研究院・聯經，2012年），頁210。陳氏所謂的玄學思想體系，主要指包含了四大要素：闡說宇宙本體的形上思想、方內／方外的區分與方外的追求、自然任真的人生價值、無為的政治觀。（頁229）。

〔註40〕張蓓蓓：《東漢士風及其轉變》（臺北：國立臺灣大學，1985年），頁1。

　　黨佞人，或深求德行後面的本心以惕勵矯飾德行的俗士。〔註41〕
除了上述諸端外，也指出名士風流的特質：「魏晉以下之名士風流，即由東漢
『清流』啓之。『清流』而兼有『遊俠』與『名士』兩種面目」又云：「所謂
『名士風流』，實多出於士人自盡其才之一念」。〔註42〕張氏提到的「博通求
義理」以及「自盡其才」的觀念，與本文深有關係，實是士人論學思想背後
相當重要的背景。

　　張氏在〈魏晉學風豹窺〉一文，臚列出了幾種魏晉時期特有的現象，對
於當時的歷史學風亦可進一層認識，共分爲六種面向：「天才少年的大量出
現」、「王充思想影響」、「魏晉轉化之老莊」、「禮學」、「人物研究（人學）」、「藝
術與技藝」。〔註43〕這六種面向所觸及的層面，均可以與本文「論學思想」脈
絡相涉。

　　除了張氏以外，余英時對於當時「士風」的定義，則爲：

> 所謂士風，牽涉到兩個不可截然劃分的方面：一是知識分子（當時
> 稱之爲「士」或「士大夫」）的思想，一是他們的行爲。就思想言，
> 其特色是易、老、莊的三玄之學代替了漢代的經學；就行爲言，其
> 特色則是突破傳統禮教的藩籬而形成一種「任誕」的風氣。〔註44〕

張氏的重心著重在漢末黨錮興起前後，士大夫特出的行爲，並旁及讀書、內
心意願上的描繪，而余氏則接續〈漢晉之際士之新自覺新思想〉一文後，對
於後來士大夫發展的論述。無論是從哪個面向來論述，都著重在行爲與思想
兩方面，此爲「士風」議題開展中，最重要的兩處。〔註45〕

　　除了張氏、余氏的著作外，早期還有章太炎〈五朝學〉、〔註46〕魯迅〈魏
晉風度及文章及藥及酒之關係〉等。〔註47〕這方面的研究相當豐富，依林麗

〔註41〕 同前註。
〔註42〕 以上兩則引文，俱同前註，頁2〜3。
〔註43〕 詳參張蓓蓓：《中古學術論略》（臺北：大安出版社，1991年），頁93〜157。
〔註44〕 余英時：〈名教思想與魏晉士風的演變〉，《士與中國文化》（上海：上海人民
　　　　出版社，2008年），頁357。
〔註45〕 對於士風的探討，亦可以考量其社會基礎與在社會中學術、文化的影響力，
　　　　故余氏另撰〈東漢政權之建立與士族大姓之關係〉、〈漢代循吏與文化傳播〉，
　　　　均收入《士與中國文化》，可並參。
〔註46〕 章太炎：〈五朝學〉，陳平原主編：《魏晉玄學研究》（武漢：湖北教育出版社，
　　　　2008年），頁52〜57。
〔註47〕 魯迅：〈魏晉風度及文章及藥及酒之關係〉，陳平原主編：《魏晉玄學研究》，
　　　　頁58〜71。

眞先生主編《魏晉玄學研究目錄》所統計，關於當時「士風」的研究，便高達 445 篇，〔註48〕凡此均可作爲本文堅實的參考與背景。

四、儒道思想交涉及「自然」與「名教」的關係

儒道思想交涉源遠流長，並不僅僅發生於漢末魏晉之時，事實上，從先秦開始，便不絕如縷地相互影響，互相涵攝彼此的思想，得以滋長、繁盛。這裡無法對自先秦以來的儒道交涉做出詳細的回顧，亦非本文所措意處，因此擬就前行研究的基礎，〔註49〕對於由先秦以來至魏初之間，儒道之間的關係，概爲疏理，以見「名教」與「自然」的問題，並非到了漢末魏初時，受到時代因素的刺激，憑空而起。

先秦以前，儒、道二家便已有彼此互動交涉的情形發生，據司馬遷在《史記》中〈孔子世家〉、〈老莊申韓列傳〉的記載，孔子曾有問學老子的史實，而在其後的發展中，儒、道思想的交涉便愈來愈顯著，如《孟子‧盡心上》提到：「窮則獨善其身，達則兼善天下」，〔註50〕又如《莊子》書中，大量援引孔子、顏淵的例證，並做某種程度的轉化，〔註51〕又如《荀子‧解蔽》將「心」能「知道」歸之於「虛壹而靜」的狀態。〔註52〕凡此皆可觀察到二者思想的互動與交涉。

西漢初期，朝政主要依循黃老思想，但儒家勢力漸漸抬頭，從叔孫通、陸賈、賈誼，再到董仲舒，儒家思想漸漸成爲西漢學術之主流，但事實上，漢代的儒家已雜揉了當時許多學派的思想，如陰陽家、法家等，而最重要的，道家思想也滲入其中，如董仲舒的「天」便受有《老子》之「道」的影響。〔註53〕西漢末年，嚴遵、揚雄，再到東漢的桓譚、王充、張衡，以及馬融、

〔註48〕詳參林麗眞主編：《魏晉玄學研究論著目錄（1884～2004）》（臺北：漢學研究中心，2005 年），頁 185～206。

〔註49〕以下關於先秦到魏初的儒道思想交涉的論述，主要參考秦躍宇：《六朝士大夫玄儒兼治研究》（揚州：廣陵書社，2008 年）中的〈緒論〉，頁 1～18。詳論可見該書。

〔註50〕朱熹：《四書章句集注》（北京：中華書局，2005 年），頁 351。

〔註51〕如《莊子》書中孔子、顏淵二人所談論的「心齋」、「坐忘」，分見郭慶藩：《莊子集釋》（北京：中華書局，2007 年），〈人間世〉，頁 147；〈大宗師〉，頁 282～284。

〔註52〕荀子著，李滌生集釋：《荀子集釋》（臺北：學生書局，2000 年），頁 484。

〔註53〕陶建國：《兩漢魏晉之道家思想》（臺北：文津出版社，1986 年）云：「漢初政治，盛行黃老術、竇太后又特喜老子之書。董仲舒雖排道尊儒，然受時代風

鄭玄等，都有融入道家之思想。以下以揚雄、嚴遵、王充、鄭玄略作說明：

秦躍宇認爲揚雄與嚴遵，分別代表了西漢後期兩種儒道兼綜的類型：揚雄爲以「儒學爲宗，兼取道家學術」；嚴遵則爲「以道統儒」的模式實現。

揚雄對於《老子》思想的消融，是有意識地進行的，如《法言‧問道》云：

> 老子之言道德，吾有取焉耳。及捶提仁義，絕滅禮學，吾無取焉耳。
> 〔註54〕

欲將《老子》所言的「道德」，與儒家的「道德」相融，以轉化成自己所欲陳述的儒家義理，如其云：

> 或問「道」。曰：「道也者，通也，無不通也。」或曰：「可以適它與？」
> 曰：「適堯、舜、文王者爲正道，非堯、舜、文王者爲它道。君子正
> 而不它。」〔註55〕

此處的「道」有《老子》所描述的道無所不在，爲萬物之本的意涵，但卻在後文中，將此道的內涵，轉化成儒家的聖王之道。又如其《太玄》之「玄」，雖擬《周易》而成，實則涵融了《老子》之「道」的內涵。〔註56〕

氣之感染，必通習老莊之學。董氏之天人感應，五行相生相勝，接受五行家影響。而五行家本與道家有密切之關係。今觀《春秋繁露》之〈保位權〉、〈立元神〉諸篇，皆帶有濃厚道家之色彩，〈循天之道〉篇更明引道家養生之語。董仲舒受道家之影響，於斯可見。董仲舒之宇宙論及本體論，係以『天』爲出發點，並雜以『陰陽五行』、『天人相副』爲基礎，而重災異、符命之說。漢儒喜將一切儒家教化，歸本於形上之天；亦即將儒家修養之基礎，歸本於老莊創生之天。此在〈太學〉、〈中庸〉、《易傳》中皆可循其跡。而陸賈、賈誼，以至於董仲舒皆循此原則而發展。唯老莊重『道』，董氏重『天』，其本質卻相同。」（頁286）。

〔註54〕楊雄著，汪榮寶義疏：《法言義疏‧問道》（北京：中華書局，2011年），頁114。

〔註55〕同前註，頁109。

〔註56〕學界對《太玄》中的「玄」與《老子》之「道」相似，最常引述的便是《太玄‧玄攡》：「玄者，幽攡萬類而不見形者也。資陶虛無而生乎規，攔神明而定摹，通同古今以開類，攡措陰陽而發氣。一判一合，天地備矣。天日回行，剛柔接矣。還復其所，終始定矣。一生一死，性命瑩矣。」參見揚雄著，司馬光集注：《太玄集注‧玄攡》（北京：中華書局，2006年），頁184～185。陶建國對此亦有提點：「揚雄之『玄』，爲宇宙自然界中至高無上之原動力。舉凡宇宙之發生成長，變化運動，及其運行之秩序，皆本乎『玄』。故揚雄之『玄』，實脫胎於老莊之『道』。老莊之『道』爲虛無飄緲，不可捉摸，至公無私，自然無爲。揚雄之『玄』亦具備此類性質。」詳見陶建國：《兩漢魏晉

嚴遵則以《老子》的思想爲主，並輔以儒家的思想，如其《道德真經指歸》云：

> 人之生也，懸命於君；君之立也，懸命於民。君得道也，則萬民昌；君失道也，則萬民喪。萬民昌，則宗廟顯；萬民喪，則宗廟傾。故君者，民之源也；民者，君之根也。根傷則華實不生，源衰則流沫不盈，上下相保，故能長久。〔註57〕

此論中最特別的「民者君之根也」，在《老子》中並沒有多強調此點，或許即是基於《孟子・盡心下》所言：「民爲貴，社稷次之，君爲輕」〔註58〕，又如嚴遵對於「禮」的看法，亦不似《老子》所認爲「夫禮者，忠信之薄，而亂之首」〔註59〕，而是：「正上下，明差等，序長幼，別夫婦，合人倫，循交友。」此已與儒家接近，而遠於道家了。〔註60〕由此亦可見得嚴遵儒道思想交涉的痕跡。

王充對於道家的吸收，主要在對天道觀的重新反思，以及通過道家的思維所產生的批判精神。〔註61〕關於天道觀的反省，如其云：

> 夫天道，自然也，無爲。如譴告人，是有爲，非自然也。黃、老之家，論說天道，得其實矣。〔註62〕

並依道家之言，撰〈自然篇〉，論述何以合道家之言，總結云：

> 夫寒溫、譴告、變動、招致，四疑皆已論矣。譴告於天道尤詭，故重論之，論之所以難別也。說合於人事，不入於道意。從道不隨事，

之道家思想》，頁 324～325。

〔註57〕 嚴遵：《道德真經指歸》，收入熊鐵基，陳紅星主編：《老子集成》第一卷（北京：宗教文化出版社，2011 年），頁 81。

〔註58〕 《四書章句集注》，頁 367。此意爲秦躍宇點出，見秦躍宇：《六朝士大夫玄儒兼治研究》，頁 12～13。

〔註59〕 王弼著，樓宇烈校釋：《王弼集校釋・老子・第三十八章》（臺北：華正書局，2006 年），頁 93。

〔註60〕 此例亦由秦躍宇提出，見秦躍宇：《六朝士大夫玄儒兼治研究》，頁 13。

〔註61〕 陶建國云：「王充之《論衡》即本實事求是，科學實證之精神，『傷僞書俗文，多不誠實，故爲《論衡》之書。』抱千萬人吾往矣之氣概，力挽狂瀾之決心，不憚其煩，對妄言僞說，一一攻擊。吾人見其『心潰涌，筆手擾』『吾不得已也』『豈吾心所能忍哉』之語，便可知其率真自然之個性。此種個性與道家老莊『去僞存真』之性格，實有相通之處。」詳見陶建國：《兩漢魏晉之道家思想》，頁 339。

〔註62〕 王充著，黃暉校釋：《論衡校釋・譴告篇》（北京：中華書局，2009 年），頁 636。

　　　　雖違儒家之説，合黃、老之義也。〔註63〕
從寒溫、譴告、變動、招致來論述當時儒家所言的天人感應是有問題的，並
信服於道家之言，此亦可見王充儒道思想交涉之痕跡。

　　　最後可從鄭玄的注經中引述《老子》思想爲例，證明鄭玄闡述儒家經典
時，亦吸收、接受道家思想，如注《禮記・禮運》：「以其違大道敦朴之本也，
教令之稠，其弊則然。」引《老子・五十七章》云：「法令滋彰，盜賊多有。」
〔註64〕又注《禮記・大學》：「上貪於利，則下人親畔」，引《老子・四十四
章》「多藏必厚亡。」〔註65〕凡此均可見到鄭玄欲借用道家之言，以解儒家
之經典，同時也標誌道家思想正式進入官方文化之中。〔註66〕

　　　魏初時，何晏、王弼之前，最吸引學者注目儒道思想交涉的人物，莫過
於劉劭，其代表作《人物志》中所反映的「中庸」之德，一直被當成儒道思
想交涉後最爲顯著的例子。〔註67〕

〔註63〕《論衡校釋・自然篇》，頁785。
〔註64〕鄭玄注，孔穎達疏：《禮記注疏》（臺北：藝文印書館影印清嘉慶二十年（1815）
　　　　南昌府學刊本，2001年），頁413-2到414-1。
〔註65〕同前註，頁987-2。
〔註66〕此意援引秦躍宇：《六朝士大夫玄儒兼治研究》，頁17。
〔註67〕「中庸」一詞最早見於《論語・雍也》云：「中庸之爲德也，其至矣乎！民鮮
　　　　久矣。」何晏解爲：「庸，常也。中和可常行之德。」見《論語注疏》，頁55-2。
　　　　又《四書章句集注》引程子之言，云：「不偏之謂中，不易之謂庸。中者天下
　　　　之正道，庸者天下之定理。」（頁17）。可知「中庸」對於儒家而言，是相當
　　　　重要的德性，就其淺處而言，可以朱熹在《中庸章句》云：「中者，不偏不倚、
　　　　無過不及之名。庸，平常也。」（同前）。就其深處而言，朱熹在《中庸章句》
　　　　云：「中庸者，不偏不倚、無過不及，而平常之理，乃天命所當然，精微之極
　　　　致也。惟君子爲能體之，小人反是。」（頁18～19）。亦即「中庸」乃平常極
　　　　親切之常道，但又是天命精微的表現，因此常人日用而不知，君子卻深體箇
　　　　中之滋味。綜合而言，可以徐復觀：《中國人性論史》（臺北：臺灣商務印書
　　　　館，1969年）所言爲結：「平常地行爲，必係無過不及的行爲；所以中乃庸得
　　　　以成立之根據。僅言中而不言庸，則『中』可能僅懸空而成爲一種觀念。言
　　　　庸而不言中，則此平常地行爲的普遍而妥當的内容不顯，亦即庸之所以能成
　　　　立的意義不顯。中庸是不偏、不易，所以中庸即是『善』。……這即表明了孔
　　　　子乃是在人人可以實踐、應當實踐的行爲生活中，來顯示人之所以爲人的『人
　　　　道』。」（頁113）。如此來看劉劭：《人物志》所言的「中庸」，在〈體別〉云：
　　　　「夫中庸之德，其質無名。故鹹而不鹻，淡而不䐶，質而不縵，紋而不績。
　　　　能威能懷，能辯能訥，變化無方，以達爲節。」（頁39）。而在〈九徵〉亦云：
　　　　「凡人之質量，中和最貴矣。中和之質，必平淡無味，故能調成五材，變化
　　　　應節。」（頁26）。「中庸」與「中和」的關係，可參考徐復觀：《中國人性論

綜合而言，從揚雄、王充開始吸收道家思想後，藉此反省當時的天人感應思想，並逐漸建立新的天道觀，淡化了陰陽感應的天人體系，而逐漸建構起自然無爲的天道觀。簡單來說，漢代主流的天人思想，由天至人，是緊密相繫在一起，聖人承天造作，人亦循天而行。但道家自然無爲的天道觀興起後，「無爲」與人世間的「造作」便逐漸割裂開來；再者，若欲推重天道自然無爲，則人世間種種名教紛繁的情形又該如何安妥，這些都是困擾當時士人的課題，因此在漢末魏初時，「自然」與「名教」的問題開始顯露，也逐漸興起討論之風。

由此可見，「自然」與「名教」之間的關係是玄學最重要的主題之一，這個論題與「士風」一樣，其實都可以從屬「兩漢經學到魏晉玄學的轉變」這一大範疇中討論。這裡獨立出來，與「士風」的原因一樣，都是與本文有重大關涉的題旨，故在此處作較多的介紹。

一般對於這個問題的討論，皆著重在魏晉以下，「自然」與「名教」開始產生矛盾與摩擦開始。而兩者的關係隨著時代的遞嬗也有所變化，如余英時便劃分爲三個段落：

> 曹魏的正始時代（240～248），名教與自然的問題在思想史上正式出現，何晏、王弼是最先提出這個問題的人。嵇康（223～262）、阮籍（210～263）等所謂「竹林七賢」代表名教與自然正面衝突的時代，而以嵇康被殺爲終點。西晉統一後，名教與自然則轉入調和的階段，其理論上的表現則有郭象的《莊子注》（在惠帝時，290～306）和裴頠的《崇有論》（約撰於297年）。〔註68〕

對於「自然」與「名教」三階段的論述，基本上爲學界之共識。〔註69〕然而，

史》所云：「『中和』的觀念，可以説是『率性之謂道』的闡述，亦即是『中庸』向内通，向上提，因而得以内通於性，上通於命的橋梁。」（頁127）。將「中和」視爲「中庸」之本，亦即「中庸」爲「中和」之發用，其詳在此不述，可參考徐書。通過《論語》何晏集解、程子言、朱子注，以及徐復觀先生的總結，可以看到「中庸」所呈現在儒家思想中，道德意涵是相當濃重的，但到了劉劭《人物志》時，從儒家道德意涵，轉而具有道家「得之於道」謂之「德」的意涵，亦即「中庸之德」是由「道」具體落實到人身上，所具備的德性，因此「德」與「道」一樣，都是無名無質，得以通變爲眾材之本，這樣的意涵顯然已經鎔鑄道家思想，轉化了儒家原始之意涵。此可見劉劭的儒道交涉之痕跡。

〔註68〕 余英時：〈名教思想與魏晉士風的演變〉，《士與中國文化》，頁358。
〔註69〕 李宗定：《葛洪《抱朴子内篇》與魏晉玄學》（臺北：臺灣學生書局，2012年）

比起魏晉以降，「自然」與「名教」作爲顯題的探討，也有學者在上述框架中，試圖從歷史縱深中去考察，如龐樸〈名教與自然之辨的辯證進展〉，便導源自董仲舒創立名教後，形成兩漢典型「以名爲教」的思潮，並舉出《淮南子》、王充《論衡》以及道教《太平經》等作爲「自然」之反動，而後推展到曹魏以下，王弼、嵇康、郭象等人對於這個命題的開展。〔註71〕

以上對於「自然」與「名教」的議題作簡要的回顧後，可以發現過去論述上幾個重要的關鍵：

一者，漢代主流經學及相關的經學思想，都代表著「名教」在政治與學術上面的表徵，而其核心概念，便是透過種種「名」、「禮」的規範，使得人人依其名位而行；在天人思想中，則是依循一整套的思想系統，人必須循天道而行，即使人擁有自由意志與行動的能力，也必須依循天道之規範。

二者，在漢代學者所論述的「自然」，雖未必具有現代意義下的哲學思維，甚至也不具備魏晉時期所彰顯的高度思辨性，但其中所反映的，則是對於「名教」體系的反思，亦即在人事上，希望從天道具體的規範中解脫出來；

亦云：「一般來說，論述魏晉玄學時，所舉代表人物大都一致。正始時期以夏侯玄、何晏、王弼開其端，有『自然出於名教』的調和論；竹林時期則以阮籍、嵇康詆毀名教爲代表，倡言『越名教而任自然』，使名教與自然衝突日增，同時裴頠倡崇有論，力主名教與之抗衡；至元康時期，郭象欲以玄冥獨化論超越儒道對立，而有『名教即自然』之命題；至東晉時期，張湛企圖結合王弼貴無與郭象獨化之論，從自然與名教之爭轉而爲解決個人生死的問題。之後便沒有列舉代表人物，或者開始轉向佛學的論述。」（頁1～2）。可作爲自然與名教關係整體鳥瞰的綜述。

〔註71〕其他例子如郭梨華：《王弼之自然與名教》（臺北：文津出版社，1995年）提出「雖說『自然／名教』是魏晉阮、嵇作爲哲學問題的探討而提出，且以名爲教化之標的之歷史源頭可溯源至漢武帝時，但是得以『以名爲教』之事實，實際上不能不導源至先秦中對『名／禮』之事實性與問題性的探究，在中國歷史中第一次關注此一問題並提出哲學性質之分析與說明的，確實是孔子與老子。簡言之，筆者在此是將『名教』就其廣義與狹義同時交叉論述，就其廣義而言，是指涉一人倫世界，孔子與老子是在思想史中第一次對此轉化爲問題進行思辨與論述，並提出各自之見解；若就其狹義而言，『名』之被納入制度中與成爲教化之標準，有其對於『名之探究』的思想淵源，孔子與老子則是此一論辯之起始，但有不同之取向，孔子在重視實質精神內涵時，有趨向貴名之傾向，老子則在捨離『名』回歸自然中，有將『名』轉向思辨概念之傾向。」（頁47～48）又郭氏對於漢朝過渡到魏晉之間「名教」與「自然」的議題，有相當簡要的考察，主要分成三個部分論述：（一）「學」在歷史中之變革，（二）「士」在漢代之功能、角色，（三）「自然」與「名」在學術思想上所具有之意義的轉變（頁50）。

而在對於天地宇宙的解釋上，也逐漸朝向運用天道無爲的理解來詮釋這世間。

　　三者，「自然」與「名教」在兩漢時期，未必是衝突或矛盾的，但漢代學者可以藉此反思主流經學思想所產生的僵固或困境，換句話說，關於當時「自然」的思考與論述，可以說提供了主流經學補充、修正的思想資源，如揚雄、王充等人皆是依此角度而言老莊之「自然」。

　　四者，然而當魏晉以下，經學已經無法成爲主導國家、社會的思想資源，乃至士大夫心中主流的學術思想時，則勢必要對經學作出調整或推翻，此時「自然」思想便有可能提供輔助、補充的助力，甚至在一定程度上取代經學的主流詮釋。另一方面，士大夫眞實生命的經驗，以及自我依循的價值觀，無法在經學與「名教」架構中獲得滿足時，自然會開始尋求替代或修正的可能，於是「自然」詮釋便適時進入士大夫的學術架構與生命經驗中，成爲一種新的可能性。甚至在政經環境衝擊下，若無法在二者之間取得協調，則會在兩者的取捨中，作出相應的詮釋，如王弼與嵇康對於「名教」與「自然」的詮釋便有相當顯著的差異，但這只是在表面上所呈現的，實際上兩者都同時承認「名教」的價值，〔註72〕但要如何安頓或實現「名教」，則採取了不同的方法。

　　綜上所述，並回歸到本文的脈絡來看，漢代一般認知下的「學」，其實是隸屬於「名教」框架之下，但它在發展的過程中，與「名教」一般，是受到時代學術、政經環境等種種因素所影響。同時，士大夫本身的自我認知，也會很大程度地影響「學」的建構與詮釋。因此當「名教」開始產生危機或是鬆動時，對於「學」的理解或認識自然會有相應的改變；從另一方面來看，士大夫的本質，又是透過「學」而彰顯的，因此如何在「名教」產生危機時能夠因應與轉變，是當時士大夫所必須面對與思索的新課題。值此之故，本文論述中，將「自然」與「名教」的研究框架引入，作爲漢晉論學轉折的重要因素，也可以說在「自然」與「名教」顯題化的同時，也是漢晉論學思想上最大的轉折。〔註73〕故嵇康承繼王弼以來，對於「自然」與「名教」的思

〔註72〕兩者承認的「名教」價值都是以本質上而言的，並非在政教權力解釋下所產生的「名教」，簡言之，便是今日常言的虛僞名教。

〔註73〕張蓓蓓：《中古學術論略》指出將「自然」與「名教」對舉，應始於嵇康，其爲此詞創用的第一人。（頁6～7）但並不表示「自然」與「名教」的論述在嵇康以前就不存在，如張氏云：「『自然與名教』之爭雖是後世論思想史者習用

索，並藉此所開展的論學思想，便與王符、徐幹等依然以傳統「名教」爲主的論述，有相當大程度上的不同。也由此可以看到嵇康「適性爲學」，不是單純的個人主張，而可以說是時代論學思想過度下適時的展現，此亦爲本文所欲探究與說明者。

第三節　詮釋進路

　　經由「問題的緣起與形成」與「研究文獻回顧」兩節的梳理後，可以大致歸納出本書所欲處理的問題與脈絡，以下就前兩節的基礎，將本書採取的詮釋進路提要於下，希望能透過本書的研究，對漢晉學術之間的轉變，提供不同的研究視角：

　　（一）透過對原始文獻的梳理，先釐清漢代主流的論學思想究竟爲何。董仲舒爲漢代經學思想、太學教育的奠基者，因此以董仲舒爲主要的開端，觀察在董仲舒以後，當世士人如何形塑太學教育及論學思想，且在時代遞嬗下，有否轉變的痕跡及其如何轉變。

　　（二）論學思想，除了涉及到三個主要面向：學的對象、學的方法，以及學的目的外，更牽涉到「人」與「學」之間的關係，亦即人如何能學，以及學對人會造成什麼樣的影響。故依此脈絡，可以觀察從董仲舒以下，在陳述論學思想時，所涉及到的關鍵概念，諸如在論學的過程中，所涉及到的人性、情、欲、智等命題，由此梳理出士人在論學思想中，關於這些命題的看法以及轉變。

　　（三）本文論述主要是依循時間序呈現，從董仲舒到嵇康之間，觀察當時論學思想的發展，並對於不同時期的特色與影響，進行分類與論述。因此主要分成三大部分：第一，是從大脈絡觀察兩漢論學思想的發展，主要在描繪主流的論學思想，以及其中的演變與發展；第二，鎖定在漢晉之際，王符、徐幹、何晏、王弼等人身上，梳理這幾個人在時代脈絡下，如何既豐富原有的論學思想，又能獨樹一格，建立自身的論學思想，以及如何從這幾個人的論述中，觀察當時論學思想在其中的演變；第三，最後結穴於嵇康身上，觀察嵇康在上述兩個部分中如何繼承與轉化，又是如何形塑自身的論學思想。

　　　的術語，而當時名士所措意者主要是提倡道家自然以外儒家禮法教化的存廢及安頓問題，『名教』之詞並不通行。他們接觸此一大問題，往往仍用許多文句以形容儒家的禮法教化，而不運用『名教』代之。」（頁4）。

（四）本文的焦點鎖定在「教化爲學」與「適性爲學」的發展，並將嵇康定調爲主要的關鍵人物，但這並不代表兩者便不相融，反而是具有動態的交涉，因此論述董仲舒到嵇康的過程，呈現的是一種漸進式的轉變，而這種轉變無論是從大脈絡，還是從個人身上來觀察，都會有二者互相交涉的表現，只是關注的重心有所不同。

（五）最後必須特別說明，因爲是鎖定在主流論學思想的演變，觀察由經學掛帥的「教化爲學」，轉變到以個人爲主，並含有玄學背景的「適性爲學」的過程。因此本文未暇顧及漢代多元的次主流思想，如《淮南子》中所涉及的層面，〔註74〕此爲本文論述過程中較爲可惜之處，但仍希望透過這樣命題的陳述，能將問題較爲集中的呈現，故有不得不割捨之憾。

〔註74〕如《淮南子・俶眞》：「是故聖人之學也，欲以返性于初，而游心於虛也。達人之學也，欲以通性於遼廓，而覺於寂漠也。若夫俗世之學也則不然，內愁五藏，外勞耳目，乃始招蛥振繐物之毫芒，搖消掉捎仁義禮樂，暴行越智於天下，以招號名聲於世。此我所羞而不爲也。」（《淮南子集釋》，頁140～141）這裡所揭示關於學的論述與後來論學思想的發展有暗合之處，或許是作爲後來的學術資源之一，但其與當世論學思想之間的互動，本文則無暇涉及。

第二章　漢代論學思想的
　　　　　形成與發展

　　本章擬點出董仲舒所揭示的「教化爲學」的思想，以及如何結合太學與經學的發展，形成漢代主流的論學思想基調。特別是公孫弘建請太學後，經學博士與太學生基本上成爲漢帝國官吏主要的人才供給，因此可以從太學建立的目的，以及所欲培養的人才，考察主流論學思想的內容究竟爲何，及其演變至東漢後，又有什麼樣的發展。

　　董仲舒建立起「教化爲學」的基調後，到揚雄有了新的發展。從「教化」到「覺悟」，讀書人開始向內自我反省治學的意義，同時也開始點明「知性」的呈顯與「學」的關係，並在往後論學思想中逐漸凸顯對於「知性」的重視與討論。

　　東漢和帝後，國力開始日漸下滑，此後外戚、宦官輪番把持朝政，外朝士大夫們對此紛紛表達不滿，因此逐漸在朝野及太學形成一股反動勢力，並透過各種行爲，如清議、會葬〔註1〕等方式，形成政治壓力，藉此影響朝政，來達成政治上的訴求。而在這股風氣下，除了會葬、集體上諫等具體作法外，還透過清議、游談等方式，試圖在朝野內外，建立起新的政治風氣與道德訴求，也由此間接影響了往後的治學與思辨方式。

〔註1〕　士大夫透過會葬表達士氣，可參考張蓓蓓：《東漢士風及其轉變》云：「清流士人亦恆爲其他清流中人會葬。這也是士人互通聲氣的表現。」並舉了樂恢、楊震、鄭玄、范丹、黃瓊、郭泰、陳寔等例，參見該書頁101～103。

第一節　太學經典教育的傳統──「教化爲學」的基調

一、太學之目的：教化與養賢

漢代太學之起，濫觴於董仲舒〈舉賢良對策〉中所強調的「養賢」之論。仲舒之對策，主要在提供武帝治世的建議，以爲「聖王之治天下也，少則習之學，長則材諸位，爵祿以養其德，刑罰以威其惡，故民曉於禮誼而恥犯其上」〔註2〕，將治世之方分成三個部分：自身爲學成德、使臣下各得其位以盡其才，以及刑德並用。其中「自身爲學成德」與「盡臣下之才」，都涉及到「學」的部分，「自身爲學成德」即董仲舒所云：「彊勉學問，則聞見博而知益明；彊勉行道，則德日起而大有功」〔註3〕，而所謂「盡臣下之才」，不僅僅只是知人、識人，從草野之中拔擢賢德之人，而是能夠更積極地培養人才，使國家能夠有穩定的人才供應，提供漢帝國從中央到地方各階層管理所需的理想官員。〔註4〕

因此董仲舒所提出的太學構想，最原初的出發點，在於爲漢帝國培養人才，並歸本於王者教化中，如其云：

> 明主賢君必於其信，是故肅愼三本。郊祀致敬，共事祖禰，舉顯孝悌，表異孝行，所以奉天本也。秉耒躬耕，采桑親蠶，墾草殖穀，開闢以足衣食，所以奉地本也。立辟雍庠序，修孝悌敬讓，明以教化，感以禮樂，所以奉人本也。〔註5〕

又於〈舉賢良對策〉中云：

> 夫不素養士而欲求賢，譬猶不琢玉而求文采也。故養士之大者，莫大虖太學；太學者，賢士之所關也，教化之本原也。〔註6〕

〔註2〕　班固：《漢書‧董仲舒傳》（北京：中華書局，2010年），頁2510。

〔註3〕　《漢書‧董仲書傳》，頁2498。又漢代士大夫頗爲強調君王治學，在董仲舒之前，賈誼在《新書》中，已強調必須要對太子進行教育，而董仲舒之後的揚雄，也強調了君主爲學的重要性，如《法言義疏‧學行》云：「學之爲王者事，其已久矣。堯、舜、禹、湯、文、武汲汲，仲尼皇皇，其已久矣。」（頁22）。

〔註4〕　陳東原曾對董仲舒提出太學教育思想的背景仔細分析，認爲漢初選舉主要依靠三種途徑：「任子」、「試吏」、「納貲」，而此三途徑均會造成吏治之弊端，因此董仲舒欲從根本著眼，將漢代吏治與教化，統歸於太學教育中。參見陳東原：《中國教育史》，頁17～23。

〔註5〕　董仲舒著，蘇輿義證：《春秋繁露義證‧立元神》（北京：中華書局，2002年），頁169。

〔註6〕　《漢書‧董仲舒傳》，頁2512。

明主在治理國家時，必須依循三本：「天本」爲孝悌、「地本」爲農耕、「人本」則爲立辟雍、興教化。而立辟雍、興教化，乃繫之於太學之養士中，故透過太學之推行，能夠同時達到養賢與教化的目的，此爲董仲舒立太學最重要的意義。

董仲舒論中民之性時，強調人民非生而即善，而是性中含有善質，故必須透過王者之教，方能化民於善，故其云：

> 米與善，人之繼天而成於外也，非在天所爲之內也。天所爲，有所至而止。止之內謂之天，止之外謂之王教。王教在性外，而性不得不遂。故曰性有善質，而未能爲善也。〔註7〕

中人之善出於性，如同米出於禾一般，雖同出於性、禾，卻非是性、禾，可以說是天生人與禾，使其中具有成善、成米之質，卻非即是善與米。董仲舒站在這個立場上，認爲王者必須興教化，乃能化民導俗，使之歸於善。

雖然太學不是直接以人民爲教育的對象，而是以士大夫爲對象，其中蘊含著王者→士大夫→人民的途徑，即王者承天行教化，使士大夫欣然嚮風，亦依此導民於善。然而士大夫雖爲管理階層，但事實上也是王教的一部分，所以董仲舒行文間，會不經意忽略士大夫這一層，直接主張「王者化民」。但落實到政治層面時，卻又必須透過士大夫實行教化，因此透過太學作爲培養士大夫的關鍵，而將成學之後的士大夫，作爲推廣王教以及行政的基石，〔註8〕故董仲舒在〈舉賢良對策〉中反覆致意，王者必須得賢才之輔佐方能達到堯舜之治世。而賢才之拔擢，除了積極從民間尋求外，還必須靠朝廷的培養，方能有穩定的人才來源。因此可以說，漢代最原始太學教育目的，是爲了提供漢代政府在人才與治世上的需求。〔註9〕

〔註7〕　《春秋繁露義證・實性》，頁311。

〔註8〕　事實上，董仲舒是有意識到君王→士大夫→人民這三層關係，並說明士大夫介於中間，具有化民成善的義務，如《春秋繁露義證・深察名號》云：「受命之君，天意之所予也。故號爲天子者，宜視天如父，事天以孝道也。號爲諸侯者，宜謹視所候奉之天子也。號爲大夫者，宜厚其忠信，敦其禮義，使善大於匹夫之義，足以化也。民者，瞑也。士不及化，可使守事從上而已。」（頁286）。在這裡董仲舒將「大夫」與「士」分別開來，並設有等級之分。「大夫」已能厚忠信、敦禮義，故能化「匹夫」於善；而「士」則不能達到獨自化民的工作，但能順著「大夫」的步伐，協助化民。這種分別顯然受到先秦「卿大夫」與「士」影響而有的論述，但在漢代愈往後發展中，士與大夫之間的分別漸漸不明顯，而可統稱之。

〔註9〕　陳東原已指出武帝以前的察舉，不足以滿足漢代政府人員的補充，其云：「賢

　　到了公孫弘上疏建請太學時，在具體制度層面上，以五經作爲培養士大夫的內容，而以利祿爲誘因，將太學教育納入漢代政治體系當中。由董仲舒到公孫弘，漢代太學制度與教育於焉形成，同時也成爲漢代論學思想的基調。〔註10〕

　　此論學思想的基調，首先以王權爲推動力，並以明確的制度爲原則，輔以利祿的誘因，塑造漢代士大夫成學的途徑。再者，所謂的「學」乃教化推行的手段，透過由上而下的教育，可以導民向善，朝向禮樂昇平的盛世。因此漢代的太學教育思想與制度，均是建立在由上而下，由外而內的過程，且基本上貫穿了整個漢代。

　　以帝王爲例，如成帝〈舉博士詔〉云：「古之立太學，將以傳先王之業，

良雖須對策，稍有文墨材學者，便可充選。而孝廉則非有實行可見者，不容謬舉。故舉來者甚少。但察舉孝廉，原是鑒於吏治腐敗，吏無教訓於下，或不承用主上之法，廉恥貿亂，賢不肖混淆。欲藉此使諸侯吏兩千石皆盡心於求賢，天下之士可得而官使，以期遍得天下之賢人，而廉恥殊路賢不肖異處的。現察舉之制，既已遇著了很大困難，不能如其所期，於是由政府主辦教育以造就人材計畫，便不得不見諸實行了。」見陳東原：《中國教育史》，頁17。

〔註10〕經學與太學教育的結合，以及與儒學之間的關係，近人多已有研究。以教育面而言，可參考陳東原：《中國教育史》云：「儒術之能獨尊的唯一工具，便是將五經立於學官。五經原非儒家之專業，儒家之術初不專限於經書，但漢武既定尊儒政策以統一思想，牢籠社會，便不能不尊起五經。俾天下之士盡趨之。故以之爲策士銓材的標準，以之立於學官，爲教授之材料。利祿之途既開，天下學士遂靡然鄉風。」（頁32～33）。米靖：《經學與兩漢教育》（天津：天津人民出版社，2009年）則提出「在漢代，經學由私學上升爲官學，這是中國教育發展史上一次根本性的轉折。這次轉變的根本原因是經學所具有的強大社會適應性，恰能滿足王權的需要，而直接的原因則是經學家成功的經典詮釋。」（頁102）而從經學的角度而言，可參考諸橋轍次：《儒學之目的與宋儒慶曆至慶元百六十年間之活動》（南京：首都女子學術研究會，1937年）中，曾對於「儒」與「經」關係作說明，他透過梳理先秦的儒家文獻，得出「儒家」與「六藝」的關係，並將孔子整理古代經書的史實，得出二者之間密切的聯繫，也可以對應漢儒在太學教育上，何以尊經的理由。最後可以參考錢穆：《兩漢經學今古文平議》（臺北：東大，2003年）的說法，錢先生指出「漢武罷斥百家，表章六藝，夫而後博士所掌，重爲古者王官之舊，所以隆稽古考文之美，此荀卿所謂『法先王』；然《孟子》博士遂見廢黜，亦不得遽謂之即是尊崇儒術也。蓋當時之尊六藝，乃以其爲古之王官書而尊，非以其爲晚出之儒書而尊。」（頁174）。統而言之，則可知，當時太學教育以儒家經學爲主，一方面由於漢武帝對於古王官學之崇敬，另一方面，也由於當時的儒學家如董仲舒之流，對於經典的重新詮釋，得以信服皇帝，並依此推行經典教育，以施行教化。

流化於天下也」﹝註11﹞、東漢章帝〈令諸儒共正經義詔〉云:「蓋三代導人,教學為本」﹝註12﹞均是強調太學由上而下的教化作用。當然帝王之所以提倡太學制度與教育思想,一方面是基於政治的考量,利於安定社會,另一方面則為漢代太學制度最重要的起因,即為漢帝國培養專門的人才,因此漢代太學的興廢與其國運基本上有一定的關聯。當身為漢帝國樞紐的知識分子不再是政權的核心時,帝國的維持便不能穩固,而逐漸崩解與凋落。﹝註13﹞

　　而身處此結構中的士大夫,對於太學制度及思想的認知亦十分清晰,基本上均希望維持此一制度,一方面既能鞏固自身參政的管道,實踐士大夫的理想(當然也有利祿的考量),另一方面又希望藉此維持漢帝國的運轉。因此從西漢開始士大夫均始終措意於此,如西漢劉向〈說成帝隆教化〉云:「宜興辟雍,設庠序,陳禮樂,隆雅頌之聲,盛揖讓之容,以風化天下」﹝註14﹞、又如東漢朱浮〈請廣博士選疏〉云:「夫太學者,禮義之宮,教化所由興也」﹝註15﹞皆站在教化的立場上,說明太學的重要性。又如西漢王嘉〈請養才疏〉云:「今諸大夫有材能者甚少,宜豫畜養可成就者,則士赴難不愛其死;臨事倉卒乃求,非所以明朝廷也」﹝註16﹞、李尋〈對哀帝問〉云:「馬不伏歷,不可以趨道;士不素養,不可以重國」﹝註17﹞則站在士大夫為漢朝廷的中堅力量,若非素養之,則臨事難以求得賢才。

　　除了由王者教化、培養國家政治人才外,士大夫對於「太學」的目的也逐漸轉向,朝向個人、性情等層面發展,這可以由東漢初的白虎觀會議中觀察出來:

﹝註11﹞《漢書・成帝紀》,頁313。
﹝註12﹞范曄:《後漢書・章帝紀》(北京:中華書局,2011年),頁137。
﹝註13﹞此意范曄已深有所感,其云:「自桓、靈之間,君道秕僻,朝綱日陵,國隙屢啓,自中智以下,靡不審其崩離;而權彊之臣,息其窺盜之謀,豪俊之夫,屈於鄙生之議者,人誦先王言也,下畏逆順埶也。至如張溫、皇甫嵩之徒,功定天下之半,聲馳四海之表,俯仰顧眄,則天業可移,猶鞠躬昏主之下,狼狽折札之命,散成兵,就繩約,而無悔心。暨乎剝橈自極,人神數盡,然後羣英乘其運,世德終其祚。跡衰敝之所由致,而能多歷年所者,斯豈非學之效乎?故先師垂典文,襃勵學者之功,篤矣切矣。不循春秋,至乃比於殺逆,其將有意乎!」見《後漢書・儒林傳》,頁2589~2590。
﹝註14﹞《漢書・禮樂志》,頁1033。
﹝註15﹞《後漢書・朱浮列傳》,頁1144。
﹝註16﹞《漢書・王嘉傳》,頁3491。
﹝註17﹞《漢書・李尋傳》,頁3190。

> 古者所以年十五入大學何？以爲八歲毀齒，始有識知，入學學書計。
> 七八十五，陰陽備，故十五成童志明，入大學，學經籍。學之爲言
> 覺也。以覺悟所不知也。故學以治性，慮以變情。故玉不琢不成器，
> 人不學不知義。子夏曰：「百工居肆以成其事，君子學以致其道。」
> 故〈曲禮〉曰：「十年曰幼，學。」《論語》曰：「吾十有五而志於學，
> 三十而立。」又曰：「生而知之者，上也。學而知之者，次也。」是
> 以雖有自然之性，必立師傅焉。〔註18〕

太學之目的，開始轉向爲「治性情」、「知道義」，以及「覺悟」。將「學」與
人的「自然之性」連結，並意識到學與性情之間的關係，認爲若無生知之才，
則仍需以學治其性情，進而致道與知義，而非純粹的王教之化與培養人才了。

此外，「學」與「教」也開始逐漸有所區分。「學」傾向於士大夫個人的
進學修德，以調節情性、獲得知識爲主，則此「學」乃重在「覺悟」，而「覺
悟」可以透過兩層面把握，一者是覺醒、喚起自身本有，但當下並不存在或
作用的部分；一者是明白「未知」，即是透過學習過程，獲知外在的事物，而
此事物與知識並不具足於個人的性情之中。

「教」的主要內容則爲「王者之教」，如《白虎通》云：

> 教者，何謂也？教者，效也。上爲之，下效之。民有質樸，不教而
> 成。故《孝經》曰：「先王見教之可以化民。」《論語》曰：「不教民
> 戰，是謂棄之。」《尚書》：曰「以教祇德。」《詩》云：「爾之教矣，
> 欲民斯效。」〔註19〕

「教」強調的是，由上而下的化民，即是以上位者的德行作爲標的，成爲下
民模仿的對象。由此可見，時代越往後發展，董仲舒所標舉太學目的的兩重
涵義：「教化」與「養賢」開始分化，分別由「教」與「學」所承擔。〔註20〕
特別是「養賢」，從朝廷政治層面的考量中逐漸鬆脫，不再只是單純爲政府、
帝國服務爲目的，而開始發展與轉變爲士大夫認知到自身是由「以學爲本」
形塑而成的。亦即「養賢」本爲帝國推行教化的一種手段與方式，但從這個
途徑出身的士大夫，卻由「帝國養賢」的脈絡中鬆脫，而意識到必須要爲學

〔註18〕陳立：《白虎通疏證》（北京：中華書局，2011 年），頁 253～254。
〔註19〕同前註，頁 371。
〔註20〕董仲舒認爲的「學」已同時含有「覺悟」與「教」的概念，只是其統而論之，
　　　　不似後代漸漸分化，朝向以「性情」、「覺悟」爲主的論學思想。下一節會針
　　　　對董仲舒這部分的思想作簡述。

以成就自身，由此化解了被動地聽從由帝國命令而來的成學，從而走向自身成學、以之爲本，並逐漸移轉到自身性情、才性的考量上。「學與性情」連結的這一條脈絡，也成爲後代論學思想重要的發展。從這裡可以觀察到「教化爲學」開始轉移到「個人爲學」的軌跡，而此「個人爲學」則成爲後來「適性爲學」的先聲。

二、經典教育：今文章句學的發展與瓶頸

董仲舒在〈舉賢良對策〉中確立了太學爲學的基本方向，其云：

> 臣愚以爲諸不在六藝之科孔子之術者，皆絕其道，勿使並進。邪辟之說滅息，然後統紀可一而法度可明，民知所從矣。〔註21〕

「絕其道、勿使並進」可以從兩方面來解讀：第一，非依循六藝、孔子之學者，不能進入朝廷官制中，亦即在選舉制度上確立以六藝、孔子之學爲本。第二，既然非六藝、孔子之學不得進入朝廷中，反過來即是希望以此學爲本，因此無論是選舉還是養賢，董仲舒都希望能建立在六藝、孔子之學的基礎上。

至公孫弘提出設立博士弟子員後，太學生基本上以通一藝以上作爲成學的基礎，也是太學生能晉仕的唯一途徑，因此如何取士便成爲太學生治學的關鍵。因爲公孫弘當初設立的條件是通一藝以上，無形中使得太學生逐漸形成專經的風氣，使得西漢初年到中葉之間，博通涉獵的治學方式逐漸轉型。〔註22〕與此同時也反映在博士治學授徒的過程中，由夏侯勝與夏侯建的例子可以提供一些觀察的面向：

> 自（建）師事勝及歐陽高，左右采獲，又從五經諸儒問與尚書相出入者，牽引以次章句，具文飾說。勝非之曰：「建所謂章句小儒，破碎大道。」建亦非勝爲學疏略，難以應敵。建卒自顓門名經，爲議

〔註21〕《漢書・董仲舒傳》，頁2523。

〔註22〕錢穆：《兩漢經學今古文平議》已舉出例證：「如韋賢並通《禮》、《尚書》，以詩教授，徵爲博士。(本傳) 又韋賢治《詩》，是博士大江公及許生，(〈儒林傳〉) 而瑕丘江公受《穀梁春秋》及《詩》於魯申公。韓嬰爲博士，傳《詩》，然亦以《易》授人。后蒼事夏侯始昌，始昌通五經，蒼亦通《詩》、《禮》，爲博士。董仲舒以治春秋，孝景時爲博士，然仲舒見稱通五經。又梁相褚大通五經，爲博士時，兒寬爲弟子。(見〈兒寬傳〉) 此皆博士初不專治一經之證也。」(頁179) 此處錢穆先生雖以博士爲例，然在武帝以前，這些儒者並不爲博士，因此當時儒者治學確實有博覽涉獵之特色。

郎博士，至太子少傅。〔註23〕

這裡可以看到兩種不同的治學傾向：具文飾說的章句學，以及不爲破碎、細瑣地分文析字，而著重於求取大義。宣帝石渠閣會議之後，便逐漸以夏後建的章句學爲主流，使得博士弟子員治學逐漸狹隘、專經化。〔註 24〕這種發展不能說絕對的對與錯，但的確符合了太學取士的方針，以及主導了後代治學的發展。然而當世之人亦針對這種發展的末流、弊端，提出質疑與批判，最著名的便是劉向、歆父子。

班固《漢書·藝文志》記載了劉向、劉歆父子在整理中秘時，條列諸書的心得與評價，其中的〈六藝略〉便可以看到他們對於當世五經之學，以及治學方法的態度與批判，其云：〔註25〕

> 六藝之文：樂以和神，仁之表也；詩以正言，義之用也；禮以明體，明者著見，故無訓也；書以廣聽，知之術也；春秋以斷事，信之符也。五者，蓋五常之道，相須而備，而易爲之原。故曰「易不可見，則乾坤或幾乎息矣」，言與天地爲終始也。至於五學，世有變改，猶五行之更用事焉。古之學者耕且養，三年而通一藝，存其大體，玩經文而已，是故用日少而畜德多，三十而五經立也。後世經傳既已乖離，博學者又不思多聞闕疑之義，而務碎義逃難，便辭巧說，破壞形體；說五字之文，至於二三萬言。後進彌以馳逐，故幼童而守一藝，白首而後能言；安其所習，毀所不見，終以自蔽。此學者之大患也。〔註26〕

六藝的目的，這裡清楚地說明，分別是樂以和神，爲仁之表現；詩以正言，爲義的表現；禮以明體，爲明的表現；書以廣聽，爲知的表現；春秋以斷事，爲信的表現。仁、義、禮、知、信爲五常之德行，分別由五種經書表現出來，而統括於易之中，而後隨世之流轉，有所變更。劉向等人心中理想的治學之

〔註23〕《漢書·夏侯建傳》，頁 3159。

〔註24〕詳細可參錢穆：《兩漢經學今古文平議》，頁 196～198。張寶三對於錢穆先生的說法有所調整，認爲章句之學不一定起於石渠閣之議後，但對於章句之後的繁瑣與專經，則是一致認同的，詳參張寶三：〈漢代章句之學論考〉，《臺大中文學報》第 14 期（2001 年 6 月）。

〔註25〕班固的《漢書·藝文志》是以劉歆的《七錄》爲基礎改寫而成的，而劉歆的《七錄》又包含其父親劉向《別錄》的部分成果，因此〈藝文志〉所反映的，可以說同時代表這三個人的想法。

〔註26〕《漢書·藝文志·六藝略·小學》，頁 1723～1724。

方，應當是「存其大體，玩經文」，不是孜孜矻矻地執求文字、章句，而是涵養於經書義理中，透過六藝以達和神、正言等目的，因此「經書」只是一種憑藉，而非根本目的。由這個角度反過來看當世的治學之方，專務「碎義逃難，便辭巧說，破壞形體」，在經書本身上大做文章，致使窮究許多時間，也無法在官方的標準下專精一書，同時也無法符合理想上，涵養於五經之中，分別從不同的經書中得到治身益處。

劉歆〈移書讓太常博士〉亦談到相似的觀點，其云：

> 往者綴學之士不思廢絕之關，苟因陋就寡，分文析字，煩言碎辭，學者罷老且不能究其一藝。信口說而背傳記，是末師而非往古，至於國家將有大事，若立辟雍封禪巡狩之儀，則幽冥而莫知其原。猶欲保殘守缺，挾恐見破之私意，而無從善服義之公心，或懷妒嫉，不考情實，雷同相從，隨聲是非。〔註27〕

劉向、歆父子經由中秘校書的經驗，據此批評今文學家墨守師說，今文博士們咸認為今本所言的經書才是正統所傳，而不去思索今本所傳之經可能有所殘缺、不全，若僅僅在現今所傳的經書上面用力，分文析字、煩言碎辭，往往會昧於師說，既不能通透經書之義理，也不會明白今本經書所不載之事，使得自己的知識學問有所閉塞。更甚者，則是固執自己的師說或成見，而不去接受善說，此治學之心態，終究不為劉向、歆所認可。

由此可以觀察到，自太學設立以來，治學的主流傾向雖為章句之學，但事實上，漢代的治學仍可以再細分，在章句之學尚未興起以前，通經且求取大義是主要的治學方法，在章句之學興起後，則有劉向、歆父子所反對這樣閉塞的治學。〔註28〕當然劉向、歆所爭立新的學官，不僅僅只是想改善當時主流的治學方法，背後也包含著博士地位設立的政治目的。

隨著時代的發展，專經、家法、師法愈分愈細，只要能自成一家章句，或修改師說，即可成一家之師法，致使博士弟子只要能從老師那裡習得一家學說，便可依一己之意修改，添加己說，而成新的一家之言，故至東漢永元

〔註27〕《漢書・楚元王傳附劉歆傳》，頁 1970。

〔註28〕錢穆：《兩漢經學今古文平議》云：「訓詁為漢儒治經初興之學，僅舉大誼，不免疏略。章句則其學晚起，具文為說，而成支離。此二者之大較也。」（頁199）錢穆先生此處所言漢初之「訓詁」與現今普遍認知的「訓詁」涵義不完全相同。錢先生所指的，乃是疏通經書文字，以明經書之義理，與今日一般認知，對於語言文字，進行細緻地考證、辨析有別。

十四年（102）徐防上疏〈太學試博士弟子宜修家法疏〉，針對這現象提出批評，其云：

> 伏見太學試博士弟子，皆以意說，不修家法，私相容隱，開生姦路。每有策試，輒興訟，論議紛錯，互相是非。孔子稱「述而不作」，又曰「吾猶及史之闕文」，疾史有所不知而不肯闕也。今不依章句，妄生穿鑿，以遵師爲非義，意說爲得理，輕侮道術，寖以成俗，誠非詔書實選本意。改薄從忠，三代常道，專精務本，儒學所先。臣以爲博士及甲乙策試，宜從其家章句，開五十難以試之。解釋多者爲上第，引文明者爲高說；若不依先師，義有相伐，皆正以爲非。〔註29〕

在徐防以前，漢代考試主要有兩種方式：射策與對策，〔註30〕無論是何者，均是針對某事或某經義闡釋說明，因此以章句析文的方式論述較爲有利。然而不同的家法，對於同一個問題或經義可能會產生不同的詮釋；甚至同一家法中，也會產生不同的歧見。如此經義闡釋愈爲支離，只要能疏通經義疑難，人人均可以意爲說，不復遵循師說。此外，當時不同的家法章句發展越爲細瑣繁碎，往往解釋數字便用了數萬言，這也間接導致太學生不願遵循師說、記誦龐大的章句之文。但對於政府而言，經義愈紛繁、歧異性越大，就愈難以掌握，也難以宣揚官方所欲傳達的價值觀，因此徐防一方面針對章句發展之末流，人人以意爲說提出批評，另一方面也希望能在考試制度上面確立一個定則，作爲揀擇取士的標準。

但是徐防所提出的修正，對於東漢中葉以後的太學發展並沒有積極的改善。原因有數端：首先，太學博士弟子員的人數漸漸上升，而朝廷職缺並沒有相應的增加，且由東漢中葉以後，外戚、宦官相繼把持朝政，多數的職位都被外戚、宦官裙帶關係的人員所占去，博士弟子員在朝廷求官的管道受到一定的阻撓，相對而言，利祿的吸引力便下降，同時亦將博士弟子員的視線轉移，不再專精於章句、家法上，而漸漸朝向當時紊亂的朝政，試圖運用太

〔註29〕《後漢書・徐防傳》，頁 1500～1501。

〔註30〕關於射策、對策，《漢書・蕭望之傳》云：「三歲間，仲翁至光祿大夫給事中，望之以射策甲科爲郎。」顏師古注云：「射策者，謂爲難問疑義書之于策，量其大小署爲甲乙之科，列而置之，不使彰顯。有欲射者，隨其所取得而釋之，以知優劣，射之，言投射也。對策者，顯問以政事經義，令各對之，而觀其〔文〕辭定高下也。」（頁 3272）。

學生群體的發言力量，在政治上面產生影響。〔註 31〕當然太學生本身不乏有外戚子弟，但總體來說，仍代表太學生、士大夫這一階層，事實上外戚與士大夫的身分是可以兼備的，但身處東漢中葉以後的政局，外戚、宦官、士大夫既對立又結盟的情況下，難免會有身分認同兩難的局面，如馬融即是一例。〔註 32〕綜合來說，在以利祿作爲太學發展主要的導向上，以內部而言，太學生數量過多，導致求官之途受阻；以外部而言，混亂的政局，阻礙了正常的入仕管道，加上章句的僵化、繁瑣，都共同導致了太學的沒落與轉型。故范曄直言梁太后下詔，命大將軍以下至六百石皆遣子就學，造成太學生數量增加的情況，云：「自是遊學增盛，至三萬餘生。然章句漸疏，而多以浮華相尙，儒者之風蓋衰矣。」〔註 33〕這裡便可以很清楚看到當時論學的內容及形式轉變的痕跡。梁太后雖站在貴戚的角度，欲弟子也能擁有與士大夫爭衡的學術能力，故使朝中外戚大臣均能入學其中，但同時也造成太學生的數量激增，內外因素的衝擊下，使得太學不再像以前只是單純入仕的管道，而滲入了更多的政治色彩，也造成了其中所蘊含論學思想的轉變。

　　所謂的「浮華相尙」，可簡單地以仇覽爲例子說明，就可以很明顯看到太學治學風尙已轉變的情況：

> 覽入太學。時諸生同郡符融有高名，與覽比宇，賓客盈室。覽常自守，不與融言。融觀其容止，心獨奇之，乃謂曰：「與先生同郡壤，隣房牖。今京師英雄四集，志士交結之秋，雖務經學，守之何固？」覽乃正色曰：「天子脩設太學，豈但使人游談其中！」高揖而去，不復與言。後融以告郭林宗，林宗因與融齎刺就房謁之，遂請留宿。林宗嗟歎，下牀爲拜。〔註 34〕

仇覽入太學時，所抱持的想法仍是兩漢太學的主要宗旨：習經書章句、興教化。在仇覽入太學以前，曾爲蒲亭長，任內致力施行教化，觀其處理陳元不

〔註 31〕〔日〕吉川忠夫著，王啓發譯：《六朝精神史研究》（南京：江蘇人民出版社，2012 年），頁 39～42。

〔註 32〕參見余英時：〈漢晉之際士之新自覺與新思潮〉云：「（馬融）生當士大夫與外戚鬥爭尖銳化之時代，故其立身處世不免曖昧動搖，朝秦暮楚，然則其初所以不應鄧騭之召者，蓋內心尚持士大夫之道德標準，而其後所以辛依附梁冀而無愧色者，則殆已一變而至外戚之立場耶？」參見余英時：《中國知識人之史的考察》，頁 215。

〔註 33〕《後漢書‧儒林傳》，頁 2547。

〔註 34〕《後漢書‧循吏列傳‧仇覽》，頁 2481。

孝之事，強調「此非惡人，當是教化未及耳」〔註35〕因此親到陳元家，爲其陳人倫孝行。如此可以看到仇覽與符融、郭林宗等新興知識分子的不同。當時太學領袖有陳蕃、郭林宗、李膺等人，不用傳統經義論斷、諷諭朝廷的方法，而是透過「激揚名聲，互相題拂，品覈公卿，裁量執政」〔註36〕的方式，與朝廷士大夫互通聲氣，形成一股政治上的力量。於是所謂「游談」、「浮華之風」自然興起，〔註37〕而士大夫之間的交往、論學，也逐漸以「談論」、「品覈人物」爲主，這在一定程度上影響了後來玄學的發展。

在黨錮之禍後，太學的影響力與重要性漸漸下降，特別是董卓之亂後，國都數遷，既沒有穩定的政治力量維繫，又沒有固定的場域授業、講學，於是官方正式的太學於焉沒落，重心也逐漸移轉至荊州以及各地的私人講學中，直至三國時期，官方太學一直沒有再成爲學術之重心。

反過來說，當太學求仕的管道不再具備吸引力時，眞正心嚮治學求問者，並不會往太學靠攏，而是往聚集在各地的私人講學處求學，這與章句之學的僵化與沒落，逐漸淪爲一種求仕的工具，甚至連求仕的目的都無法達成時，必然產生的現象。私人講學的出現，早在董仲舒以前，如伏生等，便不絕如縷地持續著，〔註38〕自東漢開始，私人講學的風氣更加興盛：

> 自光武中年以後，干戈稍戢，專事經學，自是其風世篤焉。其服儒
> 衣，稱先王，遊庠序，聚橫塾者，蓋布之於邦域矣。若乃經生所處，
> 不遠萬里之路，精廬暫建，嬴糧動有千百，其者名高義開門受徒者，
> 編牒不下萬人，皆專相傳祖，莫或訛雜。〔註39〕

私人講學雖然也是傳授「經學」爲主，但並不局限於一家之言，也不爲了利祿求官限於特定家法章句，不少學者多通五經，如魯丕、〔註40〕蔡玄、〔註41〕

〔註35〕 同前註，頁2480。
〔註36〕 《後漢書·黨錮列傳·序》，頁2185。
〔註37〕 所謂的「浮華」，可以參考唐長儒：〈九品中正制度試勢〉，《魏晉南北朝史論叢》，頁87～94。「游談」，可以參考唐翼明：《魏晉清談》（臺北：東大，2002年），頁173～179。
〔註38〕 如陳東原云：「西漢大儒如伏生、如申公、如叔孫通、公孫弘、董仲舒、夏侯授、薛廣、韋賢、疏廣、丁寬、施讎、孟喜、梁邱賀……等，莫不教授生徒。此諸人未必皆爲博士，其學生亦不必皆博士弟子。蓋私家教學制度，源遠流長，素爲社會通行辦法。」參見陳東原：《中國教育史》，頁68～69。
〔註39〕 《後漢書·儒林傳》，頁2588。
〔註40〕 《後漢書·魯丕傳》：「兼通《五經》，以《魯詩》、《尚書》教授。」（頁883）。

劉淑、〔註 42〕張霸，〔註 43〕特別是鄭玄，終身不求利祿，只爲了追求純粹的學問而四處遊學、講學不輟。在民間講學的學者，不一定都是不仕官之人，有些人可能先在鄉里教書，而後入仕朝政，也有些人罷官後，回到鄉里教書，當然也有其他種種個人的原因，不能一概而論。

值得注意的是，私人講學的內容十分之多元，不一定限定於今文經學，也有東漢以來蓬勃發展的古文經學，甚至擴及於天文、〔註 44〕法律、〔註 45〕甚至在西漢時還有老子的教授。〔註 46〕這些在民間的私人講學多少都帶給太學等官方學術新的活力與衝擊，因爲在私人講學中，不太需要顧及升官進仕的壓力，學者與求學者往往都是眞誠熱愛學問，爲求知而來，即使有因此進入官場者，亦不在多數。而這股民間多元、豐沛的講學，也爲後來的論學思想奠定了新的基礎。

三、通學思想下經學的拓展

東漢光武帝重新繕起太學後，今文經學仍在學界作爲主要的力量，以今文十四博士爲代表，治學上仍以章句之學爲主，並雜以讖緯等思想，使得章句之學不僅繁瑣，也顯得有些怪誕。這種情況發展下去，章句之學漸漸爲當世不甘於僵化、固陋的學者所揚棄，開始擴充自己的知識空間，除了官方宦途主要的今文章句外，擴展到古文學、諸子學等等，使得以經學爲主的漢代

〔註41〕《後漢書・儒林傳・蔡玄》：「學通《五經》，門徒常千人，其著錄者萬六千人。」（頁 2588）。

〔註42〕《後漢書・黨錮列傳・劉淑》：「少學明《五經》，遂隱居，立精舍教授，諸生常數百人。」（頁 2190）。

〔註43〕《後漢書・張霸傳》：「博覽《五經》，諸生孫林、劉固、段著等慕之，各市宅其傍，以就學焉。」（頁 1241）。

〔註44〕如《後漢書・方術傳》云廖扶「習《韓詩》、《歐陽尚書》，教授常數百人……專精經典，尤明天文、讖緯、風角、推步之術。」（頁 2179）。當時學者對於天文曆法頗有興趣，如張衡曾於安帝延光二年（123）與亶誦、梁豐等論曆，又《後漢書・律曆志》載有不少論曆的經過，參見該書頁 3025〜3030。

〔註45〕如《後漢書・鍾皓傳》云鍾皓「以詩律教授門徒千餘人。」（頁 2064）。又如《後漢書・郭躬傳》記載郭躬父子均長於法律，云「父弘，習《小杜律》。太守寇恂以弘爲決曹掾，斷獄至三十年，用法平……躬少傳父業，講授徒眾常數百人。」（頁 1543）。

〔註46〕如《漢書・王吉傳序》云嚴君平「卜筮於成都市……裁日閱數人，得百錢足自養，則閉肆下簾而授老子。博覽亡不通，依老子、嚴周之指著書十餘萬言。」（頁 3056）。

學術，展現了更多元的發展，也爲被章句之學所禁錮的經學，注入了一些活水，這可以說是漢代「通學」興起的背景，也是學術轉移的契機，〔註 47〕漢代中葉開始出現的馬融、賈逵、鄭興、許愼，乃至中晚期的何休、鄭玄，都運用了廣泛的知識，將漢代經學推向最後的高峰。

西漢末期，從劉向歆父子開始，經學間今古問題的爭端逐漸興起。今古問題除了涉及經書版本、篇章，乃至種類的不同外，也涉及到了治經方法上的差異，特別是在詮釋經書時，運用章句、條例、訓詁、舉大義等，都在在顯示了其時治經上的差異。而在官方太學、博士制度運作下，章句之學逐漸成爲顯學，形成了師說家法的出現，今文經學成爲了壟斷學術詮釋的主流聲音，但也在師說家法互相攻訐下，朝向瑣碎、煩冗、僵固的局面。於是從東漢中葉開始，除了理智清明一脈的學者，針對當時的章句之學提出批評外，身處其中、乃至外緣的經學家，也開始進行程度不一的調整，最大的差異性便在於，開始由專經走向通學，前人研究多已詳細論述，此不贅言。〔註 48〕

在經學這一脈的學者，對論學思想是如何看待，較難直接從他們的著作中觀察出來，因爲基本上這些學者鮮少另有個人一家之言的著作，多是在經書上的疏解與條例。因此要觀察他們對於「學」的看法，只能從經書的疏解中尋找，才有較多的材料可以參考。再者，因爲是對於經書的疏解，因此必須在一定程度上貼合經典本身的意思，不完全能代表個人的看法，但仍能從其疏解中，尋得一絲足跡，以作爲論學思想的基礎參考。

鄭玄被稱之爲「禮是鄭學」〔註 49〕，表明其精於禮學。因此從其禮學著作中，應最能反映他的思想，禮書中討論「學」最多的當屬《禮記・學記》。以下便以〈學記〉作爲主要考察的對象。

〈學記〉一文，依鄭玄所云，即「名曰學記者，以其記人教學之義」。〔註 50〕鄭玄所謂的「學」便包含著「教」與「學」二者，前者較涉學校制度等，由外而內的學習方式，後者則較涉由內而外的個人主動學習。前者如其

〔註 47〕 可參看葛兆光：《中國思想史》第一卷（上海：復旦大學出版社，2001 年），頁 306～310。

〔註 48〕 可參考許抗生、聶保平、聶清：《中國儒學史・兩漢卷》（北京：北京大學出版社，2011 年），〈第六章：古文經學的形成及其與今文經學的紛爭〉、〈第十章：東漢後期經學的發展〉。

〔註 49〕 孔穎達之語，參見《禮記注疏》，頁 279-1。

〔註 50〕 同前註，頁 648-1。

云：

> 教學，謂內則設師、保以教，使國子學焉；外則有大學、庠序之官。

〔註51〕

師、保、大學、庠序都是透過制度，由老師作爲主要的教學者，領導學習。

後者如其云：

> 學則睹己行之所短，教則見己道之所未達。自反，求諸己也。自強，
>
> 修業不敢倦。言學人乃益己之學半。〔註52〕

鄭玄在這裡區分的「學」與「教」二者的不同，主要指的是個人學習方法的不同途徑。「教」者，此處指的是透過自己教授別人的過程，進而能夠看到自己所未達之處，換句話說，藉由與求學者互動，同時明白自己所欠缺、不足之處，而能夠持續自強修業。至於「學」，則爲一定程度上的自覺，能夠明白自己不足之處，眞實面對自己的足與不足之處，持續學習，以增進自己不足之處。此處無論是「學」與「教」，都是個人主體學習的自覺認識。

鄭玄所言的論學思想，基本上是貼合文本而做出的基本解釋，換句話說，鄭玄不可能過度逸出經典本有的意思，而逕自做出自己的詮釋。此外，鄭玄於經文注解中，雖揭示了個人自覺爲學的部分，然仍將自覺爲學與教化連結，進而梳理二者之間的關係：

> 本立而道生，言以學爲本，則其德於民而無不化，於俗無不成。

〔註53〕

鄭玄通過「本立而道生」的詮釋，將「教化」本之於「學」中，換句話說，即是將「教化」的根本，繫於施行教化者自身之「學」中，將自身的自覺，高於人民效法之上，這論述雖與董仲舒相去不遠，一樣將教化的源頭歸本於上位者自身的學習上。但事實上，鄭玄這種論述，是在士大夫「以學爲本」的認知下才能推展而出的論述，因此表面上看來，雖與董仲舒相近，但實際上，仍有承繼發展的過程。〔註54〕

〔註51〕同前註，頁648-2。

〔註52〕同前註。

〔註53〕同前註，頁656-2

〔註54〕事實上，鄭玄的「自覺」與「教化」與董仲舒已有一定的距離，以鄭玄之語代換，或可稱之爲「心解」與「啓發」，前者指老師自身學習，著重在「思而得之則深」；後者指老師教導學生的過程，強調「孔子與人言，必待其人心憤憤，口悱悱，乃後啓發爲之說也。如此則識思之深也。」可見鄭玄並

　　因此可以說，鄭玄這一脈的學者，在經學上有卓越的貢獻，透過「通學」的精神，將今古學的長處鎔鑄起來，使得經學本身不再瑣碎，也不再氾濫無所歸依，即如范曄所云：

> 自秦焚六經，聖文埃滅。漢興，諸儒頗修藝文；及東京，學者亦各名家。而守文之徒，滯固所稟，異端紛紜，互相詭激，遂令經有數家，家有數說，章句多者或乃百餘萬言，學徒勞而少功，後生疑而莫正。鄭玄括囊大典，網羅眾家，刪裁繁誣，刊改漏失，自是學者略知所歸。王父豫章君每考先儒經訓，而長於玄，經義每以玄爲長也。常以爲仲尼之門不能過也。及傳授生徒，並專以鄭氏家法云。〔註55〕

鄭玄將當時紛亂、互相傾軋的各式家法，各取其長，混同而解經，如此初學者，由一書即能見出數家之別，亦不會爲某一家家法所束縛，而流於瑣碎、僵固的困局。故鄭玄書一出，自然壁守家法的章句之學會逐漸凋零，也將漢代經學做出相當程度的總結。

　　雖然鄭玄對於經學有極大的貢獻，但對於「人」與「學」的關係，卻沒有獨立、深入地詮釋，這與他的治學傾向有相當大的關係，畢竟鄭玄志在經學，希望能通過博學，統整、釐清家法上的種種異同。因此在義理上，建構「人」與「學」的關係，乃至「學」之內涵，與在時代遞嬗下「學」的轉變，都無專文述及，這也是當時經學家的常態。故鄭玄、何休等一眾經學家，可以觀察其經學方法、經學思想上的變遷，卻不能直接觀察其對「人」與「學」的核心關懷，只能從經文註釋中，間接觀察得來。故此面相，就必須透過同時代其餘關注此議題的學者，來反映當時的論學思想及其轉變了。

　　不完全著重在上位者以上化下、下位者以下效上的角度來論學。此意毛禮銳，沈灌群主編：《中國教育通史》已點出並有所發明，參見該書頁 258～259。

〔註55〕《後漢書‧鄭玄傳》，頁 1212～1213。

第二節　士的自覺〔註56〕與論學思想的演變──「知性論學」的開展

一、董仲舒所揭示「學」之二義：教化與覺悟

當董仲舒在太學制度與教育上提倡「教化」與「養賢」時，不能僅僅只是透過制度上的確立，就能直接達到「教化」與「養賢」的目的，還必須在理論上建立、說明如何能夠達到「教化」與「養賢」，如此就必須更進一層涉及到「學」與「人性」之間的關係，而此關係便成為論學思想最重要的論題之一，也成為後世論學主要的著眼之處。

董仲舒為漢代太學制度與思想奠定了基調，由王權為基礎，建立太學，

〔註56〕「個人自覺」一詞最早由錢穆先生提出，後來余英時推演其義，提出了〈漢晉之際士之新自覺與新思潮〉一文，正式對這個時期，士大夫的群體自覺與個體自覺提出論述。但事實上，士大夫的自覺，不必等到東漢中葉以後，從董仲舒以下，士大夫便對自身的地位有所認知，並延伸到「以學為本」的態度上。此外林聰舜：《漢代儒學別裁：帝國意識形態的形成與發展》（臺北：臺大出版中心，2013 年）更指出了早在韓嬰等儒者，已自覺地希望能在漢帝國中，爭取到儒者在其中的定位，以及得以施展抱負的方法。其云：「韓嬰最了不起的地方，在於他雖是《詩》學大師，古典的研究與傳授者，但他一方面堅持經義，期待改造政治社會；另方面更能審時度勢，深刻了解『士』的機會與困境，特別是個別的『士』的無力感。他透過《詩》教『造士』，善用儒士所擁有的知識、道德，建立共同的認同，建構『士』的共同體，轉化出『士』集團堅強的現實力量。」（頁 102）。再者，謝大寧：《從災異到玄學》曾提到對於「自覺」這一概念的反省，其云：「自覺說的過於氾濫，是不言可喻的。自覺是每一時代、每一個人精神創造的基礎，我們只可問這時代的人究竟自覺到了什麼新問題？他們又何以會自覺到這問題？卻絕不能以自覺作為一時代歷史因果的主線，這在知識論的立場上是站不住腳的。」（頁 13）。謝大寧對於「自覺」這一概念反省得相當深切，因此有必要說明本文沿用「士大夫自覺」這一概念的意義。事實上，不只董仲舒，早在漢初，儒士便對自身有所期許，希望能以一己之學，貢獻新的統一王朝，從陸賈「逆取順守」，到賈誼的更化，以及上述韓嬰等對於「士」的期許，都可以看出，士大夫欲以其「學」貢獻世間。然而此「學」如何從貢獻帝國（教化），到自身「以學為本」的過程，是對於「學」的一種重新認識，也透過這種認識的過程，反省官方的主流治學，以及自身如何在這之中，形塑自身之學，乃至在反省官方主流治學中，修正、重建新的論學思想，這是本章之所以將「以學為本」作為士大夫「自覺」的主要理路，但為了避免與余英時所提出的「士大夫自覺」一詞意義相混，本文擬改用「『以學為本』的認知」作為文中推論的用語。

以利教化之施行，而「教化」的本質便是由上而下，由外而內的過程。因此無論是對於士大夫階層的「學」，還是平民百姓被動地受「教化」（當然平民也可以循察舉、孝廉等管道進入士大夫階層），都是一種外在的、後天的行爲，而這樣的制度設計，也直接反映了董仲舒的論學思想，當然他也明確地在《春秋繁露》中揭示。

董仲舒將「人性」與「學」的關係，納入其天人感應的體系之中，作爲其儒學開展的重要環節。有鑑於此，必須先將董仲舒天人思想作基本的梳理，方能較爲清晰、深刻地認識其「人性」與「學」的關係。

董仲舒的天人思想基本上建立在天、地、人三者的關係上，而特別以天與人之間的關係爲主，其云：

> 爲生不能爲人，爲人者天也。人之人本於天，天亦人之曾祖父也。人之形體，化天數而成；人之血氣，化天志而仁；人之德行，化天理而義。人之好惡，化天之暖清；人之喜怒，化天之寒暑；人之受命，化天之四時。人生有喜怒哀樂之答，春秋冬夏之類也。喜，春之答也；怒，秋之答也；樂，夏之答也；哀，冬之答也。天之副在乎人。人之情性有由天者矣。〔註57〕

人不能自己爲生，必須透過天之化生而來，因此天與人的關係，就如同父子、祖孫的關係一般，由天賦予人血氣、德行、好惡等。正因爲人之血氣、性情等均來自於天，故必須順天而行，依天而動。具體落實下來，便是如何達成天地人之間的和諧關係，因此董仲舒進一步說：

> 何謂本？曰：天地人，萬物之本也。天生之，地養之，人成之。天生之以孝悌，地養之以衣食，人成之以禮樂，三者相爲手足，合以成體，不可一無也。〔註58〕

這裡的「崇本」是站在國君的角度來看的，亦即身爲國君，必須要依循「本」，而所謂的「本」即是天、地、人的關係，由人的角度出發，必須依循天之孝悌、地之衣食，而由人成之於禮樂，方能達成天地人之間的和諧。

天、地雖然作爲化生、長養人的主要根源，但眞正能成就天地人三者和諧關係的關鍵還是在人身上，這也是董仲舒立論最核心之處。而與天地人並列的「人」並非指一般百姓黎民，而是指國君或者是聖人，是成就天地人最

〔註57〕 《春秋繁露義證・爲人者天》，頁 318～319。
〔註58〕 《春秋繁露義證・立元神》，頁 168。

關鍵的角色，因此董仲舒會說：「天生之，地載之，聖人教之」〔註59〕，又說「天道施，地道化，人道義」〔註60〕，「教」與「義」都具有化民的意思，因此成就天地人以及化民的角色，就落在聖人、國君的身上，故其云：

> 君者，民之心也；民者，君之體也。心之所好，體必安之；君之所好，民必從之。故君民者，貴孝弟而好禮義，重仁廉而輕財利，躬親職此於上，而萬民聽，故曰：「先王見教之可以化民也。」此之謂也。〔註61〕

由國君作為人民之表率，只要能達到「貴孝悌而好禮義，重仁廉而輕財利」的自我要求，便能達到上行下效的目的，而有化民的可能。如此，這裡的「學」主要便是針對國君而言並非針對百姓：

> 君子知在位者之不能以惡服人也，是故簡六藝以贍養之。《詩》《書》具其志，《禮》《樂》純其養，《易》《春秋》明其知。六學皆大，而各有所長。《詩》道志，故長於質。《禮》制節，故長於文。《樂》詠德，故長於風。《書》著功，故長於事。《易》本天地，故長於數。《春秋》正是非，故長於治人。能兼得其所長，而不能偏舉其詳也。故人主大節則知闇，大博則業厭。二者異失同貶，其傷必到，不可不察也。是故善為師者，既美其道，有慎其行，齊時蚤晚，任多少，適疾徐，造而勿趨，稽而勿苦，省其所為，而成其所湛，故力不勞而身大成。此之謂聖化。吾取之。〔註62〕

君之在位，不能獨任「惡」以服人，即「聖人之道，不能獨以威勢成政，必有教化」〔註63〕，而如何能行教化，則在於國君須先成就自己，作為施教化之源頭，而如何成就自己，則必須透過「學」，而歸本於「六藝」。董仲舒所謂的六藝之學，並非如老學究一般，詳知其細目、考證文字等等，而是能知每一藝的長處，而能通過這些長處提升自己，如《詩》長於質、《禮》長於文等。由此可知天所賦予人的孝悌之德，以及地所長養人的形體，最後仍必須透過「學」以成就自己。作為民之師的君王，經由「學」之後，便能動作威儀、任事而行，均有節度，而不妄為，如此即能身不勞，並能將之施教於百

〔註59〕《春秋繁露義證，為人者天》，頁320。
〔註60〕《春秋繁露義證・天道施》，頁468。
〔註61〕《春秋繁露義證・為人者天》，頁320。
〔註62〕《春秋繁露義證・玉杯》，頁35〜38。
〔註63〕《春秋繁露義證・為人者天》，頁319。

姓。此爲董仲舒論學思想的第一義。

在董仲舒天地人的思想中，雖然多從國君或聖賢切入以言人事，但「百姓」亦皆由天所化生的，所以國君在施教化的同時，也必須處理百姓受教化的問題。於是董仲舒的論學思想便蘊含了兩層意思：「國君爲學」的第一義與「百姓受教化」的第二義，而其中同時具備「行教化」與「受教化」特性的士大夫階層，董仲舒並沒有針對這個階層進行專述，但就其行文立論而言，比較傾向於將士大夫歸類爲「行教化」的階層。〔註64〕

對於董仲舒而言，百姓亦爲天所化生，同時具備陰陽二氣，即同時具備善惡之質：

> 人之誠，有貪有仁。仁貪之氣，兩在於身。身之名，取諸天。天兩有陰陽之施，身亦兩有貪仁之性。〔註65〕

天之陰陽二氣，即人之仁貪二氣，仁者陽也，貪者陰也。有陽有陰，有仁有貪，故不能謂人之性善，亦不能說人之性惡，而是同時具備二者之質。落實到人身上來說，則可說性善而情惡，故董仲舒又云：

> 是正名號者於天地，天地之所生，謂之性情。性情相與爲一暝。情亦性也。謂性已善，奈其情何？故聖人莫謂性善，累其名也。身之有性情也，若天之有陰陽也。言人之質而無其情，猶言天之陽而無其陰也。〔註66〕

所謂的「性」可以舉全體而言，即「生之自然之資謂之性」〔註67〕，則人之生所具備的質性即可謂之「性」，在這個範疇下，「情」由天生質性所發出。因此若「情」爲惡，則「性」亦不得爲善，故董仲舒認爲人之質性同時具備善與惡，而人在後天所要做的工作即是將此善質「喚醒」（覺）或砥礪人之質，隱惡而揚善（教訓）。

這裡就涉及到所謂的「覺」與「教訓」的部分，董仲舒統論爲「王者之教化」。就「覺」的部分，其云：

> 民之號，取之暝也。使性而已善，則何故以暝爲號？以實者言，弗扶將，則顛陷猖狂，安能善？性有似目，目臥幽而暝，待覺而後見。當其未覺，可謂有見質，而不可謂見。今萬民之性，有其質而未能

〔註64〕 詳見前一節所述。
〔註65〕 《春秋繁露義證・深察名號》，頁294～296。
〔註66〕 同前註，頁298～299。
〔註67〕 同前註，頁291。

> 覺，譬如瞑者待覺，教之然後善。當其未覺，可謂有善質，而不可
> 謂善，與目之瞑而覺，一概之比也。靜心徐察之，其言可見矣。性
> 而瞑之未覺：天所爲也。效天所爲，爲之起號，故謂之民。民之爲
> 言，固猶瞑也，隨其名號以入其理，則得之矣。〔註68〕

董仲舒在這裡，透過特殊的聲訓，將「民」視爲「瞑」，即潛伏尚未覺醒的樣子，由此說明民之性是生而有善質，但此善質是一種由天所賦予的潛能，必須待後天的人爲教訓，方能覺醒。而後天的人爲教訓的關鍵便在於「王者之教」，故其云：

> 名性，不以上，不以下，以其中名之。性如繭如卵。卵待覆而成雛，
> 繭待繅而爲絲，性待教而爲善。此之謂真天。天生民性有善質，而
> 未能善，於是爲之立王以善之，此天意也。民受未能善之性於天，
> 而退受成性之教於王。王承天意，以成民之性爲任者也。〔註69〕

「性待教而爲善」即透過「王者之教」而醒覺眾人之善性，而眾人醒覺後之「性」便與原先尚未覺醒之「性」有所不同，如同卵與雛、繭與絲一般，已成爲真正之「善性」，即當眾人之「善性」醒覺後，便不再是種潛質，而是作爲整體性之全善。

值得注意的是，董仲舒所認爲的百姓之性是兼具善與惡的，與聖人之性爲全善，以及斗筲之性爲全惡不同。「聖人之性」承前所述，是承天而行教化的主體，董仲舒未對「聖人之性」做過具體的描述，但十分強調聖人乃「知者」，且能承天而行。〔註70〕或許董仲舒認爲所謂的「聖人」即「生而知之者」。至於「斗筲之性」，與聖人「生而知之者」相比，乃爲「下愚不可移者」，則董仲舒亦不多費筆墨說明了。

至於如何教化、醒覺人民之「善性」，可以透過幾種方式：首先可以透過天所賦予人最原始的善性：「孝悌」，作爲導民向善的關鍵。〔註71〕再者，取古聖賢之經傳，以得其義。〔註72〕最後，可用「以禮安情」的方法，如其

〔註68〕同前註，頁297～298。
〔註69〕同前註，頁300～302。
〔註70〕如《春秋繁露義證・天道施》云：「聖人見端而知本，精之至也；得一而應萬，類之治也」（頁469）、〈如天之爲〉：「天之志也，而聖人承之以治」（頁464）、〈威德所生〉：「行天德者謂之聖人」（頁462）。
〔註71〕即奉天本而行，《春秋繁露義證・立元神》云：「郊祀致敬，共事祖禰，舉顯孝悌，表異孝行，所以奉天本也。」（頁169）。
〔註72〕《春秋繁露義證・重政》云：「夫義出於經，經傳，大本也。」（頁149）。

云：

> 夫禮，體情而防亂者也。民之情，不能制其欲，使之度禮。目視正
> 色，耳聽正聲，口食正味，身行正道，非奪之情也，所以安其情也。
> 變謂之情，雖持異物性亦然者，故曰內也。變變之變，謂之外。故
> 雖以情，然不爲性說。故曰：外物之動性，若神之不守也。積習漸
> 靡，物之微者也。其入人不知，習忘乃爲，常然若性，不可不察也。
> 純知輕思則慮達，節欲順行則倫得，以諫爭僴靜爲宅，以禮義爲道
> 則文德。是故至誠遺物而不與變，躬寬無爭而不以與欲推，眾強弗
> 能入。蜩蛻濁穢之中，含得命施之理，與萬物遷徙而不自失者，聖
> 人之心也。〔註73〕

董仲舒認爲人之「情」爲惡，容易受欲干擾而爲亂，故聖人以「禮」爲度，
使人民皆以「正」爲準，因「禮」爲體情而設，所以是節度、調整「情」之
發用，而非限制、滅奪人之「情」也。再者，「情」雖爲人性所發，但卻不
能直接說此爲性，董仲舒這裡特別強調「習染」對於人性的影響，當人熟悉
某一習慣，久之而爲自然時，便會把這種習慣當成天性一般，認爲是與生俱
有，但事實上，這是在「神之不守」的狀況下，被薰陶而成的。

此處所謂的「神」是指人心幾微之處：

> 氣從神而成，神從意而出。心之所之謂意，意勞者神擾，神擾者氣
> 少，氣少者難久矣。故君子閑欲止惡以平意，平意以靜神，靜神以
> 養氣。氣多而治，則養身之大者得矣。〔註74〕

這裡的「氣」指的是天地化生於人的「血氣」，此「血氣」由人之「神」而成，
而「神」由「意」之所出，「意」者即爲心之意向，如此便將人身之「血氣」、
「神」等均收束於心之上。故君子之教首重在治心，而所謂的治心，即是前
文所引「純知輕思則慮達，節欲順行則倫得，以諫爭僴靜爲宅，以禮義爲道
則文德」，透過調節自己的思慮、欲望，並能依循「禮儀」爲行爲之標準，如
此方能在內不爲自己的情欲所影響，在外不爲萬物所遷徙己心。〔註75〕

〔註73〕《春秋繁露義證・天道施》，頁 469～471。
〔註74〕《春秋繁露義證・循天之道》，頁 452。
〔註75〕前文的〈天道施〉與此〈循天之道〉側重之處不同，前者著重於政教上，後
　　　　者則強調養生。但無論是政教還是養生，都同時強調身心上的平和安順，故
　　　　此處以「純知輕思」一段來解釋董仲舒治心的重要性，若以〈循天之道〉本
　　　　身文脈而言，則爲「行中正，聲嚮榮，氣意和平，居處虞樂，可謂養生矣」（同

　　綜合而言，董仲舒的論學思想，是以王教爲主，透過由上而下、由外而內的方式，喚醒人民之善質，藉由提倡孝悌、閱讀經典，以及「以禮安情」的方式，來達到教化的目的。

　　就董仲舒的論學思想而言，「學」與「教化」是息息相關的，但學的主體性，主要指的是君王，而非一般人民。一般人民主要是被動地接受王教之化，藉此治性而達善，學習的主動性基本上是落失的。再者，君王與人民之間的士大夫，也在論述中，在一定程度上被略去，即使董仲舒在行文中有意無意間，將士大夫融入施行教化的層面，但畢竟仍是在一定程度上被略去。〔註76〕

　　因此董仲舒所論述的「論學思想」基本上是站在政治的角度，由君王化民的王教思想作爲論學的主軸，但他所確立的「待外教而爲善」的思想卻貫穿了整個漢代，成爲論學思想的基調。董仲舒所存的文獻，主要都是建議帝王的治國之方，其中被淡去的士大夫層面，卻在經學成爲漢代學術主軸、太學興起後，逐漸建立起來，後世論學思想，便漸漸由王教的上下關係，轉爲個人的主體追求，這是漢晉之際論學思想的大發展，且在這個過程中，對於「學」與「性情」的關係，發展得更爲深邃。

　　董仲舒論學思想中所開展的「覺悟」與「教訓」雖均包含於「王者之教化」中，而以教化爲重，但實際上，對於後世產生了一定的影響，即二者逐漸分疏論列，「覺悟」的比重漸漸增加，成爲士大夫認知到「以學爲本」的關鍵。而「教訓」雖漸合流於「教化」，指向由上而下的關係，但經由後世的疏理與論述，逐漸納入「覺悟」中，成爲士大夫自治的手段，即經由「覺悟」，而由「學」鍛鍊自身，達到「反情治性」的目的。

二、士大夫「以學爲本」的認知

　　自董仲舒後，士大夫逐漸佔據朝政的核心地位，即《史記》所云：「自此以來，則公卿大夫士吏斌斌多文學之士矣」〔註77〕，由此士大夫對於自身的身分開始有了積極的思索，在昭帝時代，《鹽鐵論》所呈現的爭論過程，恰巧可以提供一個優先切入的方向：

　　　　前註，頁453）此二處可交相參考。
〔註76〕參見第一節所述。
〔註77〕司馬遷：《史記‧儒林傳》（北京：中華書局，2011年），頁3119～3120。

　　文學曰：「非學無以治身，非禮無以輔德。和氏之璞，天下之美寶
　　也、待礛諸之工而後明。毛嬙，天下之姣人也，待香澤脂粉而後容。
　　周公，天下之至聖人也，待賢師學問而後通。今齊世庸士之人，不
　　好學問，專以己之愚而荷負巨任，若無檝舳，濟江海而遭大風，漂
　　沒於百仞之淵，東流無崖之川，安得沮而止乎？」〔註78〕

文學之士清楚地認知到「學所以治身」、「禮所以輔德」，即使一個人在先天上
擁有極佳的質性、才能，若沒有透過「學」進一步鍛鍊己身，終究難以承擔
大任，便如同只靠一身之力，欲無檝舳而渡江海，恐難以到達目標。這裡連
舉了三個例子：和氏玉、毛嬙、周公爲例，均須透過後天的努力方能完成先
天之善。文學之士反諷現今「齊世庸士」，清楚明白地點出，身爲士大夫，必
須透過「學」方能成就自身、擔負重任。順此進一步言：

　　文學曰：「西子蒙以不潔，鄙夫掩鼻；惡人盛飾，可以宗祀上帝。使
　　二人不涉聖人之門，不免爲窮夫，安得卿大夫之名？故砥所以致於
　　刃，學所以盡其才也。孔子曰：『觚不觚，觚哉，觚哉！』故人事加
　　則爲宗廟器，否則斯養之爨材。干、越之鋌不屬，匹夫賤之；工人
　　施巧，人主服而朝也。夫醜者自以爲姣，故〔不〕飾；愚者自以爲
　　知，故不學。觀笑在己而不自知，不好用人，自是之過也。」〔註79〕

這裡舉了兩個極端的例子，西子身體若爲髒污，旁人便掩鼻而過，不會管其
美與不美；反之，即使長得醜的人，若能打扮得體面、合禮，亦能祭拜上帝。
如此說來，不管先天美醜（質性），重要是後天的行爲，若天性良好，卻不懂
得善待自己、修飾自己，亦爲旁人所鄙。同樣的，即使天性不佳，卻能在後
天砥礪自身，亦能盡己之才而後爲善。因此所謂「卿大夫」必須要透過「學」
以成就自身、由學以盡其才，方能得其名也。

　　《鹽鐵論》中的文學之士，雖然只是將「學」與「性情」做了基本的論
述，但卻清楚地認知到士大夫之所以爲士大夫，乃在於「學」，非學不僅不配
作爲士大夫，亦不能盡己之才。而後的劉向更加推演此義，其云：

　　人之幼稺童蒙之時，非求師正本，無以立身全性。夫幼者必愚，愚
　　者妄行，不能保身。孟子曰：「人皆知以食愈飢，莫知以學愈愚。」

〔註78〕桓寬著，王利器校注：《鹽鐵論校注・殊路》（北京：中華書局，2010 年），頁
　　　　272。
〔註79〕同前註，頁 272～273。

故善材之幼者必勤於學問以修其性。今人誠能砥礪其材，自誠其神明，睹物之應，通道之要，觀始卒之端，覽無外之境，逍遙乎無方之內，彷徉乎塵埃之外，卓然獨立，超然絕世，此上聖之所遊神也。然晚世之人，莫能閒居心思，鼓琴讀書，追觀上古，友賢大夫；學問講辯日以自虞，疏遠世事分明利害，籌策得失，以觀禍福，設義立度，以爲法式；窮追本末，究事之情，死有遺業，生有榮名；此皆人材之所能建也，然莫能爲者，偷慢懈墮，多暇日之故也，是以失本而無名。夫學者，崇名立身之本也，儀狀齊等而飾貌者好，質性同倫而學問者智；是故砥礪琢磨非金也，而可以利金；詩書壁立，非我也，而可以屬心。夫問訊之士，日夜興起，屬中益知，以分別理，是故處身則全，立身不殆，士苟欲深明博察，以垂榮名，而不好問訊之道，則是伐智本而塞智原也，何以立軀也？騏驥雖疾，不遇伯樂，不致千里；干將雖利，非人力不能自斷焉；烏號之弓雖良，不得排檠，不能自任；人才雖高，不務學問，不能致聖。水積成川，則蛟龍生焉；土積成山，則豫樟生焉；學積成聖，則富貴尊顯至焉。千金之裘，非一狐之皮；臺廟之榱，非一木之枝；先王之法，非一士之智也。故曰：訊問者智之本，思慮者智之道也。中庸曰：「好問近乎智，力行近乎仁，知恥近乎勇。」積小之能大者，其惟仲尼乎！學者所以反情治性盡才者也，親賢學問，所以長德也；論交合友，所以相致也。《詩》云：「如切如磋，如琢如磨」，此之謂也。〔註80〕

劉向在這段論述，首先便點出善材者，自幼即須勤學問以修其性，「以學修性」自董仲舒以來便提出這樣的說法，但如何能「以學修性」，又是站在誰的角度而言，則每一個士大夫提出的論點都不盡相同。誠如上所述，在董仲

〔註80〕劉向著，向宗魯校證：《說苑校證・建本》（北京：中華書局，2009 年），頁63～66。徐復觀：〈劉向新序說苑的研究〉談到「以士爲中心的各種問題」時，曾云：「首先是對學的重視。」並引了《新序・雜事》一條、本條、《說苑・辨物》中的「夫天文地理人情之效存於心，則聖智之府。」（頁 442），而云：「要把天文地理人情存於心，然後可以爲成人，這正是西漢博士系統以外的儒者治學的規模，所以揚雄《法言》也說『通天、地、人之謂儒。』在此一系統中，知識佔有很重要的地位。儘管從現代的立場看，他們所求的知識，多半是不可靠的，這是時代的限制。」參見徐復觀：《兩漢思想史卷三》（臺北：臺灣學生書局，1979 年），頁 102～104。此處徐復觀先生亦揭示出當時的士大夫開始對於「學」的自覺，以及其後對於知性的開展，餘詳後文所述。

舒之後,是士大夫論學思想逐漸覺醒的過程,劉向比起董仲舒,更站在士大夫的角度而言。

劉向所論,可以分成幾個脈絡來看,首先他提出士大夫理想的境界「上聖之遊神」,這必須要能透過「學」砥礪其材後,在內能誠其神明,在外能睹外物之應,當能通道之要後,便能觀終始而逍遙自得。這一段對於上聖遊神的論述,頗近於道家莊子所言逍遙境界,但卻與莊子所言有相當大的差異,主要便在如何達到這個境界的過程,劉向仍是以儒家思想爲本位,是透過「學」以砥礪自身,而非像莊子一般由心齋坐忘,超脫心靈、社會的束縛,以達到精神上的逍遙境界。雖同屬逍遙境界,但畢竟過程不同,即使達到的境界有類似之處,但最終在應世上仍有相當大的區別。

接著劉向便針對當世之人的不學提出批評,他認爲治學首要在「閒居心思」,所謂的「閒居心思」或許即是最基本的「自誠神明」,將心澄澈後,不爲情欲、外物所影響。當心能夠沉靜後,便能讀書、觀摩古人,以及求取學問,以成就自我之材。再者,士大夫以學問砥礪自身,不只是爲了成就理想,劉向也同意世俗價值之追求,認爲士大夫可以透過爲學,追求榮名,尊顯富貴。

就「性情」與「學」而言,劉向提出了幾點:首先同質同性之人,經由「學」與否,便會造成兩者的不同,因此所謂「學」是一種後天的砥礪,如同可以琢磨金屬的工具,但卻非金屬本身,「性」與「學」之間的關係亦然,雖「學」非「性」之所發,卻能夠砥礪、琢磨「性」,使之達到比原始之「性」更理想的狀態。且「以學治性」不是瞬息的改變,而是透過積累而來的持續努力,而最終的理想,是可以達到成聖的境界,這在劉向的論學思想中相當顯著,以「聖」作爲理想的標的,人能透過積累學問以獲致。〔註81〕最後劉向總結了一句相當精闢的話,其云:「學者所以反情治性盡才者也」,「反情」、「治性」、「盡才」,包含了三個層面,「反情」可以解釋成不爲情所束縛,反其初始恬靜的狀態,依劉向所引〈中庸〉之語,或可說即是喜怒哀樂未發之前平和的狀態。「治性」、「盡才」則爲上文反覆致意者,性中本含有善質及人

〔註81〕口試委員指出可以順著緒論提到漢代「聖人不可學不可至」的論題,將漢晉關於「聖凡」與「學」的關係進行梳理。唯其論題範圍牽涉過大,本人學力在短時間內、現有篇幅中難以駕馭與處理。故在此處點醒:在文中敘述的過程中,會涉及到「聖人可不可學」的問題,如劉向此處所云,讀者可將此議題留於心中思索,而此論題的進一步開展,則留待日後深入研究。

之才能，但這部分劉向既統而論之，又分而述之，所謂的「治性」即可包含著達致善端與盡己之才的兩面，只是在此文中，劉向除了境界層面，更多發揮的是人才的自我培育與砥礪，這一點與董仲舒所重視的有所不同，也可以說是士大夫「以學爲本」的認知後，有的合理發展。

三、從揚雄到王充：「知性論學」的呈顯

徐復觀先生在〈揚雄論究〉一文中，曾經論述到揚雄的學術歷程可以代表漢代學術風氣發展的三大階段，其中第三個階段可以作爲本文的引導，其云：

> 從成帝時起，開始有人對由數術所講的天人性命之學發生懷疑，漸漸要回到五經的本來面目，以下開東漢注重五經文字本身了解的訓詁學，並出現了以桓譚爲先河的一批理智清明的思想家，此在西漢末期，雖未能成爲學術風氣的主流，但實開始了一個新的階段。〔註82〕

「理智清明」的特色，漸漸成爲漢代士大夫表現的特質，雖然未必作爲東漢以來的主流特色，但卻是漢晉之際論學轉型的原因之一，而揚雄在其中實扮演了一個開先河的角色。

「知」與「聖人」的關係，與「道德」、「仁義」一般，同樣爲漢代學術所重視，前面已提到過董仲舒認爲聖人所以爲聖人，乃在於其能知天而行天德，〔註83〕這裡可以再簡要地討論一下。聖人所以異於一般人，乃在於其能知常人所不知，故云：

> 天地神明之心，與人事成敗之眞，固莫之能見也，唯聖人能見之。
> 聖人者，見人之所不見者也，故聖人之言亦可畏也。〔註84〕

聖人能見「天地神明之心」，即是天地間的運行法則，所謂「天德」，所謂天道、地道、人道等「三本」，並依此來行天德，作爲自我德行之修養，以及行教化的根據。故歸納其源頭，在於聖人之「知」，而此「知」便漸漸成爲漢代

〔註82〕徐復觀：〈揚雄論究〉，《兩漢思想史卷二》（臺北：台灣學生書局，1976年），頁439。

〔註83〕如《春秋繁露義證・天道施》云：「天道施，地道化，人道義。聖人見端而知本，精之至也」（頁468～469）、〈威德所生〉云：「行天德者謂之聖人。」（頁462）。

〔註84〕《春秋繁露義證・郊語》，頁397。

士大夫所認爲聖人重要的質性。〔註85〕如此在儒學希聖的傳統下，士大夫以「知」作爲論學的特性，而漸漸成爲論述中主要的脈絡，揚雄正是其中的關鍵人物。

對於揚雄所處的地位，有了基本的認識後，可以先從「學」與「性情」的大脈絡分析揚雄，再透過觀察「知」在其中的作用，藉此輪廓出揚雄的論學思想。

對於「性情」，揚雄最爲人所知的便是「善惡混」的概念，其云：

> 人之性也善惡混。修其善則爲善人，修其惡則爲惡人。氣也者，所
> 以適善惡之馬也與？〔註86〕

揚雄認爲善惡是同時俱存於人性當中，然何者爲善，何者爲惡，揚雄並無直接說明，但可以從董仲舒的「性善情惡」爲出發點，〔註87〕來觀察揚雄怎麼談論人性之善惡。揚雄雖未就性情二分的框架，來區別孰爲善，孰爲惡，但確曾在不知不覺中將「情」視爲人性中可能爲惡的成分，這一點後頭會再述及。

正因爲人性中同時雜有善與惡之質，因此經過後天人爲的發展，便導向人有善有惡的可能，爲了避免人之爲惡，所以必須誘使人修善棄惡，那麼如何修善棄惡？揚雄在這裡提到「氣」爲適善適惡的關鍵，那麼要怎麼理解這個「氣」？揚雄所著《法言》中，提到「氣」僅出現在此處，徐復觀先生以孟子之言「以志帥氣」來理解，即相對於「志」的「氣」，是人生命所發出來的綜合力量，本身是中性的，必須靠人之意志改變，即如馬本身，需要靠駕馬的人來決定方向。〔註88〕

正因爲氣本身可以受到意志的主導，所以人即使同時具有善惡之質，卻擁有選擇的能力，揚雄雖未明言人如何由內心自發選擇修善之路，〔註89〕但卻有提出具體的方法來，即是透過「學」：

〔註85〕如《白虎通疏證・聖人》云：「聖人者何？聖者，通也，道也，聲也。道無所不通，明無所不照，聞聲知情，與天地合德，日月合明，四時合序，鬼神合吉凶。」（頁334）。

〔註86〕《法言義疏・修身》，頁85。

〔註87〕《論衡校釋・本性篇》其實已經對於漢代及漢以前的性論做出歸納與評述，但主要均從「性」的角度出發，而沒有涉及至「情」，有可能是將「情」置於「性」之下，以「性」統論之。

〔註88〕徐復觀：〈揚雄論究〉，《兩漢思想史卷二》，頁514。

〔註89〕同前註。

> 學者，所以修性也。視、聽、言、貌、思，性所有也。學則正，否
> 則邪。〔註90〕

學乃是修「性」，而性包含了視、聽、言、貌、思等部分，可說是人所固有之質性，若沒有透過「學」的修正，將易導入邪行之中，因此「學」可以說是對人之質性的一種鍛鍊，故揚雄又云：

> 或曰：「學無益也，如質何？」曰：「未之思矣。夫有刀者礪諸，有
> 玉者錯諸，不礪不錯，焉攸用？礪而錯諸，質在其中矣。否則輟。」
> 〔註91〕

人之質性，以善惡言，同具於中民之性中，必須透過學之鍛鍊，以達到爲善棄惡的目的；而以才性而言，雖不能改變人天生之才性，但透過學之鍛鍊，亦能充分發揮本有才性的能力，即如刀、玉一般，若未經過冶煉、磨治等過程，刀與玉亦難以在原始的質性上，爲人所使用。

　　「學爲修性」是揚雄站在人性的修養上，所提出來的具體方法，進一步說，「學」本身是在成就個人自身，是追求更高的人格理想：

> 學者，所以求爲君子也。求而不得者有矣，夫未有不求而得之者也。
> 〔註92〕

可以說揚雄個人逐漸揚棄了「學爲利祿」的現實考量，即使這個現實目標仍是多數士大夫的共同追求，但揚雄繼承了《論語》中所談論的理想，認爲「學」的目的是爲了成就自身爲君子，而不僅僅只是追求利祿，即其所云：「大人之學也爲道，小人之學也爲利」〔註93〕。當然這除了反映揚雄自身的理想與認知外，也相應地表達了士大夫爲學不僅僅只是爲了政府機關服務、不僅僅只是爲了化民爲善，更重要的是，作爲士大夫本身，如何透過學以成就自己，如何透過「學」與「人性」的關係，形塑自身的理想與目的。

　　接著可以觀察「知」在其中扮演的角色，其云：〔註94〕

〔註90〕《法言義疏・學行》，頁16。
〔註91〕同前註，頁8。
〔註92〕同前註，頁27。
〔註93〕同前註，頁31。
〔註94〕揚雄對於「智性」的看重，過去不少研究已指出，如前言之徐復觀先生云：「他是一個『知識型』的人生形態，近於西方所謂『智者』形態的人物。這在兩漢是非常突出的形態。」（〈揚雄論究〉，頁460～461），又如匡亞明：《揚雄評傳》（南京：南京大學出版社，2000年）云：「揚雄思想中，一個最值得我們重視的現象就是他對智性的重視。」（頁198）。

　　天下有三門：由於情欲，入自禽門；由於禮義，入自人門；由於獨
　　智，入自聖門。〔註95〕

天下可分爲三門：禽門、人門與聖門，可以說代表了人生的三種層次。首先
以「禽門而言，是由於人順其原始情欲，恣情而行，僅僅爲生理自然反應，
順著生理慾望活動，如此與禽獸有何不同？因此子雲又說：

　　鳥獸觸其情者也，衆人則異乎！賢人則異衆人矣，聖人則異賢人矣。

　　禮義之作，有以矣夫。人而不學，雖無憂，如禽何？〔註96〕

人所以異於鳥獸者，乃在於人不只順其自然之情而行，而是能透過學習禮義
規範，脫離原始順情的行爲，而達到人之所以爲人的狀態。就揚雄而言，人
的基本條件即是需要有禮義的薰陶與規範，至於如何從人躍升到聖賢的境
界，則需要透過「知」的運作。這裡就可以討論「知」與「學」的關係，二
者是各自獨立的關係（人門由學、聖門由知），還是相輔的關係（無論是人門
還是聖門都需要知與學，但對於二者的要求與程度有所區別），無論是何者，
都必須先將揚雄對於「知」的看法梳理清楚，才能討論與「學」的關聯性。

　　揚雄認爲的「知」是具有普遍性，人人皆具的，故其云：

　　或問：「人何尚？」曰：「尚智。」〔註97〕

　　智也者，知也。夫智用不用，益不益，則不贅虧矣？〔註98〕

揚雄雖認爲透過禮義的薰陶、培養，方可稱作爲人，但事實上，人眞正崇尚
的，乃在於「智」，而此「智」即「知」也。若人有其知而不用，則不顯得累
贅？若自身有所不知，又不願去知，則不顯得自己的知有所虧損？從這個角
度來看，揚雄是鼓勵人多用其知、多增進其知的，由此可見此「知」爲人人
所共有，且能透過人爲的努力去增進的。

　　既然「知」爲人人所有，且能增進，但並非凡能運用、能增進的「知」，
都是揚雄所認可的。在揚雄的心目中，「知」是可以分成許多層次的，最高層
次的是以「天之知」爲準：

　　天神天明，照知四方。〔註99〕

　　聰明其至矣乎？不聰，實無耳也；不明，實無目也。「敢問大聰明。」

〔註95〕　《法言義疏・修身》，頁104。
〔註96〕　《法言義疏・學行》，頁26。
〔註97〕　《法言義疏・問明》，頁186。
〔註98〕　《法言義疏・問道》，頁123。
〔註99〕　《法言義疏・問神》，頁140。

曰：「眩眩乎，惟天爲聰，惟天爲明。夫能高其目而下其耳者，匪天

也夫？」〔註100〕

在董仲舒之後，「天」是當時人所認爲的最高標準，人爲天地間最靈者，而所

以爲靈，主要就是在於人有「知」，故人能透過自身之知，努力效法天所呈現

之知，姑且稱之爲「天知」，當人能同於這種「天知」，即可稱之爲聖人，並

以此施行於社會、國家之中，依循「天知」而行，故揚雄云：「聖人存神索至，

成天下之大順，致天下之大利，和同天人之際，使之無間也。」〔註101〕能和

同天人之際，以人之知上通於天之知，密之而無間，是以能稱之爲聖人。

　　而此聖人即作爲眾人之表率，爲眾人效仿的對象，因此又說：

習乎習，以習非之勝是也，況習是之勝非乎？於戲，學者審其是而

已矣！或曰：「焉知是而習之？」曰：「視日月而知眾星之蔑也，仰

聖人而知眾說之小也。」〔註102〕

這裡便可以開始觀察「學」與「知」的關係，人有所知方能有學，但知之所

見，並非指所有見到的，都是可以學習的對象，反過來說，「知」本身是中

性的，不存在善惡是非，但是「知」所能擷取的對象，卻能決定人在學習後

所產生的結果。因此人在學之前，必先知所當學，否則容易誤入歧途，而枉

費人之所學，對於揚雄而言，若學非正途，則不能修性而爲善。故學習前，

必先知「是」而後習「是」，至於何者爲「是」？最好的方法，便是依循聖

人之知而爲學，畢竟聖人已能上達「天知」，無所不照，則自然知所當習，

常人若能依循聖人之知，即使不能學而爲聖，至少能修性而爲善。然而聖人

非世世皆有，若所處的時代無法目睹聖人得以效法，又該怎麼辦呢？從這裡

揚雄又拉回了經典教育的途徑：

或曰：「人各是其所是而非其所非，將誰使正之？」曰：「萬物紛錯

則懸諸天，眾言淆亂則折諸聖。」或曰：「惡睹乎聖而折諸？」曰：

「在則人，亡則書，其統一也。」〔註103〕

人的「知」因爲是中性的，所以在「知」的過程中，不免陷入己是而他非的

情況，如何從紛繁的言說、知見中，得出正途，則必須要有超乎眾人之知的

高度，達到與天相契的程度，方能評斷孰是孰非，故人所以要依循聖人之言，

〔註100〕《法言義疏・問明》，頁179。
〔註101〕《法言義疏，問神》，頁141。
〔註102〕《法言義疏・學行》，頁21。
〔註103〕《法言義疏・吾子》，頁82。

便是從這角度而言，然而聖人非世世皆有，無法人人皆親炙於聖人之下，但這並不妨礙透過聖人之經典，來理解聖人遺留下的知見，因此歸本到最後，仍是以經典作爲主要依據，故「知」乃在於識經典而爲學，這是揚雄對於「知」與「學」主要的見解。

　　前面談到，既然「知」是中性，且人容易有偏差，不一定會依循聖人之知爲學，因此揚雄對此進一步闡述，其云：

　　　　或問：「小每知之，可謂師乎？」曰：「是何師與？是何師與？天下
　　　　小事爲不少矣，每知之，是謂師乎？師之貴也，知大知也。小知之
　　　　師亦賤矣。」〔註104〕

揚雄認爲人之「知」必須好好運用，不能徒然廢置，亦不能明知有所不知，又不願增益其知。但常人若耽溺於博覽眾知，瑣事細節均明白詳細，自以爲師，或人人稱之爲師，則又爲揚雄所批評。揚雄認爲的「知」如上所述，是必須依循於聖人的「天知」，是與世間紛繁的言論、知見比對後，所能夠奉以爲行的「知」，如此便可區分出所謂的「大知」與「小知」，前者是透過依循聖人之知見而來的「知」，而後者則專務世間細瑣知識所產生的「知」，並不見得有益於世。

　　透過「大知」、「小知」的分別，揚雄也點出「師」的重要性，其云：

　　　　師哉！師哉！桐子之命也。務學不如務求師。師者，人之模範也。
　　　　模不模，範不範，爲不少矣。〔註105〕

所以強調「務學不如務求師」，在於理想上若能得聖人之知，而效法其行、遵循其知，是人爲學求知最佳的途徑，但事實上，並不可能每一世代皆有聖人得以依循，故除了親炙於聖人外，在後世之學者中，若有能契悟聖人之知見，得以爲師者，便足以爲人所效法，如此若能夠在老師的薰陶、範鑄下，得以往「大知」的路途前進，而不是僅求於學、不求於師，閉門造車而陷入個人的迷障、困境中，甚至耽溺於自己所尋得的知識，而不認爲其爲「小知」，如此反溺於「小知」之中，而茫然不知「大知」所在。

　　聖人能引導人們依循「天知」，而良師則能提供「大知」，但若無聖人、無師，則只能從「經典」中尋求。然而事實上，「經典」對於揚雄來說，並非能輕易知悉、明白的：

〔註104〕《法言義疏・問明》，頁180。
〔註105〕《法言義疏・學行》，頁18。

> 或問：「聖人之經不可使易知與？」曰：「不可。天俄而可度，則其
> 覆物也淺矣。地俄而可測，則其載物也薄矣。大哉，天地之爲萬物
> 郭，五經之爲眾說郭。」〔註106〕

既然聖人能同於「天知」，其所撰寫之書，自能反映、傳遞出「天知」。然而
常人既難以透過自身領悟「天知」，則代表「天知」的獲知並不是那麼容易，
即使是通過聖人的消化，並形諸於「經典」的形式而傳遞，對於常人來說，
仍在理解或閱讀上有一定的難度。在這個前提下，揚雄並不認爲「經典」是
可以易知的。

　　但「經典」雖難知，卻非不可知，並不需要爲了理解「經典」，而多做其
餘的疏解與闡釋，來增加常人或學者理解上的困難，因此揚雄基於這點，針
對當時的今文章句之學頗有批評，其云：

> 或問：「司馬子長有言，曰五經不如《老子》之約也，當年不能極其
> 變，終身不能究其業。」曰：「若是則周公惑，孔子賊。古者之學耕
> 且養，三年通一。今之學也，非獨爲之華藻也，又從而繡其鞶帨，
> 惡在其《老》不《老》也。」或曰：「學者之說可約邪？」曰：「可
> 約解科。」〔註107〕

當有人詢問揚雄，是否五經過於繁瑣，致使學者終生都難以窮究，徒增紛擾，
不如《老子》之簡約易明時，揚雄卻不認爲這是五經本身的問題，而是後世
如何讀經的問題。揚雄與劉向的立場基本上一致，學者之讀經，應是優遊涵
養其間，畢竟經典所記載的，是「天知」，是需用自身去體會的，並非僅是紙
上功夫，然而今日之學者，不從經書所呈現的「天知」去求學，反而在經書
上，徒增解釋與產生紛擾，致使大義模糊難知，基於此，揚雄不認爲數萬、
數十萬等章句的解釋，可以幫助學者理解經義本身，反而是需要條理通透，
大義明晰的治學，方能眞正從經書中探取聖人之「天知」。〔註108〕

　　揚雄之論學，除了從人性中的善惡出發，將「學」作爲修性的重要手段
外，還特別針對人之「知」進行更深入地梳理。將「學」、「人性」以及「知」
三者關聯起來，將人之知作爲一種基底，並在學的過程中，擴充此知，如此

〔註106〕《法言義疏・問神》，頁157。
〔註107〕《法言義疏・寡見》，頁222。
〔註108〕揚雄對於當時師說、家法頗表不滿，在《法言・學行》中，頗有意味地諷刺
　　　　云：「一閧之市，不勝異意焉；一卷之書，不勝異說焉。一閧之市，必立之平；
　　　　一卷之書，必立之師。」（頁20）。

「學」與「知」在此便成爲一種相輔相成的狀態，由正知而能正學，再由學而擴充知。不能知「天知」、「大知」，則不能爲聖人之學；而無聖人之學的過程，亦不能眞獲「天知」與「大知」。也唯有透過「知」、「學」的相互提升，人才能獲得修性的可能，亦即在「知」、「學」的互動中，人自然而然便在進行修性的工夫，換句話說，修性的眞正意涵，落實在「知」與「學」的互動中。

　　由董仲舒開拓出漢儒論學思想的基本底蘊後，後代的士大夫開始發展，透過論學的逐漸自覺，將「學」、「性情」、「知」等層面開始深入地探索，到了揚雄，將這種思想做了大致的統合與定調後，漢代的論學思想，即使主流思想仍在於今文章句上，而不在於此，但揚雄所揭示的「論學思想」卻在潛流與時代脈動中，逐漸影響後代的論學思想。

　　在揚雄之後，士大夫對於「知性」開始愈發重視，即使如同徐復觀先生所說，並非當時的思想主流，但卻陸陸續續有學者對此提出論述與說明，如桓譚便曾云：

> 凡人耳目所聞見，心意所知識，情性所好惡，利害所去就，亦皆同務焉。

> 若材能有大小，智略有深淺，聰明有闇照，質行有薄厚，亦則異度焉。非有大材深智，則不能見其大體。大體者，皆是當之事也。夫言是而計當，遭變而用權，居常而守正，見事不惑，內有度量，不可傾移，而詆以謫異，爲知大體矣。〔註109〕

人之感官、認知、好惡等基本上是相同的，但實際上每個人在才智上仍有優劣之別，而這優劣，便決定能不能見「大體」。所謂的「大體」，即是正確、當然之事，若能見得「大體」，自然能見事不惑、能夠在心中裁量，而不會被迷惑、受騙。因此就桓譚本身而言，「知性」乃是人最重要的質性。可惜的是，桓譚現存的文獻，沒有過多的資料論述「學」與「知」的關係，但就目前能看到的文獻而言，的確可以觀察到，桓譚重「知」，亦重「師」，〔註110〕從此或許可以推定，他與揚雄基本上是站在同一個立場來看待「學」與「知」的

〔註109〕桓譚著，朱謙之校輯：《新輯本桓譚新論・言體篇》（北京：中華書局，2011年），頁12。

〔註110〕如《新輯本桓譚新論・啓寤篇》舉諺語言：「三歲學，不如一歲擇師。」（同前註，頁26）。又〈正經篇〉云：「學者既多蔽暗，而師道又復缺然，此所以滋昏也。」（同前註，頁39）。

關係。

　　在揚雄、桓譚之後，對於人之知性與學的關係，論述得更爲細緻、豐富的人，當屬王充。以下針對這部分，對於王充的思想進行基本的梳理，將漢代論學的「知性」層面輪廓出來。

　　王充在談到人性時，就兩個面向來討論，即是「善惡」與「知性」。前者，他整理、批評了前人論性的思想與材料，並提出自己的考量與見解，他認爲：

> 人之善惡，共一元氣。氣有少多，故性有賢愚。〔註111〕

王充承繼了董仲舒氣論的思想，以爲人乃由氣化生而成，這基本上是兩漢人共同的見解。但董仲舒認爲人是性善情惡，一人之中包含了善惡的兩種端子，透過調節人之情感，而喚醒人之善性，以達到隱惡揚善的結果；而王充則認爲氣所化生的人，善惡之氣是同時兼備的，但在元氣化生的同時，會在人身上產生殊異性，而有善氣多、惡氣少，或相反的情形，此論點與董仲舒認爲性善情惡，二氣兼備的看法略有不同，但二者同是針對中人之性而論，王充進一步說：

> 夫中人之性，在所習焉，習善而爲善，習惡而爲惡也。至於極善極
> 惡，非復在習，故孔子曰：「惟上智與下愚不移。」〔註112〕

董仲舒的中人之性，指的是性善情惡同時兼備的情況，而不考慮純善、純惡之人；王充也是一樣，不考慮純善、純惡之人，但他所言的中人之性，是認爲善惡之氣同時具備於人身上，且有程度之別。而中人雖同具有善惡之氣，但卻能透過後天的學習，向善或向惡發展，因此人性之善惡，則繫於後天之學習上，因此王充對於「人性」與「學」的看法，可以總結云：

> 夫儒生之所以過文吏者，學問日多，簡練其性，彫琢其材也。故夫
> 學者所以反情治性，盡材成德也。材盡德成，其比於文吏，亦彫琢
> 者，程量多矣。〔註113〕

「反情治性」、「盡材成德」道盡了漢代學者對於「學」與「人性」之關係，這段話基本上承著劉向而來，學乃陶冶性情、發揮自身才性的最主要方式，亦即通過「學」，可以調節人之情性，以達到爲善去惡的道德目的，同時也可

─────────────────

〔註111〕《論衡校釋・率性篇》，頁81。
〔註112〕《論衡校釋・本性篇》，頁137。
〔註113〕《論衡校釋・量知篇》，頁546。

以發揮自身天賦的能力，在待人應事上有所成就，是同時兼具道德義與才性義的。劉向在當時已點出「知」在學中的重要性，如其云：「訊問者智之本，思慮者智之道也」，但並沒有進一步深化論述，而王充則站在劉向、揚雄的論述上，進一步擴展「學」與「知」的關係，其云：

> 人生稟五常之性，好道樂學，故辨於物。今則不然，飽食快飲，慮深求臥，腹為飯坑，腸為酒囊，是則物也。倮蟲三百，人為之長。「天地之性人為貴」，貴其識知也。今閉闇脂塞，無所好欲，與三百倮蟲何以異？而謂之為長而貴之乎？〔註114〕

王充在這裡點出的五常之性，基本上也是承繼劉向而來共有的觀念，但王充更點出了人所以貴於天地之間、優於獸蟲者，在於人有「識知」，而此「知」正是學的關鍵，若無此「知」，則人便落失能夠學的能力，因此王充又說：

> 人才有高下，知物由學。學之乃知，不問不識。子貢曰：「夫子焉不學？而亦何常師之有？」孔子曰：「吾十有五而志乎學。」五帝、三王，皆有所師。曰：「是欲為人法也。」曰：精思亦可為人法，何必以學者？事難空知，賢聖之才能立也。所謂「神」者，不學而知；所謂「聖」者，須學以聖。以聖人學，知其非聖。〔註115〕天地之間，含血之類，無性知者。鵁鵁知往，鴝鵲知來，稟天之性，自然者也。如以聖人為若鵁鵁乎？則夫鵁鵁之類，鳥獸也。僮謠不學而知，可謂神而先知矣。如以聖人為若僮謠乎？則夫僮謠者、妖也。世間聖神，以為巫與？鬼神用巫之口告人。如以聖人為若巫乎？則夫為巫者、亦妖也。與妖同氣，則與聖異類矣。巫與聖異，則聖不能神矣。不能神，則賢之黨也。同黨，則所知者無以異也。及其有異，以入道也，聖人疾，賢者遲；賢者才多，聖人智多。所知同業，多少異量；所道一途，步驟相過。〔註116〕

人才即使有高下，但均必須通過「學」，才使人能夠認知外物、應對外物。而人必須有「知」的能力，方能為學，故「知」在學的過程中，便成為最主要的部分。接著王充對於真實的「知」提出論述：他認為「不學而知」，可稱作「神」，但此「神」並非就是所謂的聖人之知，聖人之知是必須透過學而來的，

〔註114〕《論衡校釋・別通篇》，頁600。
〔註115〕案：此處當作「以聖人神，知其非聖」。
〔註116〕《論衡校釋・實知篇》，頁1082～1083。

因此王充對於「知」有兩種基本的分野：不學而知的「神」以及學而知之的「聖」。就王充而言，聖人並非因「神」而為「聖」，反而是最平實的，透過學而知之，方能稱之為「聖」，且王充認為「神」與巫、妖相類，並非人之智所能理解、到達的，而這種異質的情形，便為王充所不取。因此所謂的凡人、賢、聖的差別，在於由學而知的疾緩，以及「知」本身的高下，而無論是疾是緩、為高為下，所知者皆為道，如何知道？則由於對經典的學習。

　　然而王充對於「經典」的學習，並不僅局限於一家之言、一經之說，而是希望能透過博覽的學習，增加自己的知見，故其云：

　　　　或以說一經為是，何須博覽？夫孔子之門，講習五經，五經皆習，庶幾之才也。顏淵曰：「博我以文。」才智高者，能為博矣。顏淵之曰「博」者，豈徒一經哉？我不能博五經，又不能博眾事，守信一學，不好廣觀，無溫故知新之明，而有守愚不覽之闇，其謂一經是者，其宜也。開戶內日之光，日光不能照幽；鑿窗啟牖，以助戶明也。夫一經之說，猶日明也；助以傳書，猶窗牖也。百家之言，令人曉明，非徒窗牖之開、日光之照也。是故日光照室內，道術明胸中。開戶內光，坐高堂之上，眇升樓臺，窺四鄰之廷，人之所願也。閉戶幽坐，向冥冥之內，穿壙穴臥，造黃泉之際，人之所惡也。夫閉心塞意，不高瞻覽者，死人之徒也哉！〔註117〕

王充針對當時專經之學提出批評，他指出在孔子之時，弟子均需習五經，且習五經只是孔門的基本要求，並以顏淵為例，所謂「博我以文」，不可能僅研習一經而已。對於王充而言，一經可以是知識的重要來源，但並不能只依賴一經，還需配合傳記、百家之言等充實，如此方是真實為學。然而王充並不完全否認僅學一經者，但說一經者，在他的認知中，是為學層次中最低的：

　　　　故夫能說一經者為儒生，博覽古今者為通人，采掇傳書以上書奏記者為文人，能精思著文連結篇章者為鴻儒。故儒生過俗人，通人勝儒生，文人踰通人，鴻儒超文人。故夫鴻儒，所謂超而又超者也。

　　　　〔註118〕

王充對於士大夫的理想的認知，並非僅僅與過去從道德、治事等層面考量，還包含了著書行文者，而所謂的著書，並非如同章奏書記一般的朝廷公文，

〔註117〕《論衡校釋・別通篇》，頁592～593。
〔註118〕《論衡校釋・超奇篇》，頁607。

而是能夠藉由學而知後，精思著文，而有益於世者。王充雖然認爲有儒生、通人、文人、鴻儒等差別，但此差別均由讀書之廣博與能否著書行文來決定，雖然鴻儒並未到達聖人之層次，但在王充的想法當中，已是甚高的境界，頗有自許的意味。

　　以上對於王充「人性」、「學」、「知」做了基本的梳理後，可以觀察到王充在許多觀念上，是順著揚雄的脈絡而來，特別是對於「知」與「學」的關係。然而揚雄的「知」，涉及到所謂的「天知」；王充的「知」，則不必然定要涉及到「天知」，他的「知」主要是經驗性質的，也是他所以說聖人是「由學而知」，透過後天的不斷積累，努力實踐而來，因此他以孔子爲例，認爲：

> 太宰問於子貢曰：「夫子聖者歟？何其多能也？」子貢曰：「故天縱之將聖，又多能也。」將者、且也。不言已聖，言「且聖」者，以爲孔子聖未就也。夫聖若爲賢矣，治行屬操，操行未立，則謂「且賢」。今言「且聖」，聖可爲之故也。孔子曰：「吾十有五而志于學，三十而立，四十而不惑，五十而知天命，六十而耳順。」從知天命至耳順，學就知明，成聖之驗也。未五十、六十之時，未能知天命、至耳順也，則謂之「且」矣。當子貢答太宰時，殆三十、四十之時也。〔註119〕

孔子自述一生成學的過程，是由十五志於學，而至七十從心所欲不逾矩，這過程是積累性、漸進性的發展，不是一朝爲聖的。因此對於王充而言，聖人同一般人一樣，均是透過學之積累而成，人人均有機會由學而成聖，但並非人人均能成聖。〔註120〕王充考量到當世的現實，因此提出上述的儒生、通人、文人、鴻儒等分別，試圖爲士大夫設立層次上的區別，將「由學而知」的發展過程論述得更細緻，同時也是反省士大夫在當時環境下所能成就的可能。事實上，即是以個體爲主，試圖爲士大夫在其中尋得一理想的定位。〔註121〕

〔註119〕《論衡校釋・知實篇》，頁1100～1101。

〔註120〕劉向與王充基本上肯定學能夠成聖，或者說，聖可作爲學之最高理想。但論其可能性，不代表其必然性，然而由此可見所謂兩漢以聖人爲生知，常人不可企及的論述，在兩漢士人的想法中並非完全一致，而是存有理想性、條件性等種種差異，並非能一概而論。

〔註121〕此處必須要補充說明，本節所述主要呈顯士大夫在「以學爲本」的認知下，對於「知性」、「學」以及士大夫個體之間關係的論述，並不表示揚雄與王充便沒有「教化爲學」思想，畢竟二者並存於漢代經學的時空環境當中，一定有受到當時學風的影響，只是二者並沒有圍限於此，而有所超拔，並

從揚雄一路到王充，士大夫除了認知到「以學爲本」外，同時也深入到「知」當中，認爲「知」是「學」相當重要的環節。「知」與「學」關係可以是由「知」而「學」，也可以是由「學」而「知」，無論何者都可以觀察到二者互動、相輔的過程，並由此可以建立起「知性論學」的論述。此後的士大夫，均對這個議題有深入的討論，後來的王符、徐幹從正面來討論這個議題；而王弼等人則站在反面，思索「知」的利弊，以及如何調節它的弊端，以降低對於社會、個人的危害。到嵇康時，則希望能將之納入個人「適性爲學」中，試圖將「知性」在爲學過程中，可能產生的弊端化解，並導向有益於爲學之處。

第三節　清議、游談與才性論的思索

一、由講經、章句到清議

自武帝時，已開始徵用儒生於前辯論經義之優劣，如董仲舒與瑕丘江公之論辯：

> 瑕丘江公受穀梁春秋及詩於魯申公，傳子至孫爲博士。武帝時，江公與董仲舒並。仲舒通五經，能持論，善屬文。江公呐於口，上使與仲舒議，不如仲舒。而丞相公孫弘本爲公羊學，比輯其議，卒用

提供後世「論學思想」新的資源。關於二者的「教化爲學」的思想，如揚雄《法言・先知》云：「或曰：『人君不可不學《律》、《令》。』曰：『君子爲國，張其綱紀，謹其教化。導之以仁，則下不相賊；莅之以廉，則下不相盜；臨之以正，則下不相詐；修之以禮義，則下多德讓。此君子所當學也。如有犯法，則司獄在。』」（《法言義疏》，頁295～296）又云：「聖人樂陶成天下之化，使人有士君子之器者也。故不遯於世，不離於群。遯離者，是聖人乎？」（《法言義疏》，頁303）。王充《論衡・率性篇》中，通篇都在討論「教化」的重要性，以及人在同時具備善惡之性時，如何能通過「教化」來使人達到爲善去惡的目的。如其云：「論人之性，定有善有惡。其善者，固自善矣；其惡者，故可教告率勉，使之爲善。凡人君父審觀臣子之性，善則養育勸率，無令近惡；惡則輔保禁防，令漸於善。善漸於惡，惡化於善，成爲性行。」（《論衡校釋》，頁68）又云：「凡含血氣者，教之所以異化也。三苗之民，或賢或不肖，堯、舜齊之，恩教加也。」（《論衡校釋》，頁78）凡此都在強調「教化」的重要性，由此可知，「教化爲學」與士人「以學爲本」的認知並不衝突，可以同時著重，但在「以學爲本」的認知發展下，可以對「學」有更寬廣、多元的論述。

董生。〔註122〕

瑕丘江公以穀梁春秋爲學，而董仲舒則以公羊春秋名家，二者曾同時辯於武帝前，但江公口才不如董仲舒，又加上丞相公孫弘亦以公羊學爲主，因此最後採納董仲舒之議論。從這裡可以看到早期已有經義論辯的情況，除了公羊學爲武帝較爲熟悉的因緣外，關鍵仍在於口才之好壞上。同樣的情形，也發生在董仲舒與韓嬰論辯、〔註123〕轅固生與黃生就「湯武伐紂」這一議題論辯上。〔註124〕由此可見，經義的闡發，除了爲文著書外，還必須著力於口才鍛鍊上。〔註125〕前文提到的夏侯勝與夏侯建的例子，可以說明在後來經學發展上，爲了在經義論辯時能夠不落於下風，因此必須分文析字地辨析，一來作爲自我學說的辯護，二來也可以透過綿密地論述，進攻對方的弱點，由此夏侯勝以大義爲學的方式終究會在論辯的場合中落於下風，並逐漸爲細緻的章句之學所取代，因此可以看到其發展的弊端，產生如說「曰若稽古」四字便可說數萬言的情形發生。〔註126〕

由此可見，講經、章句，可以說是早期論辯的形式，士大夫們除了用文章闡述自己學說外，還必須在朝廷上申論自己的意見，〔註127〕這一點乃是後

〔註122〕《漢書·瑕丘江公傳》，頁3617。

〔註123〕《漢書·韓嬰傳》云：「武帝時，嬰嘗與董仲舒論於上前，其人精悍，處事分明，仲舒不能難也。」（頁3613）。

〔註124〕《漢書·儒林傳》，頁3612。

〔註125〕毛禮銳、沈灌群主編：《中國教育通史》已指出「問難論辯學風的形成」，但其中所言的「漢朝統治者提倡問難論辯，不是爲繁榮學術，主要是爲了加強思想統治」（頁59），則有待商榷。但後文談到的「漢代儒師中始終存在著思想批判的傳統，這是推動問難論辯的重要思想因素」（頁60），並指出「在社會批判思潮的推動下，經學教育發生了一系列的變化：第一，社會上出現了突破師法、家法限制，反對只專一經的潮流，湧現出許慎、馬融、何休、鄭玄等一大批綜合諸經，雜揉古、今文的經學大師；第二，太學內部在經學研究新風的影響下，也允許學生突破家法的限制，由專經向兼通幾經發展；第三，出現了聲勢浩大的太學生的政治運動。以上史實說明，東漢末期，經學教育的問難論辯已滲入了批判性的學風。」（頁61），此處所言相當切實，由講經發展到後來的清議、清談，其中的批判精神頗爲顯著，而順此帶動新的思維與治學，都漸漸影響著往後的士大夫，詳見後文所述。

〔註126〕《新輯本桓譚新論·正經篇》云：「秦近君能說〈堯典〉，篇目兩字之說，至十餘萬言，但說『曰若稽古』二三萬言。」（頁38）。

〔註127〕此處其他的例子，如劉歆欲邀請太常博士對於經學中的今、古問題進行論辯，但爲太常博士所拒絕。從中可看到對於經義的辯論，確實存在當時學術現象中。又光武帝時，曾令范升與韓歆等人辯難是否立費氏易、左氏春秋爲博士，也是以論辯的方式進行。參見《後漢書·范升傳》，頁1228～1229。

來清議，甚至是清談的遠源，對此唐翼明先生已有辨析，其云：

> 清談的遠源可以追溯到兩漢的講經，無論就內容或形式來看，清談
> 都是對兩漢講經的揚棄，即一方面，清談是對兩漢講經的反動與否
> 定，另一方面，清談又是對兩漢講經在某種意義上的繼承。而漢末
> 黨錮之禍正是這一揚棄過程的起點。當時集中於京師太學後來又因
> 亂流散各地的知識分子則是這一揚棄過程的推動者。〔註128〕

在章句之學逐漸僵固、凋零，政府人才仕進管道又被破壞下，外朝重臣如陳
蕃，與太學生等以清議的方式，試圖激濁揚清，運用在學術上的力量，營造
一種清濁對抗的現象，並試圖透過這種方式，來影響皇帝的決策，以及對抗
皇帝身邊權力團體，如外戚、宦官等。因此嚴格說起來，清議、游談並不能
算是治學方法，反而較近於政治手段。但清議、游談，並非能無的放矢，仍
必須依循某種核心理念，甚至運用某種學術方法呈現，若以這一層考量，未
嘗不是一種治學表現方式。換句話說，當時太學生們，或許在某種層面上，
將游談、清議作為重要的學術、政治表達方式，進而思考如何能更完善、清
晰地表現出來，如此則在自覺或不自覺情況下，轉變了他們原先治學的方式，
而朝向新型態的表現方式。

　　具體的觀察可見，潛心於章句之學，與游談的外向表現，對於太學生而
言，已是截然不同的二者，不妨再次引用仇覽的例子來作說明：

> 覽入太學。時諸生同郡符融有高名，與覽比宇，賓客盈室。覽常自
> 守，不與融言。融觀其容止，心獨奇之，乃謂曰：「與先生同郡壤，
> 隣房牖。今京師英雄四集，志士交結之秋，雖務經學，守之何固？」
> 覽乃正色曰：「天子脩設太學，豈但使人游談其中！」高揖而去，不
> 復與言。後融以告郭林宗，林宗因與融齎刺就房謁之，遂請留宿。
> 林宗嗟歎，下牀為拜。〔註129〕

仇覽在當時太學中，獨守傳統經學的章句之學，在行為表現上，即潛心於章
句之學中，未必需要與人多言，且即使談論亦多涉及經義，未必與政治時事
有關。而符融則與仇覽相反，表現出新型態的太學生風貌，最大的差別在於
「賓客盈室」，與四方之士交結討論，所討論者，則未必是經義，時論與政治

〔註128〕唐翼明：《魏晉清談》，頁171。亦可參江建俊：《漢末人倫鑒識之總理則：劉
　　　　邵人物志研究》（臺北：文史哲出版社，1983年），頁147。
〔註129〕《後漢書・循吏列傳・仇覽》，頁2481。

主張應該才是重心所在，但應該也涉及一定程度的學術思想。〔註130〕

　　接著由《後漢書・黨錮列傳》的序言來作深一層的討論：

　　逮桓靈之閒，主荒政繆，國命委於閹寺，士子羞與爲伍，故匹夫抗
　　憤，處士橫議，遂乃激揚名聲，互相題拂，品覈公卿，裁量執政，
　　婞直之風，於斯行矣。〔註131〕

此處點出此類新型態的太學生，有幾種特質：「抗憤」、「橫議」、「激揚名聲」、「互相題拂」、「品覈公卿」、「裁量執政」、「婞直」。從中可以歸納出幾個面向：第一，個性上多爲高亢之人，不畏強權，上諫切直。〔註132〕第二，以言談形成輿論，針對朝廷大小之事，提出見解與批評。第三，開始對於人物有所品評，揚己抑敵，特別是用標榜的方式，在社會、朝政中形成一股勢力，藉此施行政治壓力。

　　無論是上諫言、以言談形成輿論，還是品評人物，均需注重言辭，因此對於世事的洞悉、人物的裁量，都不能再依靠過去的方法來進行，如此勢必漸漸形成一種新的治學方式，而此治學方式不是具體表現在學問的追求上，而是具體形塑於「知人論事」上。當然這種新型態的治學方式，不必然要背離原有的經學，這些太學生或者是外朝士大夫，仍舊以經學爲學問基底，〔註133〕但他們不滿足於章句之學的僵固，於是運用這種新的方式，來表現他們的學問與對世事的關懷。

　　此外這種新的治學途徑，在漢末黨錮之禍時，並沒有形成完整的系統論述，或者說是當時的士大夫未必有意認爲這必須形成論述，而僅僅只是希望在現實政治環境中，可以產生影響力，達到政治的目的，至於學術上的考量則未暇顧及。但事實上這樣的治學方式多少保存於劉劭的《人物志》中，且

〔註130〕唐翼明先生認爲大概不外乎三個大方向：（1）對於時政的議論；（2）對於人物的品評；（3）對於學術思想的討論。見唐翼明：《魏晉清談》，頁175。余英時對於當時太學的游談，亦指出其面相之多元，其云：「鄙見以爲漢末士大夫之清談實同時包括人物批評與思想討論二者：李元禮每擯絕他賓聽符融言論，而爲之捧手嘆息。符融之言論所以如此引人入勝者，豈能盡在於具體人物之批評，又豈能僅爲其辭藻華麗或音調鏗鏘之故哉！斯二人在思想上殆必有符合冥會之處，故聽者爲之心醉而不覺深爲嘆賞耳。」參見余英時：〈漢晉之際士之新自覺與新思潮〉，《中國知識人之史的考察》，頁245～246。

〔註131〕《後漢書・黨錮列傳・序》，頁2185。

〔註132〕〈黨錮列傳〉中記載之人多屬此類，如劉淑、夏馥、范滂等。

〔註133〕如劉淑「少學明五經」、魏朗「從博士郤仲信學春秋圖緯，又詣太學受五經」等均是。分別見《後漢書》，頁2190、2201。

在徐幹的《中論》，也以專篇〈核辯〉來討論這個議題。其中包含如何品評人物、如何言談、如何辯論，都或顯或隱地揭示了「如何學此新的學問」，故也可以說是一種治學方法的途徑。

二、清議、游談中所涉及的才性問題

范曄《後漢書·黨錮列傳·序》中，很特別地，以《論語》中孔子之語「性相近也，習相遠也」作為發端，並論述云：

> 言嗜惡之本同，而遷染之塗異也。夫刻意則行不肆，牽物則其志流。
> 是以聖人導人理性，裁抑宕佚，慎其所與，節其所偏，雖情品萬區，
> 質文異數，至於陶物振俗，其道一也。〔註134〕

范曄提到人情在愛惡上，基本上是相同的，但透過後天的習染、遷變，而有了不同，故善人能刻其意，使其行為不放蕩，而惡人則逐物而喪其志，故必須依循聖人的提點，董理自身之情性，使之不流於放蕩，收歸於仁義之行中。這裡范曄從本源來看，人情好惡應該是相近的。若從末端而論，則世間眾人品性不一，有「情品萬區、質文異數」之別，然而即使有這麼大的差別，卻均可以收歸於聖人之教中。范曄雖然有其自身立場而立論，但卻點出了幾個重要的問題：

第一，若人在本源上均相同，何以會有後天的差異？若這個差異，來自於後天的習染，那麼什麼樣的習染才是好的，什麼樣的習染才是不好的？這個問題范曄自身有自己的解答，但卻指出了天性與習染之間的關係。

第二，除了本源上的相同點外，人之殊異，並不僅僅來自於後天的習染，更可能有其天生情性上的某些差異，故范曄認同孔子所言：「性相近」，此「性」乃近而不同，並非在先天上均是相同的，因此范曄云：「情品萬區、質文異數」。

第三，該用什麼樣的角度，去思考本源上的相同，與天生質性上有的差異，亦即，當面對這樣的人性現實時，士大夫該如何去安頓這樣的現況，以達到無論是社會上還是個體上最適宜的情況。

這幾點的提出，可以觀察到當時清議，如何從政治議題上，逐漸擴及到才性議題上。

〔註134〕《後漢書·黨錮列傳·序》，頁2183。

　　以下，可以再回到歷史脈絡中，試著爬梳這層關係與演變。黨錮之禍前，士大夫主要透過兩種方式，來形成輿論、增加政治壓力與影響力：將朝政分爲清濁二流與論議朝政。

　　這兩種方式還可以再細分，以清濁流而言，如何辨別誰是清流、誰是濁流，勢必形成一種標榜、品核的風氣，透過這種手段，揭舉出清流領袖，形成某種群體凝聚力，而這種凝聚力，也同時表現於士大夫其餘行爲如會葬等面向上；同樣的論議朝政，也可以再細分爲太學內彼此意見交換、談論的風氣，以及上奏發言、諷諫朝政等具體作爲。

　　當清流士大夫在辨別清濁流時，勢必涉及到如何才是清流，又如何能凸顯濁流與自己的不同呢？這個問題回歸到本質上來說，無論清濁之流皆同是人，若同是人，何以能別其不同？故以范曄之語而言，則必須透過在承認先天相近情況下，也會因爲後天的習染，導致彼此的不同，即所謂「習相遠」。因此清議、游談，所涉及上述才性的第一個問題，則須由「習相遠」一處予以解決，並標榜自身之「習」乃爲「清」，彼（外戚、宦官）所「習」則爲「濁」。而如何透過「習」來揭示自己的不同，一方面士大夫認知到自己必須透過「學」方能成就自身爲士大夫，但另一方面，外戚本身也可以同時包含士大夫的身分，也能透過「學」以成就自身，故如何辨別士大夫、太學生等清流，與外戚、宦官等濁流的差異，便不能單單從「學」而言，而必須逐漸轉向其他行爲，以揭示自己的不同，即如上所言，透過進一步的分類（標榜、品核），以及特殊的行爲（如會葬）等表現出來。

　　而在清流本身中，也因爲標榜、品核中，明白彼此殊性的不同，因此進一步思索每個人的才性所在。如早先在太學中，流傳著「天下模楷李元禮，不畏強禦陳仲舉，天下俊秀王叔茂」〔註135〕，所謂「楷模」、「不畏強禦」、「天下俊秀」，還只是介於德、才之間，彼此的差異並非那麼大。而後的「八俊」、「八顧」、「八及」、「八廚」，便逐漸朝向才性靠攏，即使如「廚」，言「以財救人」，似乎與才性無涉，但若沒有生財之道、理財之能，也很難有「以財救人」的本領。再者，區分與歸類，即使在順序上有優劣之分，但事實上也是某種程度的才性劃分。

　　在這種風氣逐漸流傳後，除了群體的品評、劃分外，更進一步擴及到個

〔註135〕《後漢書・黨錮列傳》，頁2186。

人的品評，如郭林宗評劉儒「口訥心辯，有珪璋之質」、〔註136〕何顒評荀彧「王佐之器」，〔註137〕又如李膺評荀淑、鍾皓云「荀君清識難尚，鍾君至德可師」〔註138〕等。

此外，當時士大夫識別他人之才性，如郭林宗等，並不僅僅使其安於原始之才性，還須透過「學」以完善、成就之，如識茅容「因勸令學，卒以成德」、識孟敏「勸令遊學」、識庾乘「勸遊學官」〔註139〕等，表明劉向以來，學除了「反情治性」外，「盡才」也逐漸為人所重，但要如何「學以盡才」，則漸漸為當世顯露的課題所在。

在當時，士大夫確實有自覺到自身的才性之所宜，並以不同的方式表現出來，這種表現在當時最為明顯的，當屬談才的展現，如符融：

> 符融字偉明，陳留浚儀人也。少為都官吏，恥之，委去。後遊太學，師事少府李膺。膺風性高簡，每見融，輒絕它賓客，聽起言論。融幅巾奮褒，談辭如雲，膺每捧手歎息。〔註140〕

符融對於自身的談才相當有自信，且在外表上，也會某種程度地包裝自己，透過「幅巾奮褒」的方式，達到內在的才性，與外在的儀容服裝，和諧地融合起來，使得旁人不只注目於言談，也能夠在視覺上專注，成為談論時的焦點。

綜合來看，從揚雄到東漢受到黨錮之禍的諸士大夫，一方面對於自身之學及情性開始著意，另一方面，也開始注意到自身才性之所在，並試著思索如何透過「學」以盡己之才。這也是何以從政治上的清議、游談，可以漸漸轉向才性之因。〔註141〕

〔註136〕同前註，頁 2215。

〔註137〕同前註，頁 2218。

〔註138〕劉義慶著，劉孝標注，余嘉錫箋疏：《世說新語箋疏・德行》（北京：中華書局，2007 年），頁 7～8。

〔註139〕以上俱見《後漢書・郭林宗傳》，頁 2228～2229。

〔註140〕《後漢書・符融傳》，頁 2232。

〔註141〕當然，東漢之時，察舉制度等逐漸產生名不符實的境況，士大夫開始對這種制度反省，並思索如何達到名實相符的方法，如此亦會產生關於才性的討論。唯當時察舉紊亂之因，絕大程度來自於宦官與外戚之亂政，造成仕宦之途一定程度上的失靈，故從這個角度來看，本文所云由清議而來的政治取向，朝向才性取向，是可以多此一解的。另可參考劉增貴：〈論後漢末的人物評論風氣〉，《國立成功大學歷史學系歷史學報》第 10 期（1983 年）。劉氏云：「『風格』的強調，使士人漸超越選舉的框架，不再只是學而優則仕的形態，而認

三、清議、游談促成對於「談辯」與「才性」的思索與反省

原本的講經，是針對於經學、經義，以及是否適用於政治施用上所做的討論，但後來朝政紊亂、綱紀敗壞，士大夫不能僅止於經學上的爭辯，勢必要回應當時的國家亂象與社會局勢，因此激起太學生與士大夫紛紛群起議政，而議政本身，便需要透過口才以說服人。由此通過當時士大夫遭遇的情境，可以分疏以下兩點作主要的討論：一者是持何種「理」以說服人，一者則是透過什麼樣的談辯技巧說服人，前者著重於內容，後者則著重於技術。

自清議興起後，士大夫開始思索自己所持之理何以正確，何以能說服人，如范滂被捕時，桓帝命王甫與之論辯，使范滂服罪，但范滂義正嚴辭地予以辯駁，據史書記載，當時的情形是這樣的：

> 桓帝使中常侍王甫以次辨詰，滂等皆三木囊頭，暴於階下。餘人在前，或對或否，滂、忠於後越次而進。王甫詰曰：「君爲人臣，不惟忠國，而共造部黨，自相褒舉，評論朝廷，虛構無端，諸所謀結，並欲何爲？皆以情對，不得隱飾。」滂對曰：「臣聞仲尼之言，『見善如不及，見惡如探湯』。欲使善善同其清，惡惡同其汙，謂王政之所願聞，不悟更以爲黨。」甫曰：「卿更相拔舉，迭爲脣齒，有不合者，見則排斥，其意如何？」滂乃慷慨仰天曰：「古之循善，自求多福；今之循善，身陷大戮。身死之日，願埋滂於首陽山側，上不負皇天，下不愧夷、齊。」甫愍然爲之改容。乃得並解桎梏。〔註142〕

范滂之名言「欲使善善同其清，惡惡同其汙」即其論辯之核心，也以此氣魄得以折服王甫，由此可知，議政之初，乃在於內容之正當性，有其正當性，方能服人，方能浩氣凜然地批評時政、議論古今，試圖影響朝政，形成政治輿論，得以扭轉乾坤。

同時，還有上文所舉的符融等人，開始朝向談辯技巧發展，所謂「談辭如雲」，每使李膺捧手嘆息，能令李膺嘆息之因，除了內容之精采外，更在於言辭技巧之動人，這也是在議論、浮華昂揚後，有的合理發展。

在黨錮之禍後，議政的風氣漸息，然而游談的風氣卻已種下了根，即使不以政治爲主要取向，士大夫們仍能透過論辯、游談的方式，來對其餘的議

識到自身的價值，士行也超越實際事功，其人物形態不再是儒家所能規範，而爲魏晉風流先驅。」（頁196）劉氏此言既可與本文所論互參，又能延伸到本文後面所論述嵇康「適性爲學」的部分。
〔註142〕《後漢書·黨錮列傳》，頁2205～2206。

題進行討論，而當時最主要的談題，就是人物才性的問題，一方面乃如上所述，是清濁流分野之下，可能有的發展；另一方面，則在亂世之中，人才的揀擇愈發重要，既能反省察舉之弊，亦能回應現實之需要。

以下便具體討論游談所促成，對於「談辯」的反省：

以談辯中的思辨性而言，如范滂所言，須透過某種認定的內容或價值，作為論辯的核心，否則容易流為無根之虛談，如此則促成士人思索自己的中心主旨所在，以及如何能確立。換句話說，可以有兩個面向考慮，即：「在談辯前，建立自己的論點與主張，並透過談辯表現出來」，以及「透過談辯的互動，逐漸確立自己的論點，達成某種互動式的尋索過程，將議題越探越深」，這種互動思辨過程，最初應是經由與他者的相互辯難，逐漸輪廓而成，如太學生彼此之間的游談，又如魏正始年間，清談之士的談座，這種談辯方式逐漸形成主流的形式，流傳到南朝下去。但除了彼此間、多人的論難互動外，也促成士人能夠運用這種方式，由自己扮演主客雙方，進行論難，像剝洋蔥一般，將欲論述的主題或價值，逐漸清晰地呈現出來，這種思辨方式，在正始後期開始產生了相當大的影響，嵇康便是最具代表性的人物。

以談辯形式本身而言，討論怎麼樣的談辯才是適宜的，現存較有系統的討論，當屬劉劭的《人物志》，此書雖為人物才性的評論，著重在政治上的人才徵選與辨析，並在一定程度上延伸到較為本質的課題，如才性本身的源頭，甚至觸及到了魏晉玄學主要探討的課題，如有無、一多等。〔註143〕但若順著前文的脈絡而言，從清議、游談涉及到人物才性問題，反過來說，人物才性

〔註143〕江建俊曾就過去對於《人物志》研究，所涉及的問題與魏晉玄學的關係，進行爬梳與統整，參見江建俊：〈「先玄學」〉，《于有非有，于無非無——魏晉思想文化綜論》（臺北：新文豐，2009 年），頁 91～104。又如湯用彤：〈讀人物志〉云：「魏初清談，上接漢代之清議，其性質相差不遠。其後乃演變而為玄學之清談。此其原因有二：（一）正始以後之學術兼接漢代道家（非道教或道術）之緒（由嚴尊、揚雄、桓譚、王充、蔡邕以至於王弼），老子之學影響逐漸顯著，即《人物志》已採取道家之旨。（二）談論既久，由具體人事以至抽象玄理，乃學問演進之必然趨勢。漢代清議，非議朝政，月旦當時人物。而魏初乃於論實事時，且尋繹其原理。如《人物志》，雖非純論原理之書（故非純名學），然已是取漢代識鑒之事，而總論其理則也。因其亦總論理則，故可稱為形名家言。漢代瑣碎之言論已進而幾為專門之學矣。而同時因其所討論題材原理與抽象之原理有關，乃不得不談玄理。所謂更抽象者，玄遠而更不近人事也。」參見湯用彤：《魏晉玄學論稿》，頁 10。湯一介：《郭象與魏晉玄學》亦談到，可由劉劭的《人物志》中所涉及的「才性問題」，進一步引導到「有無問題」、「一多問題」、以及「聖人問題」上，參見該書頁 52～66。

問題也迴避不了談辯的方式，因此劉劭曾就這個部分進行討論，是可以理解的，也是當時士大夫在此風氣之下，可能會有的學術表現。

以下便就這兩個部分，引實際的例子來分析：思辨性的部分，以荀粲作爲主要的考察對象；而談辯形式上，則以劉劭《人物志》爲主，試圖將這個部分輪廓出來，並說明爲何與當時「論學」有關，以及對於嵇康的「論學思想」產生了什麼樣的影響。

荀粲最爲人所知的故事，便是《三國志》中，裴《注》所引的〈荀粲別傳〉，其云：

> 何劭爲粲傳曰：粲字奉倩，粲諸兄並以儒術論議，而粲獨好言道，常以爲子貢稱夫子之言性與天道，不可得聞，然則六籍雖存，固聖人之糠秕。粲兄俁難曰：「易亦云聖人立象以盡意，繫辭焉以盡言，則微言胡爲不可得而聞見哉？」粲答曰：「蓋理之微者，非物象之所舉也。今稱立象以盡意，此非通于意外者也。繫辭焉以盡言，此非言乎繫表者也；斯則象外之意，繫表之言，固蘊而不出矣。」及當時能言者不能屈也。〔註144〕

荀粲與荀俁此處的論難，是討論魏晉玄學與清談時，時常被舉出來的例子，二者論難，便揭示出魏晉玄學中，十分重要的課題「言意之辨」。這裡以荀粲作爲例子表出，主要針對的是在思辨方式的轉變，即：荀粲透過與荀俁的論難，呈現出「言不盡意」的核心論點，而主要的思考過程，便是將「六籍」作爲聖人的殘存，繫辭所盡之言，以及立象所能盡之意，均是「辭」與「象」所能表達的全部，逸出二者之外的部分，便不能透過此二者所表述；或者說，若單純僅就「辭」、「象」所記載、表達的涵義，執求其具體之記載，是無法躍出二者本身的限制，就這一層而言，荀粲所要表達的便是反對今文章句之學的繁瑣，以及執求章句、析文分字的治學手段。他認爲以這種方式來尋得聖人之意，基本上是不可能的，也因此說六籍是糠秕，換句話說，便是希望能透過突破文字、表象的限制，直指聖人之眞意。

這一層的考量與批評，其實自西漢末開始，陸續都有學者對於章句之學進行批評與反省，但沒有像荀粲這樣精要地、直截地突破文字的限制，而探求背後的大義，這樣對於傳統經學做出突破式的思辨，實質上影響了後來嵇

〔註144〕陳壽著，裴松之注：《三國志・荀彧荀攸賈詡傳》（北京：中華書局，2010年），頁319。

康對於「學」的看法，這一點在嵇康的部分還會再詳述。

　　接著來看看劉劭怎麼對於談辯的形式，做出具體的反省與討論，過去已有學者對此進行梳理，〔註145〕本文取其研究成果，只擷取與本文論述有關之處來討論。劉劭針對談辯，集中討論於〈材理篇〉，其云：

> 夫辯，有理勝，有辭勝。理勝者，正白黑以廣論，釋微妙而通之。辭勝者，破正理以求異，求異則正失矣。夫九偏之材，有同、有反、有雜。同則相解，反則相非，雜則相恢。故善接論者，度所長而論之；歷之不動則不說也，傍無聽達則不難也。不善接論者，說之以雜、反；說之以雜、反，則不入矣。善喻者，以一言明數事；不善喻者，百言不明一意；百言不明一意，則不聽也。是說之三失也。

〔註146〕

劉劭以「理勝」與「辭勝」為談辯兩個主要取勝的原因，所謂的「理勝」指的是能夠「正白黑以廣論，釋微妙而通之」，亦即所論者，能夠清楚明白地剖析，並能深入論點的核心，以使對象妙解於心，這一點可以前面論范滂、荀粲等為例；所謂的「辭勝」則是「破正理以求異，求異則正失」，即是不在「理」中建立自己的論斷，甚至破別人已成立的論點，而在言辭上炫耀、吸引聽眾，或者是透過對於某種論點的再詮釋，增入新異的見解，但此見解卻並非合於理。

　　接著劉劭便將論點移到才性上，說明不同才性之間，對於「理」的接受程度不同，〔註147〕因此必須明知辯論中有所謂的「同」、「反」、「雜」。才性相近的人，則能夠明白彼此的論點，或對於同一理能夠易於明白；才性相反者，則易於相非、論難，不容易說服對方；才性相雜者，則會彼此都能夠明白對方的一部分之理，卻又無法清晰明白，反倒雜而不辨。因此善談辯者，必須知曉這些狀況，由對方能夠明白、理解的地方，慢慢引入自己所欲談論的主題，並設下底線，若在持續談辯的過程中，對方仍不能明白，便不復辯難。同樣的，善於談辯者，亦會善用言辭說明自己的觀點，並且能夠言簡意賅，表達出豐富的意涵。

　　從大方向來說，劉劭歸納了兩種主要論辯的結果：「理勝」與「辭勝」，

〔註145〕詳見江建俊：《漢末人倫鑒識之總理則：劉邵人物志研究》，頁145～160。
〔註146〕劉劭：《人物志・材理》（臺北：金楓出版社，1999年），頁62。
〔註147〕《人物志・材理》中，在前文曾區分有「四理」：「道」、「事」、「義」、「情」，分別為不同才性之人所易於明白。

〔註 148〕再者開始由論辯之人的才性出發，說明論辯過程中，有所謂的「同」、「反」、「雜」。而善接論者與善喻者，能夠避開這些限制，並充分利用彼此不同，以達到論辯的目的。

　　劉劭說明完這些普遍的原則後，進一步梳理出「六構」來說明論辯過程中的善與不善，其云：

> 善難者，務釋事本；不善難者，舍本而理末。舍本而理末，則辭構矣。善攻彊者，下其盛銳，扶其本指以漸攻之；不善攻彊者，引其誤辭以挫其銳意。挫其銳意，則氣構矣。善躡失者，指其所跌；不善躡失者，因屈而抵其性。因屈而抵其性，則怨構矣。或常所思求，久乃得之，倉卒諭人；人不速知，則以爲難諭。以爲難諭，則忿構矣。夫盛難之時，其誤難迫；故善難者，徵之使還。不善難者，凌而激之，雖欲顧藉，其勢無由。其勢無由，則妄構矣。凡人心有所思，則耳且不能聽，是故並思俱說，競相制止，欲人之聽己。人亦以其方思之故，不了己意，則以爲不解。人情莫不諱不解，諱不解則怒構矣。凡此六構，變之所由興矣。然雖有變構，猶有所得；若說而不難，各陳所見，則莫知所由矣。〔註 149〕

「六構」指的是「辭構」、「氣構」、「怨構」、「忿構」、「妄構」、「怒構」，充分地將論辯過程中，可能有的情況說明出來：

　　「辭構」是指不能梳理事情的本末，將論辯主題的核心抉發出來，並針對此進行論難，反倒在枝微處論難，不得要領。

　　「氣構」則指，引對方之口誤、言辭之誤，以攻對方之論點，而不是避開對方之盛意，慢慢向對方論述自己的主旨，以之說服對方。

　　「怨構」則指，捉住對方論述中的錯誤，大肆批評、毫不留情，而不是僅僅點出對方有誤之處，且不做進一步落井下石的舉動。

　　「忿構」則指，不考慮自己的論點是透過長久的思索，慢慢梳理、探討而來的，倉促之間，便欲強邀對方明白自己所言，使得對方無法在短時間理解，造成憤恨。

〔註 148〕徐幹：〈核辯〉篇，亦主要針對此點而言，其云：「夫辯者求服人心也，非屈人口也。故辯之爲言別也，爲其善分別事類而明處之也，非謂言辭切給而以陵蓋人也。」參見徐幹著，徐湘霖校注：《中論校注‧核辯》（成都：巴蜀書社，2000 年），頁 108。

〔註 149〕《人物志‧材理》，頁 63。

　　「妄構」則指，在對方盛氣凌厲時，強硬地指出對方的錯誤，與其針鋒相對，而不是待對方氣竭時，慢慢說明對方的錯誤。

　　「怒構」則指，每一人均在心中有思索的論題，而常常會夾雜著思索，聽不下對方的意見，且急欲表明自己的意見，而對方亦然，以為彼此雙方均不解自己的意思，如此容易造成雙方的誤會，而有所怨恨。

　　以上的情形，是論辯過程中可能會發生的現象，擅長談辯者，可以在最大的程度上避開以上的困境，而成為一個善辯之人。然而劉劭指出，辯論的本質便是互相論難，若避開「論難」這個過程，只是各自抒發自己的意見，則不如在論難的過程中，形成這些「變構」來得有收穫。換句話說，「論難」本身便是有收穫的談辯過程，不需要特別在意得罪對方，而使得自己一無所獲，如此這場辯論也會茫然不知所謂。

　　事實上，針對不同論辯情況下，各種才性的人，表現也不同，具體而言，有以下八種特質是在論辯中的優點，如其云：

> 由此論之，談而定理者眇矣。必也：聰能聽序，思能造端，明能見機，辭能辯意，捷能攝失，守能待攻，攻能奪守，奪能易予。兼此八者，然後乃能通於天下之理，通於天下之理，則能通人矣。不能兼有八美，適有一能，則所達者偏，而所有異目矣。〔註150〕

兼具任何一者，都能在論辯中有所表現，但最好的情況，還是能統而有之，而為「定理」之人，如此方能通天下之理，而不為所偏。針對此八種不同特質之人，劉劭進一步云：

> 聰能聽序，謂之名物之材。思能造端，謂之構架之材。明能見機，謂之達識之材。辭能辯意，謂之贍給之材。捷能攝失，謂之權捷之材。守能待攻，謂之持論之材。攻能奪守，謂之推徹之材。奪能易予，謂之貿說之材。〔註151〕

此八種才性之人，表現在論辯上各有不同的長處，對於劉劭來說，除了識得這些人的才性適宜外，如何能運用到政教才是他所切意之處。而所以必須有論辯之材，乃在於「論經世而理物也」，〔註152〕能夠獲悉不同之「理」，並能以此「理」說服他人，朝向經世的理想前進，此乃劉劭在一片喧嘩聲中，欲

〔註150〕同前註，頁 65。
〔註151〕同前註，頁 65。
〔註152〕同前註，頁 67。

爲此亂象，建立起某種程度的規則，並依此規則，來進行論理，來進行辨析，最後期望能夠經世而濟民，而不僅僅是論辯中的虛談而已。

　　以上透過梳理荀粲與其兄的論辯，以及劉劭《人物志》中所涉及的談辯論述，將談辯的主要發展脈絡輪廓出來，也點出了在清議興起後，對於學術環境造成的影響。當章句之學逐漸凋零後，雖有鄭玄起而梳理之，但終究逐漸走向沒落，這時就需要新的學術方式，新的治學可能，使得士大夫重新思索、探討自身爲學的發展。因此清議、游談的出現，恰巧在方法上，可以用論辯的方式，產生新的學術火花，也導向新的治學傾向；在思辨上，也引發新的論辯方式，得以用問難的方式，類似剝洋蔥的方式，逐漸將義理揭露出來，此種新的發展、新的可能性，都給嵇康論學的新開展，帶來了豐富的前行資源。

第四節　小　結

　　本章主要透過三條主線，將嵇康論述「適性爲學」前的歷史背景、治學傾向梳理開來：一者以太學的官方經學爲主，梳理其中的演變、發展，並由董仲舒的立論，試著說明當時「教化爲學」如何形塑，並作爲兩漢論學思想的基調；一者則深入當時理智清明的學者，爬梳其論學的新傾向，探討其由群體轉向個人的過程中，開始重視「人之性情」與「學」，乃至「知」與「學」的關係；一者則由東漢中葉開始的士大夫清議行爲，產生了新的治學傾向，在論辯上、思辨上，提供了更多的可能性，也使得後世的士大夫，得以運用更不一樣的方式來論述「學」的發展，不再僵固於故有的官方經學上，使得士大夫治學，有了轉化的可能。

　　在梳理完本章的脈絡後，可以將視野聚焦在揚雄這一脈，在東漢到漢末的發展，如王符、徐幹等人，如何論述「學」與「人性」，以反省、重塑士大夫的論學思想。另一方面，在新的談辯方式，以及作爲漢代思想潛流的道家思想，如何促使士大夫爲學產生反省，可以藉由何晏、王弼的論述，導引出新的線索。以上也在一定程度上，成爲嵇康的思想資源，爲其所用，得以建立新的論學思想。

第三章　漢晉之際論學思想的新課題
——從王符、徐幹到何晏、王弼的論學思想

第一節　新課題的產生

　　前一章將東漢主要的論學思想發展做一番梳理，主要可分成三大脈絡：
漢代經學的反省、士大夫自覺下對於「學」的論述，以及清議、游談發展下，
對於談辯、才性的思索與反省。並由董仲舒「教化爲學」作爲開端，描述其
後士大夫對於「論學思想」的推展與演變。

　　第一條脈絡中，由鄭玄、何休後，可以再發展到荊州學派、王肅等，將
經典做出新的詮釋與整理，但這一條脈絡主要聚焦在經書、經義的梳理與論
辯，與本文核心關懷的「論學思想」距離稍遠，且其主要爲經學上實際的問
題，因此不擬再深入探討，但仍會在一定程度上，借用其脈絡來論述。

　　第二條脈絡與第三條脈絡，則爲本章作了舖陳與引導的工作。揚雄、桓
譚、王充等學者，開始對於「經典」、「章句之學」等進行反思，並思索「學」
與「人性」，乃至於「學」與「知性」的關係，深入思考、抉發「學」對於士
人的重要性，這也是士大夫在「以學爲本」的認知後，對於「學」的充分反
思。而王符、徐幹基本上承繼了這條脈絡，思索「經典」、「章句」等主流的
治學與論學，試著在揚雄等人發展脈絡下，更進一步透過自身的尋思，試圖
建立起更清晰的士人治學的論述。

從揚雄等人到王符、徐幹，有了以下新的發展與議題需要面對，即是在揚雄、王充時，士大夫、太學生遊學的風氣並不盛，據《後漢書・儒林傳》所載，自本初元年（146），方才令「大將軍以下至六百石皆遣子受業」，造成京師太學生達到三萬人之多，也在宦官、外戚等擅權下，造成太學清議之風開始增盛，王符與徐幹正巧面臨到這樣的時代變局，因此除了繼承揚雄等人的思想外，還必須回應新的時代課題，一方面既要對舊有的經典教育反思與建立新的論述；一方面又要對於揚雄以下，將「學」與「人性」、「知性」等問題進行梳理；最後，還要回應游談之風對於治學產生的影響，這些都是王符與徐幹需要處理的新課題，當然他們不完全站在贊成的立場，反而是對於游談之風，進行了相當的批評，以此來論述、建立自己的論學思想。

但除了王符、徐幹外，稍晚的何晏、王弼則又與王符、徐幹不同，他們承襲、接受了游談風氣下，所產生的新的思辨方式，對於士人之論學思想，又進行了一番不同的反思，在對於上述課題思索之際，也結合了道家之思想，並在「自然」與「名教」問題的逐漸開顯中，試圖爲士大夫爲學找出新的思考與出路，建立起一番風貌更不一樣的論學思想。

第二節　由天到人：「氣論」的淡化與「知性論學」的深化

一、王符、徐幹對爲學目的之省思

進入兩人對於「爲學目的」反思之前，可以先簡要地回顧他們的生平。《後漢書・王符傳》記載：

> 王符字節信，安定臨涇人也。少好學，有志操，與馬融、竇章、張衡、崔瑗等友善。安定俗鄙庶孽，而符無外家，爲鄉人所賤。自和、安之後，世務游宦，當塗者更相薦引，而符獨耿介不同於俗，以此遂不得升進。志意蘊憤，乃隱居著書三十餘篇，以譏當時失得，不欲章顯其名，故號曰潛夫論。其指訐時短，討讁物情，足以觀見當時風政，著其五篇云爾。〔註1〕

王符少時即孜孜好學，但因家世的緣故，不爲時人所重。當時游宦之風興盛，

〔註1〕《後漢書・王符傳》，頁 1630。

在察舉制度下，非有孝名、清廉等名望，難以爲官，於是世人便透過種種激詭的言行來暴得大名，以取官位。〔註2〕王符既非當時名望家第，亦不肯同流合汙，媚世取名，以游宦的方式行銷自己，於是隱居著書，批評當世之得失。

和、安二帝是東漢由盛轉衰的關鍵時期，〔註3〕在外戚、宦官把持朝政後，清議開始興起時，政治、學術環境逐漸紛擾，王符既身處其中，開始從各方面思索解決之道，而王符除了不滿當政者的種種政治失措的舉動外，同時也對於當時太學喧囂的氛圍感到不滿，認爲這些士大夫、太學生，並沒有盡到爲士的本分，徒然追逐名利，而有負士大夫之名。

王符與徐幹相差約八十多年，可以說王符所經歷的時局，到了徐幹更加紊亂，其間經歷了東漢最重要的幾次政治事件：第一次黨錮之禍（桓帝延熹九年，166 年）、第二次黨錮之禍（靈帝建寧二年，169 年）、黃巾之亂（靈帝光和七年，184 年）、董卓之亂（獻帝中平六年，189 年），政治上的衝擊，使得當時的有識之士開始深刻地思索如何改善紛亂的政治局面。

徐幹大抵延續王符的關懷與思考方式，在士大夫所以爲學上討論，也即是在討論士大夫爲什麼需要學，如何去學，以及學能做什麼等問題，試圖在當時的政經、學術環境中，重新思索士大夫之學，以回應當世的種種問題。

徐幹的人物形象，可以參考《三國志·王衛二劉傳傳》載曹丕〈與吳質書〉云：

> 偉長獨懷文抱質，恬淡寡欲，有箕山之志，可謂彬彬君子矣。著中論二十餘篇，辭義典雅，足傳于後。〔註4〕

與裴松之注引《先賢行狀》云：

> 幹清玄體道，六行脩備，聰識洽聞，操翰成章，輕官忽祿，不耽世榮。建安中，太祖特加旌命，以疾休息。後除上艾長，又以疾不行。〔註5〕

曹丕與《先賢行狀》所描述的徐幹在特質上大體相近，然而仍有不同的側重。

〔註2〕　參見張蓓蓓：《東漢士風及其轉變》第一章。

〔註3〕　許抗生、聶保平、聶清：《中國儒學史·兩漢卷》云：「與和帝時期相比，安帝時期的東漢政權更是開始了全面的潰亂。也正因爲如此，後世論者多以安帝時期作爲東漢社會治與亂的分水嶺。」（頁446）。

〔註4〕　《三國志·王衛二劉傳傳》，頁608。

〔註5〕　同前註，頁599。

曹丕云「懷文抱質」，又云「彬彬君子」，可見徐幹既有其「質」又有其「文」，符合《論語》所言文質相濟的君子形象，「質」說明人之質地本性、「文」則說明後天之文采技藝。就孔子而言，質爲忠信、仁孝等德行，而文則爲嫺熟經籍、禮樂制度等，故兼之則美，然有其本末，「質」爲本，而「文」爲末，這樣對於質文的看法，基本上也反映在徐幹的思想中。

《先賢行狀》云「清玄體道」，則染有魏晉以下清談品鑒的特質，或許爲後人溢美增飾之辭，未必即徐幹所表現的人物風采，就《中論》一書論述的內容來看，徐幹與「清玄體道」的形容仍有些距離，但也許徐幹本身兼有儒、道、法三家之思想及特質，只是在今天僅透過《中論》難以觀察出來而已。

王符與徐幹成學相似，均是以儒家爲主，而雜有諸家的痕跡，[註6]然而本節所著重處，在董仲舒以降的「教化爲學」中，觀察王符與徐幹如何承繼揚雄以來的課題，對於士大夫「以學爲本」，以及「學」與「人性」、「知性」等問題繼續深化與論述。

王符針對當時的遊學之風以及學術風氣頗有質疑，以下透過幾則資料來呈現，如：

〈務本〉：今學問之士，好語虛無之事，爭著雕麗之文，以求見異於世，品人鮮識，從而高之，此傷道德之實，而或曠夫之大者也。

[註7]

對王符來說，爲學者不能徒語虛無飄渺之事，亦不能醉心於撰寫綺麗之文，藉此炫耀其才性、言行，並由此邀名於世。亦即士大夫治學，不能僅僅透過這些表面的手段來達到求名利的目的，還須有更深一層的考量，即是「遂道術而崇德義」，而如何達到這個目的，下文會再詳述。

〈交際〉：夫與富貴交者，上有稱舉之用，下有貨財之益。與貧賤交者，大有賑貸之費，小有假借之損。今使官人雖兼桀、跖之惡，苟結駟而過士，士猶以爲榮而歸焉，況其實有益者乎？使處子雖苞顏、

[註6] 江建俊：〈論英雄與名士〉曾對於當時的士大夫分成幾種類型，並論述彼此的關聯。唯本文乃就士大夫一整個群體關懷，因此不擬就學派上進行討論，亦即本文認爲士大夫接觸的學術資源應是開放性的，而這些開放性的學術資源，共同成就當時的士大夫群體，並不以「名法家」對「儒家」作出批評的角度來論述。參見江建俊：《于有非有，于無非無——魏晉思想文化綜論》，頁66～75。

[註7] 王符著，汪繼培箋，彭鐸校正：《潛夫論箋校正》（北京：中華書局，2011年），頁19。

閔之賢，苟被禍而造門，人猶以爲辱而恐其復來，況其實有損者乎？
〔註8〕

〈交際〉：嗚呼哀哉！凡今之人，言方行圓，口正心邪，行與言謬，
心與口違；論古則知稱夷、齊、原、顏，言今則必官爵職位；虛談
則知以德義爲賢，貢薦則必閥閱爲前。處子雖躬顏、閔之行，性勞
謙之質，秉伊、呂之才，懷救民之道，其不見資於斯世也，亦已明
矣！〔註9〕

〈交際〉這兩段引文，則分別敘述兩種交遊情況，士大夫所展現的歪風：前
者在說明「富貴」爲眾人所求，只要能達到「富貴」的目的，不需設想對方
的品德、風操，只要能得到權貴的青睞，自然能平步青雲。反過來說，貧窮
之士即使有高風亮節的品德，如同顏淵、閔子騫般，仍不爲世俗士大夫所看
上眼。此文或反映當時在太學遊學者中，不乏欲透過種種人情，向上攀附權
力與富貴的人，當然也有可能影射那些攀附外戚、宦官的士大夫。

　　第二則引文則在諷刺那些口是心非的士大夫，雖在學問上能知悉古聖先
賢，但在實際的言行準則與價值判斷，卻往往背離所學，導致平時「虛談」
以道德仁義爲賢、實際上仍以有「閥閱」背景之人爲尊，導致即使身懷經世
之能的篤學之士，亦無由晉仕，得以施展抱負。

　　以上三則對於時風的批評，可以觀察到，王符對於遊學之風基本上是不
滿的，他認爲這背離實學，背離了士大夫治學的本分，那麼王符所認爲的爲
學之目的究竟爲何呢？

　　《中國儒學史》曾將王符論「學」的原因歸納爲三點：1. 人的先天質地
有別使然、2. 德性的內在要求、3. 治理的要求。〔註10〕本文基本贊同這樣
的說法，但希望能進一步剖析王符的論學思想及目的。

　　王符贊同當時士大夫的世俗價值，並不反對祿位的追求：

〈讚學〉：君子終日乾乾進德修業者，非直爲博己而已也，蓋乃思述
祖考之令問，而以顯父母也。〔註11〕

君子求學彰德並非只爲自己博學多聞，亦是爲了家族父母，頗有《孝經》所

〔註8〕　同前註，頁334。
〔註9〕　同前註，頁355～356。
〔註10〕　許抗生、聶保平、聶清：《中國儒學史‧兩漢卷》，頁535～536。
〔註11〕　《潛夫論箋校正》，頁5。

云「立身行道，揚名於後世，以顯父母，孝之終也」的意思，〔註12〕無論從經典的角度如《孝經》所言出發，還是站在世俗人情的角度來看，王符對這種帶有一定功利意味的追求，基本上是不反對，甚至是認同的：

〈讚學〉：君子之求豐厚也，非爲嘉饌、美服、淫樂、聲色也，乃將以底其道而邁其德也。〔註13〕

在物質層面上，王符此處雖然明言「非爲」嘉饌等物質努力，而是爲了「道德」。但事實上王符也不認爲君子所學與追求物質是必然衝突的，在〈論榮〉他曾說：「所謂賢人君子者，非必高位厚祿富貴榮華之謂也，此則君子之所宜有，而非其所以爲君子者也」，〔註14〕名利、祿位雖非君子之所以爲君子的條件，但擁有這些並不妨礙爲君子，甚至可以說是「宜有」的，這在當時士大夫階層形成的社會中，有這些世俗價值的認同是可以理解的。然而王符並不局限或滿足於這些價值當中，而是試圖超拔其上，試著爲「學」的論述找到更多的可能，並進一步澄清爲學的根本目的。

王符由天到人，論述「學」是人天生所具備的行爲，其云：

〈讚學〉：天地之所貴者人也，聖人之所尚者義也，德義之所成者智也，明智之所求者學問也。……夫此十一君者，皆上聖也，猶待學問，其智乃博，其德乃碩，而況於凡人乎？〔註15〕

天地所貴者人也，而人之所貴者，歸結而言則是學問。如此聖人所尚之義，必須透過「明智」以求學問，則「人」與「學問」之間的樞紐，便落在「明智」之上，如何透過「明智」以求學，便是王符所必須進一步論述的。王符將「學」作爲人根本成立的原因，也由此在一定程度上認爲人之學是某種自然而然、天生即有的行爲。但王符認爲「學」雖是人最重要、且近乎自然的行爲，卻容易爲人所忽視，故王符強調人之智必須用於學問，即使是古代聖君擁有超乎凡人的才性，亦必須透過「學」方能成就。

王符思想本身帶有強烈的「本末」觀念，這個「本末」並非像魏晉玄學所言，具有本體論的色彩，強調「以無全有」，而是強調無論在個人還是國家上，均能「知所先後」。既然是先後，「本末」二者便不相對立，而是必須固

〔註12〕唐玄宗注，邢昺疏：《孝經注疏‧開宗明義章》（臺北：藝文印書館影印清嘉慶二十年〔1815〕南昌府學刊本，2001年），頁11-1。

〔註13〕《潛夫論箋校正》，頁6。

〔註14〕同前註，頁32。

〔註15〕同前註，頁1。

本，方能營末，王符也將這樣的觀念帶入論學的思想中：

〈務本〉：凡爲治之大體，莫善於抑末而務本，莫不善於離本而飾末。夫爲國者以富民爲本，以正學爲基。民富乃可教，民貧則背善，學淫則詐僞，入學則不亂，得義則忠孝。故明君之法，務此二者，以爲成太平之基，致休徵之祥。〔註16〕

富民與正學皆爲治國之本，而「學」爲何是本？如何論證「學」爲治國之本，是王符必須面對的第一個課題；而所謂「正學」是什麼？怎麼樣的學習方爲學之正者？這是王符面對的第二個課題。以下先就第一個進行討論，第二個課題待下文再說明。

除了回應游談的社會風氣外，王符針對漢代「農」與「學」之間的關係，也有所討論，這或許是引申自《孟子》中，對許行等農家的批判，〔註17〕一方面也回應漢代以農立國的國策，但比起「農」與「學」的關係，二者其實可以代表「富民」與「爲學」何者更爲根本的問題：

〈釋難〉：秦子問於潛夫曰：「耕種，生之本也；學問，業之末也。老聃有言：『大丈夫處其實，不居其華。』而孔子曰：『耕也，餒在其中；學也，祿在其中。』敢問今使舉世之人，釋耨耒而程相羣於學，何如？」

潛夫曰：「善哉問！君子勞心，小人勞力。故孔子所稱，謂君子爾。今以目所見，耕，食之本也。以心原道，即學又耕之本也。易曰：『立天之道，曰陰與陽；立地之道，曰柔與剛；立人之道，曰仁與義。』天反德者爲災。」

潛夫曰：「嗚呼！而未之察乎？吾語子。夫君子也者，其賢宜君國而德宜子民也。宜處此位者，惟仁義人，故有仁義者，謂之君子。昔荀卿有言：『夫仁也者愛人，愛人，故不忍危也；義也者聚人，聚人故不忍亂也。』是故君子夙夜箴規，寒寒匪懈者，憂君之危亡，哀民之亂離也。故賢人君子，推其仁義之心，愛之君猶父母也，愛居世之民猶子弟也。父母將臨顛隕之患，子弟將有陷溺禍者，豈能

〔註16〕同前註，頁14。

〔註17〕《孟子・滕文公上》：「然則治天下獨可耕且爲與？有大人之事，有小人之事。且一人之身，而百工之所爲備。如必自爲而後用之，是率天下而路也。故曰：或勞心，或勞力；勞心者治人，勞力者治於人；治於人者食人，治人者食於人；天下之通義也。」參見朱熹：《四書章句集注》，頁258。

墨乎哉！是以仁者必有勇，而德人必有義也。」

「且夫一國盡亂，無有安身。詩云：『莫肯念亂，誰無父母。』言將
皆危害，然有親者憂將深也。是故賢人君子，既憂民，亦爲身作。
夫蓋滿於上，沾溥在下，棟折榱崩，懼有厥患。故大屋移傾，則下
之人不待告令，各爭其柱之。仁者兼護人家者，且自爲也。易曰：『王
明並受其福。』是以次室椅立而嘆嘯，楚女揭幡而激王。仁惠之恩，
忠愛之情，固能已乎？」〔註18〕

這裡王符很細緻地論述何以「學」作爲一切之本的原因。首先，就「學」與
「耕」二者本身來看，動用到身體部分是不相同的，前者勞心、後者勞力，
因此君子與小人之分，主要在於貢獻的地方在何處，在這裡「君子」較近原
始意涵，傾向於「管理眾人之人」，而帶有上對下的關係。接著王符又將君
子之義，由階級意涵往道德意涵轉移，他引用《易傳》之文，將天地人三者
連結在一起，天地有其陰陽、剛柔，人亦有仁義，從這裡可以與〈讚學〉開
頭相呼應，天所貴者人，便在於人之德義，而人之德義，歸結於「學」之中，
如此「仁義」與「學」便產生了密切地連結。接著王符開始闡述何以「君子」
透過「學」而成的「仁義」可以作爲一切治國之本，在於君子能夠以「仁義」
爲政，既能愛人又能聚人，能夠成爲眾人之表率，而爲眾人之事擔負責任，
如此便將道德意涵與階級意涵協調一致。在董仲舒提出「教化爲學」的論述
後，王符多少承繼其「教化」之思想，但其發展之處，在於能夠對於士大夫
「以學爲本」做出思索，並試圖給予時代上的回應。

與王符相同，徐幹亦不滿於當世的學風，認爲當時的士大夫背離了爲學
之根本，專務追求名利，並以交遊爲手段，因此落失了士大夫治學的本質：

〈譴交〉：世之衰矣，上無明天子，下無賢諸侯；君不識是非，臣不
辨黑白；取士不由於鄉黨，孝行不本於閭閻。多助者爲賢才，寡助
者爲不肖。序爵聽無證之論，班祿採方國之謠。民見其如此者，知
富貴可以從眾爲也，知名譽可以虛譁獲也。乃離其父兄，去其邑里，
不修道藝，不治德行，講偶時之說，結比周之黨，汲汲皇皇，無日
以處。更相嘆揚，迭爲表裏，檮杌生華，憔悴布衣，以欺人主，惑
宰相，竊選舉，盜榮寵者，不可勝數也。既獲者賢，已而遂往，羨
慕者并，驅而追之，悠悠皆是，孰能不然者乎？桓靈之世其甚者也，

〔註18〕同前註，頁328～330。

> 自公卿大夫，州牧郡守，王事不恤，賓客爲務，冠蓋塡門，儒服塞
> 道，饑不暇餐，倦不獲巳。……詳察其爲也，非欲憂國恤民，謀道
> 講德也，徒營己治私，求勢逐利而已。有策名於朝，而稱門生於富
> 貴之家者，比屋有之。爲師無以教訓，弟子亦不受業。然其於事也，
> 至乎懷丈夫之容，而襲奴婢妾之態；或奉貨而行賂，以自固結，求
> 志屬托，規圖仕進。然擲目指掌，高談大語，若此之類，言之猶可
> 羞，而行之者不知恥，嗟乎！王教之敗，乃至於斯乎？〔註19〕

士之求名、求富貴，由「從眾」、「虛譁」等手段獲取，因而背離家鄉，專務
交遊，以期能求得推舉，獲取官祿名利。而朝廷取士既然已非昔日著重在博
士經學上，又以士大夫彼此推舉之虛譽爲主，勢必驅動浮華輕薄之士，爲了
追名求利，而輕賤治學修德。

　　黨錮之禍前後，太學生以及天下名士如陳蕃、李膺等，以天下風教爲己
任，亦欲激濁揚清，澄清政治。然而士大夫並非同宦官、外戚一般，可以把
持皇權，假詔自恃，於是透過種種激烈的手段，如會葬等，來表達自己的立
場，進而漸漸形成一個自覺的群體來對抗外戚、宦官。這樣的士大夫群體中，
並非人人均是心繫國家大事，意欲拋頭顱、灑熱血，其中定雜有投機取巧之
人，透過類似的手段以搏取眾人的認同、聲譽，並依此來獵得官位等。〔註20〕

　　徐幹也許見此末流，批評這些不務正業，專務求名利的人，對於政壇、
學風會產生不良的影響，也或許根本就不認同陳蕃、李膺、郭林宗等清流的
行爲，以爲依此行徑，不免背離士大夫治學之本質。當然，徐幹與王符相同，
並不否認官爵利祿作爲士大夫宜有的權利：

> 古之制爵祿也，爵以居有德，祿以養有功。功大者其祿厚，德遠者
> 其爵尊；功小者其祿薄，德近者其爵卑。是故觀其爵，則別其人之
> 德也；見其祿，則知其人之功也。不待問之。古之君子，貴爵祿者，
> 蓋以此也。非以黼黻華乎其身，芻豢之適於其口也；非以美色悅乎
> 其目，鐘鼓之樂乎其耳也。〔註21〕

雖然爵祿作爲士大夫宜有的權力，但必須符合個人的德行與功勞，不能無德

〔註19〕《中論校注》，頁 185～186。

〔註20〕關於黨錮之禍前後之際，清流與濁流之爭，士大夫群體自覺等論述，可參考
　　　　余英時：〈漢晉之際士之新自覺與新思潮〉、張蓓蓓：《東漢士風及其轉變》第
　　　　三章。

〔註21〕《中論校注》，頁 137。

而受爵、無功而受祿，而德行與功勞則繫於個人身上，並非求於外：

> 雖然，求之有道，得之有命。舜、禹、孔子可謂求之道矣；舜禹得
> 之，孔子不得之，可謂有命矣。〔註22〕

爵祿之得雖然有其命定的限制，但是仍不妨礙「求之有道」的主體追求，因此對於徐幹來說，必先使自己能「求之有道」，才能再來談是否「有命」能取得爵祿。那麼如何求之有道呢？顯然並非上述交遊取名的行徑，而是歸之於士大夫所以爲士大夫的本質，即「學」之上：

> 君子非其人則弗與之言。若與之言，必以其方。農夫則以稼穡，百
> 工則以技巧，商賈則以貴賤，府史則以官守，士大夫及士則以法制，
> 儒生則以學業。〔註23〕

每種身分的人，要以不同之「方」與之言，而儒生是以「學業」爲方，此處似乎將「士大夫」與「儒生」分離成兩個群體，但在徐幹論述的脈絡中，實際上應是一體兩面的。〔註24〕儒生以「學業」爲方，方能有德行、有建立功勞的能力，並依此以取得爵祿，而既有爵祿後，便進入政府體制中，擔負不同的職責，因此便以「法制」爲方，然究其本，無論是儒生還是士大夫，都必須以「學」爲根本，方能有後來的種種發展，這也是爲何徐幹會如此看重「學」的原因，他與王符的出發點基本上是相似的。

　　不同於王符由天人關係展開，徐幹明顯地是以「人」爲中心來論述：〔註25〕

> 昔之君子成德立行，身沒而名不朽，其故何哉？學也者，所以疏神
> 達思，怡情理性，聖人之上務也。〔註26〕

〔註22〕同前註，頁150。

〔註23〕同前註，頁82。

〔註24〕王充有提到當時的文吏與儒生群體的對抗，又鹽鐵爭論時，御史大夫與文學之士亦屬於對立的立場。由此可見，漢代的官吏與儒生並不完全等同，但就徐幹此處的脈絡而言，應是以「入仕與否」爲一體兩面，但不亦妨礙連結上述歷史脈絡做出分別，無論何者，亦都均須透過「學」，方能在朝爲官吏，僅是其學有經、律之別。至於何種解釋較佳，端看讀者如何取捨耳。

〔註25〕前人已有注意到徐幹漸漸脫離「天人關係」緊密的聯繫，而主要以人事立言，如劉國平便以「夭壽」、「福禍」等切入，說明徐幹認爲天道是闇昧難明，並云：「徐幹對天道基本上仍持肯定的態度，只不過不認爲天道可以權衡平判世間全部的人事而已。而這種觀點基本上是重人事的，所以他強調的是『聖人取大略以爲成法』，事實上這更可視爲歷史經驗的歸納。」參見劉國平：〈徐幹天人思想體系試構〉，《研究與動態》第9期（2003年12月），頁64。

〔註26〕《中論校注》，頁1。

人之所以能在歷史上流芳百世，乃因其有德有行，然而如何成德立行，則在於「學」，而「學」為什麼能成德立行，則因「學」能「疏神達思」、「怡情理性」，徐幹將「學」與人之「神思」、「情性」作連結，作為成德立行的根據。對於徐幹來說，「德行」乃為士大夫之本，為個人立身行道、政治施為的根本，而德行之修養，則來自於「學」。徐幹將「學」的目的與功效作了清楚的釐清，就學者而言，「德行」是為學之本，即使是身為政府官吏，或者是士大夫個人言行，均不能背離於此。由此反觀為了追求利益，而醉心於交際宦遊，徐幹豈能不批評？故徐幹云：「君子者，行不諭合，立不易方，不以天下枉道，不以樂生害仁，安可以祿誘哉？」〔註27〕

　　以上對於王符、徐幹的論學目的做出簡要的梳理後，以下便進一步深入探討二人的論學思想。

二、王符論「感通」與學

（一）人道曰為：由氣之感通，到明智求學

　　要深入剖析王符的論學思想，必須先解析他如何看待「人」本身，以及由此而來的人為什麼要學的問題。前文提到過，王符在〈讚學〉中已經將天地人的連結相繫，並將「仁義」與「學」結合，由此人必須由「學」獲致「仁義」後，方能達至天地所以貴人的原因。因此必須將天地人之間的關聯性作一番梳理，從中觀察其由天到人之間的關聯究竟為何：

〈本訓〉：上古之世，太素之時，元氣窈冥，未有形兆，萬精合并，混而為一，莫制莫御。若斯久之，翻然自化，清濁分別，變成陰陽。

陰陽有體，實生兩儀，天地壹鬱，萬物化淳，和氣生人，以統理之。

是故天本諸陽，地本諸陰，人本中和。三才異務，相待而成，各循其道，和氣乃臻，機衡乃平。

天道曰施，地道曰化，人道曰為。為者，蓋所謂感通陰陽而致珍異也。人行之動天地，譬猶車上御馳馬，蓬中櫂舟船矣。雖為所覆載，然亦在我何所之可。〔註28〕

王符身處兩漢以「氣」為主的思潮下，承繼著「氣化」的觀點，並以此溝通

〔註27〕同前註，頁 280。
〔註28〕《潛夫論箋校正》，頁 365～366。

天地人三者。天本諸陽氣、地本諸陰氣、人本諸和氣，〔註29〕而三氣皆源自
於「元氣」，因此三者便有了共通的基礎。由「元氣」而來的稟賦不同，使得
三者之間肩負的責任亦不同，然而三者必須彼此配合、各循其道，方能使天
地人之間達到諧和平靜的狀態。

　　天道運行爲施、地道運行爲化，二者自然而然地覆載萬物，從中雲行雨
施、化生萬物，而人在天地之間最重要的任務便是「爲」，此「爲」不是簡
單的動作施爲，而是「感通陰陽而致珍異」，人之所做所爲能夠在一定程度
下影響天地萬物，因此如何認識到自己在天地間的定位，感通共有的陰陽之
氣，進而「理其政以和天氣，以臻其功」，〔註30〕是人之所以爲人最核心的
任務。

　　「如何感通」可以從兩方面來觀察，第一是「自身如何感通」，第二是
「自身感通後如何影響他人」。從第一點來看，若參照〈讚學〉首段「天地
之所貴者人也」，便可以連結至「學」，換句話說「學」可以作爲感通陰陽最
重要方式，再者人既然由「元氣」所化生而成，又透過「學」來感通陰陽，
那麼人本身的「情性」便與「學」產生關聯性，由此可以進一層探討人的「情
性」與「學」的關係。

　　第二點則是在天地人三者既然共爲「元氣」所成，則人與人之間亦同有
感通的可能性，因此如何由某個已經感通陰陽的人感化到另一個尚未感通的
人，便成爲可以探討的問題。由這個層面開展，可以觀察王符在「政治措施」、
「德化」上面的種種討論，當然本文並非專門探討王符的政治觀，但是「政
治措施」與「德化」是相輔相成的，而「德化」之所以可能，則必須從梳理
「感通」與「學」關係，進而論述到「情性」的關聯上，並在這個基礎上，
能夠透過人與人之間的互動來傳遞、溝通，因此「德化」與「學」之間的關
聯亦須作一番疏解。

　　天、地、人、萬物均是由「元氣」而來，故「氣」在天地間的運行便相
當重要，「感通」也是基於這樣的基礎上才有其可能性，王符關於「氣」曾
云：

　　　〈本訓〉：道德之用，莫大於氣。道者，氣之根也。氣者，道之使也。
　　　必有其根，其氣乃生；必有其使，變化乃成。是故道之爲物也，至

<hr>

〔註29〕王符在〈相列〉又云：「一人之身，而五行八卦之氣具焉。」可參看。同前註，
　　　頁308。
〔註30〕同前註，頁366。

神以妙；其爲功也，至彊以大。天之以動，地之以靜，日之以光，

月之以明，四時五行，鬼神人民，億兆醜類，變異吉凶，何非氣然？

〔註31〕

王符將「道德」連用頗爲特別，但其涵義並不十分清楚，通觀全書僅出現八

次，〔註32〕就出現的語脈來看，應是指「道之德」，即「道之所以爲道，有

其應然的德性」，對應到人文世界，蓋可指「人文社會應循的規則、禮法等」。

天地萬物之道，有其運行的方式，最主要的便是「氣」，道主宰氣之運行，

而天地宇宙一切均是由一氣之運行而成。關於道與氣之間的關係，王符並沒

有更進一步地敘述，但就王符對氣的形容而言，或許道即具備於氣之中，抑

或氣本身並不可能無根地隨意運行，故設想有一道在其上，而作爲氣運行的

根本，但通天下無非一氣之運行，則是王符最核心的想法。〔註33〕

　　既然天地萬物均由「氣」所構成，亦爲「氣」所運行，則感通的基礎亦

基於「氣」之上，故其云：

　　〈本訓〉：以此觀之，氣運感動，亦誠大矣。變化之爲，何物不能？

　　所變也神，氣之所動也。當此之時，正氣所加，非唯於人，百穀草

〔註31〕同前註，頁 367～368。

〔註32〕分別是〈讚學〉：「先聖之智，心達神明，性直道德。」（同前註，頁 13）、〈務
本〉：「五者守本離末則仁義興，離本守末則道德崩。」（頁 16）、「今學問之士，
好語虛無之事，爭著彫麗之文，以求見異於世，品人鮮識，從而高之，此傷道
德之實，而或曚夫之大者也。」（頁 19）、「五者，外雖有振賢才之虛譽，內有
傷道德之至實。」（頁 20）、〈釋難〉：「庚子問於潛夫曰：『堯、舜道德，不可兩
美，實若韓子戈伐之說邪？』」（頁 324）、〈德化〉：「其次躬道德而敦慈愛，美
教訓而崇禮讓，故能使民無爭心而致刑錯，文、武是也。」（頁 380）、〈敘錄〉：
「明王統治，莫大身化，道德爲本，仁義爲佐。思心順政，責民務廣，四海治
焉，何有消長？故敘《德化》第三十三。」（頁 480），加上本處引文共八處。

〔註33〕王符的「道」、「氣」關係，前人多以爲受到《老子》、《易經》影響，如徐平
章：《王符潛夫論思想探微》（臺北縣永和市：文津出版社，1982 年）云：「符
之宇宙觀，源於道家和易經，以道和氣爲基礎。」（頁 56）又云：「符將易
之陰陽兩儀天地，和道家所謂渾沌太素之道混而爲一，又將元氣精氣視爲一
體。太素即易之太極，亦老子之道，又稱元氣，元氣爲道，爲太極。元氣可
分判陰陽，陰陽象徵天地，天地生育萬物，此即《易經》之程序，亦老子『道
生一，一生二，二生三，三生萬物』之生成過程，顯係受道家和《易經》影
響。」（頁 57）。又黃盛雄：《王符思想研究》（臺北：文史哲出版社，1982
年）云：「王符關於宇宙發展過程的見解，很明顯的是源於老子『道生一，
一生二，二生三，三生萬物』而稍作修正。但是『和氣生人』及『正氣所加，
非唯於人，百穀草木，禽獸魚鱉，皆口養其氣。』則有偏於儒家之意味。」
（頁 73）。

木，禽獸魚鱉，皆口養其氣。聲入於耳，以感於心，男女聽〔之〕，
以施精神。資和以兆胚，民之胎，含嘉以成體。及其生也，和以養
性，美在其中，而暢於四肢，實於血脈，是以心性志意，耳目精欲，
無不貞廉絜懷履行者。此五帝三王所以能畫法像而民不違，正己德
而世自化也。〔註34〕

「氣」作爲感動萬物的關鍵，有正、戾之別。正氣所加，可以調和萬物，使
其各養其性，而人能透過耳、心、進而養性、並暢於四肢血脈等過程，將自
身涵養爲「廉潔履行者」。戾氣所加則會有天裂、地動、水絕、日月蝕、星
辰隕等現象。〔註35〕正氣戾氣的情況如何產生與區別，特別是在天地宇宙自
然運行的情況下，王符沒有做出說明，但針對人文界，則在「正氣」上強調
君王（五帝三王）的重要性，也即是在「正己德」的情況下，君王能施其正
氣以化世，這裡便牽涉到「德化」的問題，下文再詳述。

歸納而言，人之「耳」、「心」，甚至是「心性志意、耳目精欲」等均能
與氣相通而有所變化，然而如何透過耳、心等感通氣，則必須從耳、心等，
連結到人之「情性」作出梳理，而如何在「情性」上面感通氣，仍須透過「學」，
故王符云：

〈讚學〉：是故君子者，性非絕世，善自託於物也。人之情性，未能
相百，而其明智有相萬也。此非眞性之材也，必有假以致之也。君
子之性未必盡照，及學也，聰明無蔽，心智無滯，前紀帝王，顧定
百世。此則道之明也，而君子能假之以自彰爾。〔註36〕

人之「性情」稟賦自「元氣」，因此既然同由「元氣」所構成，彼此之差異亦
不會太大，〔註37〕而眞正造成人之差異者，在於「明智」之別，「明智」相差

〔註34〕《潛夫論箋校正》，頁369。
〔註35〕〈本訓〉：「及其乖戾，天之尊也氣裂之，地之大也氣動之，山之重也氣徙之，
　　　水之流也氣絕之，日月神也氣蝕之，星辰虛也氣隕之。」（同前註，頁368）。
〔註36〕王符著，彭鐸校正：《潛夫論箋校正》，頁10。
〔註37〕黃盛雄：《王符思想研究》，將過去對於王符人性論的研究，分爲三種：「性二
　　　品說」，據賀凌虛的說法、「性三品說」，據日人日原利國的說法、「性善說」，
　　　據羅光的說法。並總結道：「王符主張人性相近，含有善惡，至於是有善有惡、
　　　可善可惡、或善惡混，則沒有說明。」又云：「他對人性充滿積極與樂觀的看
　　　法，則性善的傾向可以說很是濃烈。」（頁140～141）。本節對於王符的「情
　　　性」探討，較不涉及「善惡」問題，因著重在由「氣」而化生的「人」，如何
　　　能通過感通，以贊育天地，因此重點放在人之情性如何能感通，以及在這感
　　　通過程中，王符所強調的「明智」與「學」。此外，特別要說明的是，王符與

的原因亦非在天性上有何巨大的分別，而是在經由「學」之後所造成的差異。經過學習後，可以達到「聰明無蔽，心智無滯」的狀態，既然心智聰明無塞，則會知悉人在天地中的定位與責任，即人必須循仁義、以聖人為模範，同時在與天地合作中，則必須達至人世的中和，頗與後世儒家所說「內聖外王」的精神相契合，可將前者歸為「內聖」，後者則歸為「外王」。如此「感通」與「學」就變成了緊密聯繫的關係，耳、心等感官雖可以與氣相感，但若沒有透過「學」的過程，在沒有「心智無滯」的狀態，自然會產生偏差，如此的「感通」便非能與天地諧和。另一方面來看，耳、心等是可以在自然之性下達到感通的效果，但此感通在天性上基本上是不能「致珍異」、不能自然地諧和萬物，因此勢必非通過「學」的過程不可。

如此以人之「情性」為基礎下，是不能不學的，因為人必須通過感通氣方能明白人在世間的地位，若不經由學，而以自身原始的情性出發，即使感通了氣，也會容易造成偏差，為自身心智所蔽。這也是王符基於「氣化論」下，對於為何為「學」作出新的闡釋。總結而云，便是所謂的「感通」不是透過耳、心等先天器官，做自然的感通，也不是透過冥想等方術來感通，而是收束到人的「明智」中，以「學」作為主要的方法進行感通，這也是為何王符會說「人道曰為」的真義，雖言「為」是「感通」，但此感通並非超自然的、透過方術等方法，而是篤實地為學，以此作為主要的手段。

（二）由「感通」行「德化」呈顯「學」的價值

「德化」的概念在儒家思想源遠流長，幾乎已是為政之道的根本，如《論語》中已提到「為政以德，譬如北辰，居其所而眾星共之」、〔註38〕「子帥以正，孰敢不正？」、〔註39〕「道之以政，齊之以刑，民免而無恥；道之以德，

徐幹均沒有對於人性善惡問題做出太多論述與說明，他們反倒試圖透過「知性」等方式，以「學」成就個人，而較不言善惡。但事實上，同一時期亦有人著墨於善惡問題上，如荀悅等。但發展到王弼等人以下，人之善惡問題亦愈不受重視，轉而對於人之才性全貌作出評析與欣賞。此論可參見牟宗三：《才性與玄理》（臺北：臺灣學生書局，2002 年），頁 64～66。又張蓓蓓：〈從「器識」一詞論魏晉名士人格〉指出：「『器識』云云，既主德量，又重神智，既求體度弘深，又欲智慧周敏，實已越出道家軌度而成為一種新人品，謂為魏晉人品也固宜。」參見張蓓蓓：《中古學術論略》，頁 88。可見當時對於「器識」的要求，遠比善惡問題更加重視。

〔註38〕《四書章句集注》，頁 53。
〔註39〕同前註，頁 137。

齊之以禮，有恥且格」，〔註40〕對於君主、君子自身的德性相當要求，並希望
能依此感化人民，使民歸於正途。在基本理念上，王符是相當貼近原始儒家
的，如同樣對於君主、君子德性的要求、同樣希望能透過上位者感化人民，
但如何成就自我德性、如何感化人民，則在時空背景不同下，王符有自己時
代性的詮釋。漢代大一統的政府，雖表面上以儒家爲尊，但事實上雜揉了道、
法、陰陽等各家學說，王符受此影響多少會參雜進時代之色彩，〔註41〕如在
自身德性修養上，王符不完全遵循原始儒家，由內在心性挺立道德主體性，
而是結合宇宙元氣、依循經典的途徑來挺立自身德性。從另一個角度來看，
自身道德的挺立雖然是王符所措意處，但歸究其核心關懷，仍是在國家政府
運作的順暢上，因此無論由「感通」出發，還是由「學」出發，其目的終歸
於「理國治民」，此處實繼承自董仲舒「教化爲學」而來。

　　「感通」除了自身感通氣以外，還涉及到人與人之間互相感染的情況。
人可以透過耳、心等感官作爲感通氣的基礎，而除了感通天地間運行之氣外，
還可以感通人文世界之氣。人文世界之氣影響力最廣泛者，莫過於在上位者，
因此此氣的正或戾，在很大程度上會影響著在下位的人民：

　　〈德化〉：世之善否，俗之薄厚，皆在於君。上聖和德氣以化民心，
　　正表儀以帥羣下，故能使民比屋可封，堯、舜是也。其次躬道德而
　　敦慈愛，美教訓而崇禮讓，故能使民無爭心而致刑錯，文、武是也。
　　其次明好惡而顯法禁，平賞罰而無阿私，故能使民辟姦邪而趨公
　　正，理弱亂以致治彊，中興是也。治天下，身處汙而放情，怠民事
　　而急酒樂，近頑童而遠賢才，親諂諛而疏正直，重賦稅以賞無功，
　　妄加喜怒以傷無辜，故能亂其政以敗其民，弊其身以喪其國者，幽、
　　厲是也。〔註42〕

王符列舉了各種程度的君王，從聖王堯、舜到喪國的幽、厲，證明了不同的
施政方式，會導致不一樣的結果。以上聖堯、舜而言，不是強調他們施政清
明、愛護百姓，而是強調以「德氣」化民心，其次才是文、武之施政清明。

〔註40〕同前註，頁54。
〔註41〕陶建國：《兩漢魏晉之道家思想》論王符思想時，云：「唯其思想甚爲駁雜，
　　　　其抨擊時俗迷信，有似道家之自然主義，而又信感應之說，則又與時儒無異。」
　　　　（頁367）又云王符「實繼承司馬遷、揚雄、桓譚、王充等自然主義之人文及
　　　　批判精神所致。其思想中雖未明言受老莊之影響，然觀其宇宙論，誠與道家
　　　　多所契合。」（頁374）。
〔註42〕《潛夫論箋校正》，頁380。

由此可知王符心目中的理想是在於上位者能感通氣，進而感通天下百姓，而如何感通氣，則在於「正己德」、在於「學」。

上位者能夠透過感通氣來影響下面的百姓，王符多次致意且強調：

〈德化〉：人君之治，莫大於道，莫盛於德，莫美於教，莫神於化。道者所以持之，德者所以苞之也，教者所以知之也，化者所以致之也。民有性、有情、有化、有俗。情性者，心也，本也。化俗者，行也，末也。末生於本，行起於心。是以上君撫世，先其本而後其末，順其心而理其行。〔註43〕

這段論述可以將王符德化思想做一個綜合的理解。道、德、教、化是四種治世的原則，這四者可以上繫至「元氣」，如「道德以氣為用」，下至「化民」，以使民知之、致之，而貫串這四者的根本，則在於人君自我之德，此德來自於感通氣，來自於正己德之學。情性、化俗，可分為兩端，前者為本，後者為末。情性之所以為本在於同為「元氣」所化，故人與人之間有感通的可能性；而人之行為依循於其情性，故為末。因此真正治國者，由本入手，感化人民之情性，行為自然會依循於德性，否則徒以末為治理對象，只會無所措其手足，而流於濫用刑法耳，因此王符又云：

〈德化〉：聖深知之，皆務正己以為表，明禮義以為教，和德氣於未生以前，正表儀於咳笑之後。民之胎也，合中和以成；其生也，立方正以長。是以為仁義之心，廉恥之志，骨著脈通，與體俱生，而無麤穢之氣，無邪淫之欲。〔註44〕

上聖者，必由正己出發，然後乃能化民於後，其影響甚至能在出生前，使其沐浴於和氣之下，出生後則以方正教育之，使之仁義、廉恥均能與體俱生。由這個角度來看，即是上位者可以透過自身感通之氣，進而感化底下的人民，使之所成的氣也能同質性地被改變，如同先天具成一般，是不會輕易被改變的，「雖放之大荒之外，措之幽冥之內，終無違禮之行」。〔註45〕

而若在行為之末上面做為，如其云：

〈德化〉：法令刑賞者，乃所以治民事而致整理爾，未足以興大化而升太平也。〔註46〕

〔註43〕同前註，頁371。
〔註44〕同前註，頁375。
〔註45〕同前註。
〔註46〕同前註，頁370。

只是能整齊民事，如文武一般，未足以臻至聖王之道。由此可以歸納王符的思想脈絡，是以儒家爲本，而以法家等爲末，本必須固全，方能營末。對「務本」的強調貫串於全書之中，其思想源頭在於當時盛行的「氣化論」，由元氣溝通天地人之後，最終收束於「學」之上，學者所以能感通氣，所以能正己德，所以能化民於下，故王符以〈讚學〉爲首並非無因。

董仲舒從天人思想的體系，開展「教化爲學」的論述後，基本上成爲漢代論學的基調，不僅表現在帝王的思想中，士大夫亦多持此意見，此論前一章已有詳述。在董仲舒之後，經歷了揚雄、王充等人，重新反省「天人思想」的體系，以及「教化爲學」的上下關係，試圖從中挺立出士大夫「以學爲本」的認知。到了王符時，繼承了董仲舒「教化爲學」的思想，將「學」的內涵深化，並賦予了王符自身的詮釋，同時將天人思想中的氣論，結合到「學」中，從中展現「以學爲本」的思想。就王符「以學爲本」的思想而言，可以分兩個脈絡來理解：第一，繼承了董仲舒「教化爲學」的脈絡，強調君王自身必須由學成德，這一點王符著力強調，也是本小節「德化」思想最核心之處。第二，由元氣作爲源頭，開展了人必須透過「明智」求「學」，方能成爲天地所貴之生靈，如此無論是君王還是士大夫，甚至是普通人，都統攝於「學」之中。這裡隱含了一層意思，即是凡能通過「學」以成德者，便能感通天地，得以施行德化，故以理而言，是可以如同君王一般施行德化的，當然，在王符的時代，以及他本人而言，是不可能會有這種主張的。〔註47〕但王符透過「學」將君王、士大夫，甚至人民拉到同一個脈絡上，凸顯出「學」的重要性，事實上提高了士大夫爲學的尊嚴與地位，挺立士大夫「以學爲本」的重要。此爲王符繼承董仲舒「教化爲學」而來的發展，並將「氣論」消融於「學」之中，在時代脈動下所提出的個人詮釋。〔註48〕

〔註47〕就君臣關係而言，王符基本上亦承襲董仲舒之論，如其云：「聖王之建百官也，皆以承天治地，牧養萬民者也。是故有號者必稱於典，名理者必效於實，則官無廢職，位無非人。夫守相令長，效在治民；州牧刺史，在憲聰明；九卿分職，以佐三公；三公總統，典和陰陽：皆當考治以效實爲王休者也。侍中、大夫、博士、議郎，以言語爲職，諫諍爲官，及選茂才、孝廉、賢良方正、惇樸、有道、明經、寬博、武猛、治劇，此皆名自命而號自定，群臣所當盡情竭應稱君詔也。」（《潛夫論箋校正》，頁65）。基本上仍維持君權天授的想法。

〔註48〕蘇志宏：《秦漢禮樂教化論》，則引了王符〈慎微〉：「有布衣積善不怠，必致顏、閔之賢，積惡不休，必致桀、跖之名。非獨布衣也，人臣亦然，積正不倦，必生節義之志，積邪不止，必生暴弒之心。非獨人臣也，國君亦然，政

三、徐幹論「德」、「知」與學

　　在徐幹討論爲學之目的時，曾提到過「學」能「疏神達思」、「怡情理性」，由此可先梳理徐幹如何討論人性，再進一步連結到與「學」的關係。徐幹在討論「學」時，雖然不由天人關係論述，但是涉及到人本身的構成時，仍保有兩漢元氣論的思想：

　　　　〈逸文〉：天地之間，含氣而生者，莫知乎人。人情之至痛，莫過乎

　　　　喪親。〔註49〕

此逸文旨在討論三年之喪的禮制，從其中可以看到徐幹認爲萬物均爲含氣而生，然而人類是其中最爲知（智）者，可見「知性」是人天生所具備的重要特質，也是徐幹所重視的，此「知性」可與「神思」連結：

　　　　〈虛道〉：《易》曰：「君子以恐懼修省。」下愚反此道也，以爲己既

　　　　仁矣智矣、神矣明矣，兼此四者，何求乎眾人？〔註50〕

徐幹認爲君子必須以戒愼恐懼的心態修持自己，否則便會師心自用，以爲自身已仁、智、神、明兼備，此處雖分四者，然而仔細區別，「仁」與「智、神、明」可分爲兩大區塊，「仁」很明顯是與人之德性較爲密切：

　　　　〈修本〉：夫珠之含礫，瑾之挾瑕，斯其性歟？良工爲之以純其性，

　　　　若夫素然。故觀二物之既純，而知仁德之可粹也。〔註51〕

人之性並非純然無瑕，非純善無惡，而是必須經過修整的工夫，如同珠瑾一般，因此若能砥礪自我之性，方能使仁德精粹。此爲人性之「仁」的表現。

　　而「智、神、明」均在說明人之「知性」的表現，只是表現的面相不同：

　　　　教積德，必致安泰之福，舉錯數失，必致危亡之禍。」（《潛夫論箋校正》，頁
　　　　143）並云：「雖然這裡所用的『善惡』尺度仍然是抽象的，並以爲歷史是善
　　　　惡政治的交替演變，但王符強調『布衣』、『人臣』、『君主』在爲善或爲惡方
　　　　面都是平等的，人的品格並無先天或門第的高低貴賤之別，全在於後天的作
　　　　爲所『積』，這是具有唯物主義因素的知行統一觀和動機與效果統一論，也是
　　　　在目的論宗教觀念沒落之後，對人的意志的一種自覺。」（頁430～431）蘇文
　　　　此處雖通過「爲善爲惡」的平等，說明無論是君王還是人民，都是站在同一
　　　　個平面上，也是人自覺意志的表現，但同時也可以說明，若在「爲善爲惡」
　　　　上是平等的，那麼在「學」上應該也是平等的，甚至擴及到感通、德化上亦
　　　　然，此或是王符思想中不自覺的論述，但實際上卻一致地表現出，此可謂
　　　　士大夫「以學爲本」認知下得以有的思索。
〔註49〕　《中論校注》，頁304。此逸文爲〈復三年喪〉，出自《群書治要》。
〔註50〕　同前註，頁62。
〔註51〕　同前註，頁43。

〈智行〉：夫君子仁以博愛，義以除惡，信以立情，禮以自節，聰以
自察，明以觀色，謀以行權，智以辨物，豈可無一哉！謂夫多少之
間耳。〔註52〕

這裡說明了君子的不同特質，然而統歸而云，「仁義信禮」旨在立德，爲「德
性」之表現，而「聰明謀智」則意在辨別外物、情勢，爲「知性」之表現。
至於「神」也是「知性」的表現，但「神」較爲特殊，通常指向理解較爲神
祕難知的事物，如〈智行〉云：「伏羲作八卦，文王增其辭，斯皆窮神知化，
豈徒特行善而已乎？」〔註53〕窮神知化，並非認識一般的物象，而是穿透這
些物象表層，深入其中核心隱微之處。由此重新來看「疏神達思」便可以較
爲清楚的理解，即是透過「學」能使得人懂得如何運用自我天生已具備的「知
性」，調達疏理，使之不閉塞，既能不蔽於自見，亦能不蔽於外物之表面：

〈修本〉：夫見人而不自見者謂之矇，聞人而不自聞謂之聵，慮人而
不自慮者謂之瞀。故明莫大乎自見，聽莫大乎自聞，睿莫大乎自慮。
此三者，舉之甚輕，行之甚邇，而人莫之知也。〔註54〕

此處所言似襲用《老子》之用語與思想，〔註55〕但實則突出「知性」的表現，
可見「學」者，乃在點醒人們善用自我之「知性」，亦可說是一種治學態度，
關於學之態度，下文會再詳述。

徐幹很顯然地認爲所謂君子當同時具備「德性」與「知性」兩種特質，
但若在兩者之中只能選擇一者，則以「知性」最爲重要，其云：

〈智行〉：或問曰：「士或明哲窮理，或志行純篤，二者不可兼，聖
人將何取？」對曰：「其明哲乎，夫明哲之爲用也，乃能殷民阜利，
使萬物無不盡其極者也。聖人之可及，非徒空行也，智也。……蓋
君子通於賢者也。聰明惟聖人能盡之，大才通人有而不能盡也。」
〔註56〕

此處設問若士不能兼有「德性」與「知性」時，何者爲聖人優先選取者，徐
幹在這裡的答案是「知性」。其因在於「知性」能「用」，即能「殷民阜利，
使萬物無不盡其極者」，這樣對「知性」的重視，頗與王符強調「明智」相近。

〔註52〕同前註，頁126。
〔註53〕同前註，頁119。
〔註54〕同前註，頁38。
〔註55〕請參見後文王弼部分。
〔註56〕《中論校注》，頁119。

徐幹如此強調「知性」之用，似乎與其思想顯有矛盾之處，因其認為「德性」
是成學之本（詳下文），但在此處卻又說「知性」優於「德性」，這要如何說
明呢？且先看徐幹選擇知性的理由：

〈智行〉：夫明哲之士，威而不懾，困而能通；決嫌定疑，辨物居方；
禳禍於忽杪，求福於未萌；見變事則達其機，得經事則循其常；巧
言不能推，令色不能移；動作可觀則，出辭為師表。比諸志行之士，
不亦謬乎？〔註57〕

此處點名明哲之士在事變猝然發生時能衡權處理，能見機之微，能循事之常，
且不為外在誘惑所改移，其言行舉止均可為人所師，徐幹所言的明哲之士很
顯然地指經世之才，不局限於個人道德上的滿足。就當時政治淆亂，事物失
常時，徐幹會希冀這樣的人物出現是很自然的，〔註58〕同時也間接批判當世
的士大夫，其云：

〈審大臣〉：然則君子不為時俗之所稱，曰孝悌忠信之稱也，則有之
矣；治國致平之稱，則未之有也。其稱也，無以加乎習訓詁之儒也。
〔註59〕

東漢以來，察舉制度盛行下，士大夫多有激詭之行以求名譽利祿，因此所謂
孝悌忠信，均為時人所稱道，然而這樣的孝悌忠信，往好的方面想，確實是
有助於風教人心、個人道德的培養，然而往壞的方面想，若這僅作為求利祿
的手段，則此道德未免淪為虛偽。〔註60〕再者，若僅僅注重道德，而不看重

〔註57〕同前註，頁132。
〔註58〕漢末魏初時，興起了「英雄」之品目與重視，觀劉劭《人物志》獨立〈英雄〉
　　　一篇，即可見除了十二流品外，劉劭更重視「英雄」在當世的影響力。江建俊：
　　　〈論英雄與名士〉論其「本色」云：「英以『智』勝，雄以『勇』勝；而『英』
　　　的基本質素是『聰』與『明』，『雄』的基本質素是『膽』與『力』。經過『相
　　　濟』與調配，即『英』之『聰明』輔之以雄之『膽』；雄之『勇力』輔以英之
　　　『智』，各以自己的兩種特色為基礎，益以對方的一種特色，犬牙交錯，使英
　　　中有雄，雄中有英。因為徒有聰明，能謀事之始，能見事之幾，若無膽以明決，
　　　則不能應變；光有勇以排難，有力以服眾，若臨事無智謀，則暴虎馮河之類是
　　　也。」參江建俊：《于有非有，于無非無——魏晉思想文化綜論》，頁59。構成
　　　「英雄」的質素除了膽力勇武外，便是聰明機智，因此「仁德」在此反倒不受
　　　重視，由此可見在時代氣圍下，徐幹選擇「智行之士」是有其時代因素的。
〔註59〕《中論校注》，頁250。
〔註60〕歷代學者對此已多有論述，可參見趙翼：《廿二史劄記・東漢尚名節》（北京：
　　　中華書局，2005年）與顧炎武著，黃汝成集釋：《日知錄集釋・兩漢風俗》（上
　　　海：上海古籍出版社，2006年）。近人著作，可參見余英時：〈漢晉之際士之

吏治、行政等能力，亦不足以經國治民，所謂「孟公綽爲趙、魏老則優，不可以爲滕、薛大夫」。〔註61〕但是必須明白無論是明哲之士還是志行之士，都是在設問的情況，將之視爲極端的兩者，且彼此不兼容下，所必須做出的抉擇，當然就時代而言，亂世的確需要治亂之才，徒言道德是難以經世治民的，徐幹會有這樣的選擇無足詫異。但實際上，徐幹仍認爲君子必須兼有此二者，同時具備「德性」與「知性」才是理想的君子，因此在前引的引文中，常常可見德性、知性兼備的描述。〔註62〕

以上的論述，可以概略知道徐幹所云之「學」是必須兼有「德性」與「知性」，「知性」層面，即所謂「疏神達思」，那麼「德性」方面，則可以試著由「怡情理性」來觀察。

「性」在前文已略爲談及，是與「德性」較爲密切，且本身並不全然爲善，是需要經由淬鍊的過程，「理」的原意爲砥礪玉石，〔註63〕類比到性上，即是說明性也需要砥礪，然而如何砥礪？仍舊歸於「學」之上：

> 〈治學〉：學猶飾也。器不飾則無以爲美觀；人不學則無以有懿德。
> 有懿德故可以經人倫；爲美觀故可以供神明。〔註64〕

又云：

> 〈治學〉：馬雖有逸足，而不閑輿，則不爲良駿；人雖有美質，而不習道，則不爲君子。故學者求習道也，若有似乎畫采，玄黃之色既著，而純皓之體斯亡，弊而不渝，孰知其素歟？〔註65〕

人必須透過「學」方能成其懿德，換句話說，人須透過「學」，並經由「移情理性」的過程，使得人得以有此懿德。而人之性如前文所云，是不全然爲善的，但這並不妨礙其有善的質性，這樣對性的看法，與漢代「氣化論」爲本的人性觀基本相同。正因人由元氣化生而成，因此人自然會有不同的質性差異，才性上也會有不同的表現傾向，〔註66〕然而即使在稟賦上面有多出色，

新自覺與新思潮〉與張蓓蓓：《東漢士風及其轉變》。

〔註61〕曹操：〈求賢令〉，見《三國志・武帝紀》，頁32。
〔註62〕其他的地方亦有相似的例子，如〈慎所從〉云：「王者之取天下也，有大本，有仁智之謂也。仁則萬國懷之，智則英雄歸之。」從中亦可看到兩者均爲徐幹所重視，見《中論校注》，頁263。
〔註63〕《說文解字注》云：「理，治玉也。」（頁15）。
〔註64〕《中論校注》，頁1。
〔註65〕同前註，頁6。
〔註66〕徐幹基本上也是認同每個人的才性氣質不同，必須順性而行，如在〈貴言〉

對徐幹來說，仍是必須透過「學」的過程予以砥礪、修飾。

　　進一步看，徐幹一方面說由「學」來「理性」，偏向磨練、砥礪，另一方面又說「學」猶「飾」也，則偏向增飾、益美，二者的意義有一定的距離，那麼如何看待這兩種意義的差異呢？似乎必須由「畫采」一段的例子觀察。

　　徐幹將「學者求習道」比作「畫采」，以為若玄黃之色已章明，若無純皓之體，則會逐漸凋零、難以變化為善，那麼如此何以知其素。對於這段例子理解，不能用後世朱熹的看法，將素比作人之先天美質，而以玄黃之色作為後天的增飾，如其云「謂先以粉地為質，而後施五采，猶人有美質，然後可加文飾」〔註67〕、「禮必以忠信為質，猶繪事必以粉素為先」〔註68〕，相反的，徐幹的意思較接近何晏《集解》所引鄭玄的說法，其云：

> 凡繪畫，先布眾色，然後以素分布其間，以成其文，喻美女雖有倩
> 盼美質，亦須禮以成之。〔註69〕

「玄黃之色」乃形容人天生所具備的美質，「素」則為後天增飾成文的過程，則可知徐幹所指的是，天生已具備美質的人是不能徒恃其天性，還是必須經由「學」的過程以增飾、強化自己的天性。因此這裡的「學」可以說是在先天的基礎上予以增飾。

　　但並非人人均有美質，人之性是參差不齊的，所以徐幹提出了「學」的另一種面向，即是「砥礪」、「磨練」。在原有的「性」的基礎上，予以某種鍛鍊、培養，使之能表現出比原本更好的天性，如其云：

> 〈法象〉：夫法象立，所以為君子。法象者，莫先乎正容貌，慎威
> 儀……夫容貌者，人之符表也。符表正，故情性治；情性治，故仁
> 義存；仁義存，故盛德著；盛德著，故可以為法象，斯謂之君子矣。

〔註70〕

中說明，不同的才性氣質，必須因其性與其言，其云「故大禹善治水，而君子善養人，導人必因其性，治水必因其勢，是以攻無敗而言無棄也。」（同前註，頁86。）「言」與「性」的關係，在游談之風盛行之下，已如前一章所述，徐幹大抵與劉劭之想法相同，但並不如劉劭之精細，在此可聊作參考。

〔註67〕　《四書章句集注》，頁63。

〔註68〕　同前註。

〔註69〕　何晏集解，邢昺疏：《論語注疏・八佾》（臺北：藝文印書館影印清嘉慶二十年〔1815〕南昌府學刊本，2001年），頁27-1。

〔註70〕　《中論校注》，頁19。

君子之象,可以由砥礪自我而表現,這個砥礪的過程可以由外而內,以端正
自我容貌、舉止,進而陶冶自我之情性,由此而存仁義、著盛德,並由此而
成爲眾人之標竿。但在砥礪自己的言行舉止與外貌的同時,也是一種自我內
在的警醒與惕勵,故也可以說是由內而外的整飭:

> 〈法象〉:人性之所簡也,存乎幽微;人情之所忽也,存乎孤獨。夫
> 幽微者,顯之原也;孤獨者,見之端也,胡可簡也,胡可忽也!是
> 故君子敬孤獨而慎幽微。雖在隱蔽,鬼神不得見其隙也。〔註71〕

人對於自己均有疏忽、怠慢之處,因此必須由心態上對自我做細緻地檢視,
這種由內而外的整飭、敬慎的態度,也是透過「學」來砥礪一己之性的過程。

由此可知,徐幹所言的「移情理性」至少包含兩種層面:「增飾」與「砥
礪」,分別指向人性不同面向與程度,然而徐幹並沒有明確將此二者分別,更
沒有說增飾只能用在天生美質上,砥礪則只能用在平凡眾人上。對於徐幹來
說,更有可能的是必須二者同時兼顧,無論此人的天性是優還是劣,均必須
藉由增飾與砥礪來成德立行。

最後簡單說明一下「情」,徐幹對於「情」沒有太多的論述,且大多附隨
於「性」之下:

> 〈賞罰〉:天生蒸民,其性一也。刻肌虧體,所同惡也;被文垂藻,
> 所同好也。此二者常存而民不治,其身有由然也。〔註72〕

又云:

> 〈虛道〉:人無賢愚,見善則譽之,見惡則謗之。此人情也,未必有
> 私愛也,未必有私憎也。〔註73〕

〈賞罰〉一段所言之「性」,主要是以「好惡」作說明,比對〈虛道〉所言見
善見惡而有賞譽、毀謗之別,卻言「人情」,可見「性與情」在「好惡」這層
關係上是可以相通的,但這並不表示「性與情」是相同的,只能說二者有相
同的共性,徐幹在二者的區別上,並沒有進行詳述,但卻常常二者對舉,然
而二者所包含的涵義卻有差別,「性」可以具有「情」的內涵,「情」卻不能
包含「性」,由此看來,徐幹或是將「情」依附於「性」之下,將「情」作爲
「性」的外在發用。

〔註71〕 同前註,頁23。
〔註72〕 同前註,頁290。
〔註73〕 同前註,頁66。

四、王符、徐幹對於經典教育的反思與重釋

　　將王符、徐幹個人的論學思想梳理後，必須進一層來觀看他們如何看待漢代的經典教育，畢竟漢代學術以經學爲本，二者對於經學本身並非採取摒棄、蔑視的態度，而是試著透過對經學本身進行反思，思索經典教育究竟該如何進一步發展，如何掙脫僵固的枷鎖，給予經典新的活力，並抉發背後的大義。

　　事實上，探討經典教育本身，即是探討如何重新反省學的方法，因此本段便聚焦於學的方法與經典教育的反思，試圖將二人的思緒梳理開來，使二人的論述更爲清晰地呈現。

（一）王符「以經典往合聖心」對經典教育之反思與為學態度、方法

　　在明白王符爲學的目的，以及其上繫「氣化論」，下行「德化」後，可以進一步來看他如何闡述「學」的方法與態度。人所以能學，一定有個對象能夠效法與學習，就以〈讚學〉首段的順序而言，「天地」後乃是「聖人」，因此「聖人」便自然而然地成爲學習的對象：

> 〈讚學〉：先聖之智，心達神明，性直道德，又造經典以遺後人。試
> 使賢人君子，釋於學問，抱質而行，必弗具也；及使從師就學，按
> 經而行，聰達之明，德義之理，亦庶矣。是故聖人以其心來造經典，
> 後人以經典往合聖心也，故修經之賢，德近於聖矣。〔註74〕

若「學」是人感通陰陽最主要的方式，但要以什麼爲學呢？因此聖人就變成「學」的關鍵了。王符基本上認爲聖人是天生而成的，故其「明智」可以直達神明、性直道德，亦即在天生的情況下，能夠感通氣，而得以明白人之所以爲人在天地間的定位，進而提倡德義等人文涵養。然而即使是聖人，也必須要透過「學」以砥礪自身，所以換個角度來說，聖人即使已能感通氣，但仍必須透過「學」來改善自己不足之處。這樣的弔詭，或許可以用王符的本末思想說明，即是雖然聖人在天生上，已能以正氣感化人民，陶冶人民之情性（本），但在行爲上（末）仍必須有人文化成的考量與制作，這些考量與制作難以天生而成，仍待後天的學習，故以本而言，聖人可不學，但以末而言，聖人仍需透過學來培養自己人文制作，如此本末便可互相協調、配合。

〔註74〕　《潛夫論箋校正》，頁13。

當聖人已能通透本末、元氣與德化之間的聯繫後,則能書寫於典籍上,以供才性一般的人學習,透過經典的提點,凡人能循著聖人所指點的途徑,上則能感通氣與化民,下則能陶冶自身,或者達到一般世俗追求祿利的目的。於是經典便成爲人學習最重要的方法與媒介,故其云:

> 〈讚學〉:道之於心也,猶火之於人目也。中霤深室,幽黑無見,及設盛燭,則百物彰矣。此則火之耀也,非目之光也,而目假之,則爲己明矣。天地之道,神明之爲,不可見也。學問盛典,心思道術,則皆來覿矣。此則道之材,非心之明也,而人假之,則爲己知矣。

> 是故索物於夜室者,莫良於火;索道於當世者,莫良於典。典者,經也。先聖之所制;先聖得道之精者以行其身,欲賢人自勉以入於道。故聖人之制經以遺後賢也,譬猶巧倕之爲規矩準繩以遺後工也。〔註75〕

這裡的論述相當重要,揭示王符身處東漢中葉最重要的時代特色。道之所以爲道,存在天地之間,是不可見的,也是在外的,以「氣化論」來說,即是氣化生天地人之後,各有其應當的責任與規律,而對於「元氣」的認識是不可見的,只能透過「感通」或學習先聖之經典。人雖然由「元氣」而成,但並不可以透過內心自我省察、透過自我道德主體性的挺立,而體認到「元氣」,或體認到人在天地間的責任與地位,必須透過對外求取的過程,這種求取過程可以是「感通」、也可以是「學」,但最重要的是人之心或情性雖爲「元氣」所化,但卻無法具足向內體認到「元氣」的規律與人之爲人的責任,故必須向外求,因此以火光與眼的譬喻,來指涉道與心的關係,可以顯見二者非一,而是明顯的兩物,人之心必須通過外求的過程,才能假借「道」,才能透過「道」來明白天地運行及人之所以爲人的責任。從這個角度可以更深刻地明白,王符何以認定聖人是天生的,因爲既然「道」不可向內求,則必由天生之感通才有可能,一般人不具備這樣天生的感通,因此只能透過後天對於聖人所體認的道,化爲經典的學習,才能以心感通氣,以心明白仁義,也由此點出學的重要性,也由此點出經典作爲學的核心所在。

在此基礎下,王符強調學與經典的關係,以及爲學的態度,其云:

> 〈讚學〉:夫道成於學而藏於書,學進於振而廢於窮。是故董仲舒終身不問家事,景君明經年不出戶庭,得銳精其學而顯昭其業者,家

〔註75〕同前註,頁 11。

富也；富佚若彼，而能勤精若此者，材子也。倪寬賣力於都巷，匡
衡自鬻於保徒者，身貧也；貧阨若彼，而能進學若此者，秀士也。……
夫此四子者，耳目聰明，忠信廉勇，未必無儔也，而及其成名立績，
德音令問不已，而有所以然，夫何故哉？徒以其能自託於先聖之典
經，結心於夫子之遺訓也。〔註76〕

「道成於學而藏於書，學進於振而廢於窮」清楚地點明了「道」、「學」、「經
典」、「爲學態度」之間的關係。所謂「成道」，包含了感通氣，明白人在天地
間的定位，以及由此施正氣以化民。「藏於書」則由聖人感通氣，心達神明後，
著於經典以供後世學者學習。「進於振而廢於窮」則強調爲學的態度，王符點
明了自古學者皆會碰到的兩種情況，一者是學者本身家庭的經濟情況，一者
則是個人自身的聰明才性，但無論是哪一種，成學的關鍵均不在此，而在於
能否心無旁騖，全然專心地朝向目標前進。

　　將「經典」作爲「學」的主要內涵，即使背後蘊含著感通氣等「氣化論」
的內容，但作爲方法本身，卻以學習經典爲主，這反映了兩漢以來儒學經典
教育的背景，故王符云「工欲善其事，必先利其器；士欲宣其義，必先讀其
書」。〔註77〕這樣對「學」的看法已經轉化了原始儒家的「學」，如孔子所云：
「弟子入則孝，出則弟，謹而信，汎愛眾，而親仁。行有餘力，則以學文」
〔註78〕，言爲學之弟子，必先由孝悌出發，而後要求嚴謹誠信、愛人而親仁，
最後有餘力才需要學習古代典籍，雖然孔子亦強調學《詩》、《禮》的重要性，
但學習《詩》、《禮》最主要的內涵，仍在背後所透顯的道德仁義思想，故孔
子才會感嘆「禮云禮云，玉帛云乎哉」，典籍、禮樂形式只是一種媒介，重
要的仍舊是背後之義理。而王符在時代色彩下，雖然將「學」的重點擺在經
典的學習上，但王符卻試圖擺脫今文經學等繁瑣章句的窠臼，而開始思索經
典背後的意涵，並試著在當時流行的「氣化論」下，重新對於「學」進行反
思。

（二）徐幹「大義爲先」對經典教育之反思與爲學態度、方法

　　比起王符強調以「經典」爲師的概略性說明，徐幹對於如何治學的過程
以及對象論述得更爲清晰，形成一個完整的脈絡。

〔註76〕同前註，頁6～7。
〔註77〕同前註，頁3。
〔註78〕《四書章句集注》，頁49。

　　徐幹認爲人之「智思情性」雖可透過「學」來梳理、調節，進而成德立行，但其中最關鍵的部分，還是人如何去學。人除了認識「學」對於自身情性的調節外，還必須有正確的爲學態度，若爲學態度不佳，亦難以達到爲學的效果，故徐幹云：

> 〈治學〉：孤居而願智，不如務學之必達也。故君子心不苟願，必以求學；身不苟動，必以從師；言不苟出，必以博聞。是以情性合人，而德音相繼也。〔註79〕

又云：

> 〈治學〉：故君子之於學也，其不懈，猶上天之動，猶日月之行，終身亹亹，沒而後已。故雖有其才，而無其志，亦不能興其功也。志者，學之師也；才者，學之徒也。學者不患才之不贍，而患志之不立。是以爲之者億兆，而成之者無幾。故君子必立其志。〔註80〕

人雖然明白「學」能夠調節情性、成德立行，但事實上並不可能坐而待之，必須要主動地實踐這個行爲，因此要心不苟願、身不苟勤、言不苟出，必須求學、從師、博聞，方能調節情性，使其合人，並由此樹立德行。此處徐幹雖然將心、身、言分爲三項，實則均可納入求學之下，亦即求學可包含從師與博聞。

　　有了明白求學的實踐動力後，接著便必須勤而不已，持續地追求與努力。這裡有兩層隱藏的脈絡可以討論：一者，學習的對象，必須用盡一生的努力，勤奮至終老，方能學習完，或至終老仍舊學習不完；二者，學習對於自身產生的影響，是持續調整的過程，故沒有終結的一天。

　　這兩層隱藏的脈絡徐幹沒有直接說明，但可以就其整體論述的過程來觀察。前者涉及到學的對象、方法與步驟，於下文再詳述；至於後者，可以連結到「情性」的部分，對於徐幹而言，性與情一樣，都不是純然爲善，完美無瑕的，而是如同玉石一般，有其瑕疵不足之處，因此需要砥礪、需要增飾，而由「氣化論」的觀點來看，性是由元氣化生而成，本身即有參差不齊的狀態，因此必須疏導自身的性氣，從這方面便可以觀察，徐幹言「學」能調節情性，是處在持續的動態過程，對於情性而言，並沒有一個終極的標竿可以到達與完成的。

〔註79〕《中論校注》，頁6。
〔註80〕同前註，頁10。

　　順著後者而言，徐幹談到了「志」與「才」的關聯。「智思情性」等均為人之性所有，如前文所言，可以概分為「知性」與「德性」兩部分，而「才」可說是人之「智思情性」所表徵出來的能力與傾向，進一步言，可能與「知性」較為密切，然而「才」僅是人所具備的能力、特質與潛能，並不會主動影響人或自主表現出來，因此人必須懂得運用自己的「才」，故徐幹云：「志者，學之師也；才者，學之徒也」，「志」者從淺處而言，是能夠認識「學」的益處與作用，且能持續不懈地努力，發揮自己的才能，從深處而言，則是能深刻認識到自己的才性天分，並底定自己的目標，確認為學的目的，契而不捨地追求與學習。

　　就人類治學的源頭而言，王符與徐幹均以為來自於聖人，但徐幹對於聖人成學的過程描寫得更為細緻，其云：

　　　　〈治學〉：人心必有明焉，必有悟焉。如火得風而炎熾，如水赴下而流速。故太昊觀天地而畫八卦，燧人察時令而鑽火，帝軒聞鳳鳴而調律，倉頡視鳥跡而作書。斯大聖之學乎神明，而發乎物類也。賢者不能學於遠乃學於近，故以聖人為師。〔註81〕

人有其知性，具有觀察、領悟的能力，因此透過觀察外物的秩序、形貌等，得以悟出背後所蘊含的義理，或者透過自然界的啟發，構成自己的解釋與體會，並形諸人類社會文明的載具，藉此得以傳播、得以穿越時間、空間的限制，由此後人不需要再辛苦一回，可以直接以聖人本身或其所傳承之知識經驗為學習的對象。

　　聖人並非完全來自於對自然界的領悟、自我的省思，甚至在彼此之間是可以相因為學，將知識學問、人生道理等層層推進，故徐幹云：

　　　　〈治學〉：非唯賢者學於聖人，聖人亦相因而學也。孔子因於文武，文武因於成湯，成湯因於夏后，夏后因於堯舜。故六籍者群聖相因之書也。其人雖亡，其道猶存。今之學者勤心以取之，亦足以到昭明而成博達矣。〔註82〕

如此簡明地敘述由聖人至六經的過程，將六經作為聖人相因為學的總集，成為「道」的載體，如此便將學收束於六經之下，後之學者便以此為學習的重點。然而是否能夠透過學習經典作為成聖之途，徐幹並沒有明言，僅提到若

〔註81〕同前註，頁13。
〔註82〕同前註。

能如此便能善用自身的知性,以成博達之人。

　　順著上述的脈絡,可以進一步觀察徐幹如何論述「經典」的起源與作用,其云:

　　〈藝紀〉:藝之興也,其由民心之有智乎?造藝者,將以有理乎?民
　　生而心知物,知物而欲作,欲作而事繁,事繁而莫之能理也。故聖
　　人因智以造藝,因藝以立事。二者近在乎身,而遠在乎物。藝者所
　　以旌智飾能統事御群也,人之所不能已也。藝者以事成德者也,德
　　者以道率身者也;藝者德之枝葉也,德者人之根幹也。斯二物者,
　　不偏行,不獨立。木無枝葉則不能豐其根幹,故謂之瘣;人無藝則
　　不能成其德,故謂之野。若欲爲夫君子,必兼之乎。〔註83〕

如前文所云,「經典」乃是聖人觀察天地與自我思索,以及群聖相因相學後的智慧集結。而在此徐幹卻轉了個彎,從另一個角度來說明六經典籍的源起,當然此處的「藝」不僅僅指涉六經,而是擴大了內涵,包含了君子所必須學習的其他技藝之事,後文會針對這些技藝再作說明。

　　徐幹此處將「藝」的興起,導源自「人生而有知」的前提下,透過人的知性來學習「技藝」,處理世間紛繁的事物,故云「藝者所以旌智飾能統事御群也」。「藝」雖然仍是聖人所創立的,但不同於先前所云的聖人主動觀察天地等所產生的智慧集結,而是聖人有意爲了運用人的「知性」,而創作這些「藝」,使得眾人得以透過這些「藝」來發揮知性的功能。

　　然而「知性」並非人性之全貌,其中還包括了德性的面向,徐幹此處以本末關係,來說明「知性」與「德性」之間,必須以「德性」爲本,「知性」爲末,但二者雖爲本末,卻並不偏廢任何一方,對於徐幹而言,必須兼而有之,方爲眞正君子,任何偏廢,都會造成「學」的落失,而有種種的弊端。再者,「知性」的運作,很容易使人偏廢於某方,而忽略了眞正應該學習之處,如其云:

　　〈務本〉:人君之大患也,莫大於詳於小事,而略於大道;察其近物,
　　而闇於遠圖。故自古及今,未有如此而不亂也,未有如此而不亡也。
　　夫詳於小事,而察於近物者,謂耳聽乎絲竹歌謠之和,目視乎琱琢
　　采色之章,口給乎辯慧切對之辭,心通乎短言小說之文,手習乎射
　　御書數之巧,體騖乎俯仰折旋之容。凡此數者,觀之足以盡人之心,

〔註83〕同前註,頁95。

　　學之足以動人之志。且先王之末教也，非有小才小智，則亦不能為
　　也。是故能為之者，莫不自悅乎其事，而無取於人，以人皆不能故
　　也。〔註84〕

此處雖以人君為論說的對象，但實際上所談的仍是「知性」的問題，此處所
言的「小事」未必均是零碎無用的知識技能，而是不能依此為本，作為主要
的學習對象，而忽略了更根本的事物，亦即這些「小事」是作為「根本」之
末，若能將「根本」把握好，「小事」亦能顧及且發揮其作用。再者，這些
「小事」如小說之文、射御書數等，亦非指簡單、易懂的知識技能，因此仍
需一定的「知性」能力方能駕馭，但若耽於此以炫人，則便以「末」代「本」，
容易產生禍害弊端了。〔註85〕

　　徐幹在此處的論述似乎背反了〈智行〉裡頭所主張的，取志行之士，而
捨明哲之士。實則不然，如前文所云，這是設問的情況，且為極端的二者，
就當時的時代性而言，明哲之士能行事立功，在實際政治運作上，能快速見
功，弭平亂象，然而這只是「經常」中的「權變」，並非治平之道，對於徐幹
而言，心目中的理想形象，仍是儒家傳統所云的，以「德性」為本，而以「文
學技藝」為末，故在書中其他地方，仍反復致意於「德性」為本，「知性」為
末。再者徐幹亦並非強調有了「德性」就不能有「知性」，相反的，他最終的
理想，仍是德、知雙修，不偏廢任何一方的文質彬彬君子：

　　〈藝紀〉：既修其質，且加其文，文質著然後體全。體全然後可登乎
　　清廟，而可羞乎王公。故君子非仁不立，非義不行，非藝不治，非
　　容不莊。四者無怨，而聖賢之器就矣。〔註86〕

此處所言的質、文，可約略等同於本文所論述的「德性」、「知性」，因此所謂
君子並非偏廢任何一者，而是能雙修於一體，得以任事治世也。

　　明白徐幹對於「德性」與「知性」、德與藝之間的關係後，可以進一步看
實際學習的步驟與方法，如其云：

　　〈治學〉：先王立教官，掌教國子，教以六德，曰智、仁、聖、義、
　　中、和，教以六行，曰孝、友、睦、姻、任、恤；教以六藝，曰禮、

〔註84〕同前註，頁 222。
〔註85〕此處所言的「小事」，可以對應到揚雄所言的「小知」，可以明白在士大夫「以
　　　　學為本」的認知下，確實有某種承傳關係。
〔註86〕《中論校注》，頁 99。

樂、射、御、書、數;三教備而人道畢矣。〔註87〕

又云:

〈藝紀〉:先王之欲人之爲君子也,故立保民,掌教六藝:一曰五禮,二曰六樂,三曰五射,四曰五御,五曰六書,六曰九數。教六儀:一曰祭祀之容,二曰賓客之容,三曰朝廷之容,四曰喪紀之容,五曰軍旅之容,六曰車馬之容。大胥掌學士之版,春入學舍,采合萬舞,秋班學合聲,諷誦講習,不解於時。〔註88〕

〈治學〉所云有「六德」、「六行」、「六藝」,分別指個人德性修養、人己關係以及技藝,而在〈藝紀〉除了將「六藝」內涵更形擴充外,更多了「六儀」。這些學習的具體內含,不表示古代實際如此,也不代表漢代的教育即是如此,只能說是徐幹理想狀態下,應該有的學習內容。從中可以發現,六德、六行、六藝、六儀包含了個人在家庭、社會、國家中所必備的個人修養與知識內容。這些內容並不能偏廢於任何一方,均必須兼而有之的,故其云:

〈治學〉:聖人之德,非取乎一道,故曰學者所以總群道也。群道統乎己心,群言一乎己口,唯所用之。故出則元亨,處則利貞;默則立象,語則成文。〔註89〕

又云:

〈藝紀〉:通乎群藝之情實者,可與論道;識乎群藝之華飾者,可與講事。事者有司之職也,道者君子之業也,先王之賤藝者,蓋賤有司也,君子兼之則貴也。〔註90〕

理想的學者、君子,是不能囿於一藝一道者,是必須在眾多修養、技藝的學習中,融會貫通,通其背後之理,得其共有之道,若拘泥於一德一藝,便會遮蔽自己繼續提升的道路,也會將自己的格局窄化。故同樣的通習群藝,卻有君子、有司之別,他們的分別不是對於這些技藝的不熟習,而是能不能穿透這些技藝的表層,獲得其背後的情實,得其道義,這也就是前述「小事」與「大道」之別,也是爲何「小事」爲先王之末。但無論是「小事」還是「先王之末」,君子的成學過程仍須建基於此,由此啓行,故亦不能看輕、鄙視這些「技藝小事」。

〔註87〕 同前註,頁 1。
〔註88〕 同前註,頁 97。
〔註89〕 同前註,頁 10。
〔註90〕 同前註,頁 102~103。

　　徐幹所言的「六德」、「六行」、「六藝」到後面所云「學者所以總群道也」，其實便是一種由「教化爲學」朝向認知到自身「以學爲本」的過程。「教化爲學」可以從兩層來探討，第一層面是最基礎的面向，強調「由外而內」的外鑠過程，一般教育或治學，均是從最基礎的模仿、效法開始，並透過外在給予的教材，逐步學習，由此成學，並逐漸形塑成外在教材所希望的學習成果。第二層則是由上位者自身德性所形成的模範，使得底下的民眾得以欣然嚮往此風，並依此作爲自身模仿的對象，以及作爲理想的典範，如董仲舒所云的「化民」、王符所云的「德化」一般，是屬於較高層次的。而徐幹此處的論學，則是以「教化爲學」的第一層面爲基礎，並逐漸朝向自身「以學爲本」的認知：

> 〈治學〉：夫聽黃鍾之聲，然後知擊缶之細；視袞龍之文，然後知被褐之陋；涉庠序之教，然後知不學之困。故學者如登山焉，動而益高；如寤寐焉，久而愈足。顧所由來，則杳然其遠，以其難而懈之，誤且非矣。〔註91〕

如同必須先知悉黃鍾之聲、袞龍之文，才知道音樂、紋飾有所差異；治學亦然，必須先進入學校，學習基礎知識，方能知道學對自身的幫助，以及逐漸明白爲何自己必須治學，這個過程正是徐幹所云，從「六藝」等基礎學習，發展到「總群道」的認知過程。換句話說，徐幹並沒有反對「教化爲學」，而是認爲必須從這個基礎上，提點士大夫必須對「自身爲學」有所認識。

　　這樣對於學的對象、方法、步驟做出清楚地說明，是比王符更進一步的地方，也脫離了王符「氣化論」的大框架下，人與天地間的感應關係。就經學與儒學本身發展而言，徐幹已經漸漸朝向個人化發展，只是這個人化發展，不是像東漢以來由游談而論及才性的脈絡，而是將個人的定位重塑，建基於個人的才德學識修養上，返歸於國家政事的需要，既不同於傳統天人圖式的論述方式，亦不同於東漢以來個人才性思想昂揚後，所謂的任才任性，反而在一定程度上回歸於先秦孔孟的精神，並賦予了時代的精神，重塑徐幹認爲應當回應時代需求的人才培養與爲學之方。

　　故回到具體治學上，徐幹會說：

> 〈治學〉：凡學者大義爲先，物名爲後，大義舉而物名從之。然鄙儒之博學也，務於物名，詳於器械，矜於詁訓，摘其章句，而不

〔註91〕同前註，頁5。

> 能統其大義之所極，以獲先王之心，此無異乎女史誦詩，內豎傳
> 令也。故使學者勞思慮而不知道，費日月而無成功，故君子必擇
> 師焉。〔註92〕

徐幹重新省思漢代經學的現況，認爲若徒然用心於物名、詁訓等零碎的知識上，不由此超拔而出，獲取背後共有之道，認得背後所欲宣示的大義，只會使自己落入「有司」的局限，使得自己永遠無法邁入大道，躍升爲君子，以得聖人之用心，只會徒然花費時日功夫，卻永無所獲，更甚者，以此自滿，矜矜自喜。

徐幹剖析人的「智思情性」，進而反省、梳理爲學之方法、態度，試圖建立一個新的治學典範，以此回應世間的挑戰、世變的崎嶇。此外，漸漸跳脫兩漢「氣化論」的大框架，試圖由人本身之情性作爲出發點，來建立個人之德性、知性，依此而知人論世，乃至用世。但這樣對於儒學、經學的重新省思，聚焦於人本身，探求經典、技藝背後的大義，是否對於當世的儒學發展有進一步的更新與活潑？從現今看來，似乎沒有掀起多大的儒學革新。這部分似乎要由當時的政治氣氛、學風進行更多的省思，且比起儒學本身的思索與革新，經學的沒落與道家思想的重新詮釋，都讓士大夫對於「學」的論述與看法有了新的體悟，這一點可以由後來的何晏、王弼對於「學」的重新詮釋，以及張叔遼與嵇康的論戰，提供更多觀察的面向。

第三節　何晏、王弼論「自然名教」與學

何晏與王弼對於魏晉以下的學術發展，奠定了「基調」了，此「基調」在於突破漢代治學的框架與束縛，形成另一脈獨樹一幟的思辨與治學風尚，而在許多面向上與經學發展分道而馳，即使魏晉以下的學術，並不完全以「玄學」爲主要發展，但「玄學」仍就標誌這個時代的學術特徵，依此作爲魏晉時代突出的學術發展。

順著本文的脈絡而言，何晏、王弼一方面繼承了漢代經學的學術根柢，〔註93〕另一方面又隨著清議、游談等發展，對於思辨、才性上有更深一層的

〔註92〕同前註，頁 13。
〔註93〕何晏著有《論語集解》，對於後代論語的影響相當深遠，由此可以略窺其經學背景。王弼除了爲《老》、《易》作注外，亦曾對《論語》釋疑，從他們兩人的著作，可以看出在經學上面是有相當深厚的根柢。再者，可以參考《三國

思索，更重要的是，在士人「以學爲本」的認知中，也對於過去的「論學思想」有所反思。在此欲透過何晏、王弼等人的玄學色彩，梳理出在「論學思想」脈絡中，兩人的論述以及對後來的影響與發展。

何晏、王弼的成學過程與學術背景，前人研究多已做出充分且詳盡的介紹，〔註94〕因此本文在此便略去，以下直截切入論題，依論學思想發展脈絡，以見二人的定位與貢獻。

一、漢代經學到「自然名教論」的濫觴：何晏

何晏對於當世及後世影響最深遠的著作，當屬《論語集解》與《道德論》，前者爲與他人合撰，且大量引述當代或前代學者的說法，作爲疏解《論語》的依據，其中亦有非引用他人之語，當爲何晏與其餘撰作者共同之意見，因此從《論語集解》可以稍微梳理出何晏對於「論學思想」的一點看法。

再者，《道德論》分爲〈道論〉與〈德論〉，是何晏對於《老子》思想的論著，今殘存於《列子》張湛注中。〔註95〕此部分，可以思索何晏如何突破漢代經學的框架，以新的思辨方式來反省經學。

志・鍾會傳》，裴松之引鍾會爲母作傳，其中敘述其成學過程：「年四歲授孝經，七歲誦論語，八歲誦詩，十歲誦尚書，十一誦易，十二誦春秋左氏傳、國語，十三誦周禮、禮記，十四誦成侯易記，十五使入太學問四方奇文異訓。」（頁785）由此可見門第子弟多有深厚的經學基礎，此意錢穆亦嘗於〈記魏晉玄學三宗〉中指出，參見錢穆：《莊老通辨》（北京：九州出版社，2011年），頁412。又王弼的家學淵源與荊州經學的關係，如湯用彤：〈王弼之《周易》《論語》新易〉，便已指出王弼有可能受荊州學影響，見湯用彤：《魏晉玄學論稿》，頁69～73。後來的研究者對此多有深論，如林麗眞先生便對於荊州學與王弼之間的關係進行梳理，指出荊州學派中四個特質：「周易見重，並及太玄」、「荊州八帙，有契玄理」、「刊刈浮辭，芟除煩重」、「喜張異議，不守舊說」，並云：「就荊州學風的這四項特質來看，其重《易》、涉玄、尚簡、標新，在在都可替王弼的求學背景——尤其是《易》學淵源——找到根據」，參見林麗眞：《王弼》（臺北：東大圖書，2008年），頁17～25。其他相關著作如許抗生：《魏晉思想史》，頁14～15；王葆玹：《正始玄學》（濟南：齊魯書社，1987年），頁17～22；賀昌群：《魏晉清談思想初論》（北京：商務印書館，2000年），頁66；曾春海：《兩漢魏晉哲學史》，頁147～148。餘不煩備引。
〔註94〕相關研究論著不勝枚舉，就研究源頭的發展，可以參考湯用彤：《魏晉玄學論稿》、牟宗三：《才性與玄理》。而王葆玹曾對何晏成學的過程，頗爲詳盡地介紹，可參考王葆玹：《正始玄學》，頁126～129。對王弼生平、思想的系統性介紹，可參考林麗眞：《王弼》。餘可參考前注所引書。
〔註95〕王葆玹認爲今存〈無名論〉即〈德論〉，參見王葆玹：《正始玄學》，頁132。

首先，可以先討論何晏所談論的「有」、「無」的概念，其云：

> 有之爲有，恃無以生；事而爲事，由無以成。夫道之而無語，名之
> 而無名，視之而無形，聽之而無聲，則道之全焉。故能昭音嚮而出
> 氣物，包形神而章光影；玄以之黑，素以之白，矩以之方，規以之
> 員。員方得形而此無形，白黑得名而此無名也。〔註96〕

「有」與「無」的概念提出，將之設爲體用的關係，亦即「有」由「無」而
生，而「無」本身是無形無名的存在，但「有」必須透過「無」方能彰顯其
用。故音嚮、氣物、形神、光影、玄、素、矩、規等，現實的種種有形有名
之物，均由此而來，故何晏又於〈無名論〉云：

> 夫道者，惟無所有者也。自天地已來皆有所有矣；然猶謂之道者，
> 以其能復用無所有也。〔註97〕

天地以來，即現象界本身都是「有所有」，舉凡目之所見、耳之所聞，均是
「有所有」，但「有所有」的背後，卻蘊含著一個「無所有」的道。如前所
述，現象界的一切由「無」而來，換句話說，現象界彼此是不相包含、不相
對治的，必須透過「無所有」之「道」，方能包容、用其現象界之「有」

何晏所提出的「有」、「無」概念，明顯來自於《老子》思想中，透過他
的理解與轉化，可以觀察到新思維的產生，以本文而言，便是「有」、「無」
對舉，劃分出「現象界」與「道」之間的關聯，以後世之語而言，便是「名
教」與「自然」之間的關係。透過由《老子》思想的啓迪，「有」、「無」問
題與「自然」、「名教」的問題便可以連結上，由此揭示出其突破性的思維。
〔註98〕

〔註96〕張湛注，楊伯峻集釋：《列子集釋・天瑞》（北京：中華書局，2007 年）注引
何晏〈道論〉，頁 10～11。

〔註97〕《列子集釋・仲尼》注引何晏〈無名論〉，頁 121。

〔註98〕何晏的突破性思維，在於提出了有無問題，並接觸到有無的體用問題，但其
創始之初，對於有無問題並未能在論述上作全面且有效的安頓，這一點吳冠
宏已抉發出其中的精義，參見吳冠宏：〈王弼思想之歷程性的探尋：從聖人無
情到聖人有情之轉變的考察〉，《臺灣東亞文明研究學刊》第 5 卷第 1 期（2008
年 6 月）。吳氏云：「何晏在『遮有顯無』的進路下，以建構挺立『無』的絕
對優勢與道性位階，進而將體『無』之聖人置於純任道體而無情跡之顯的境
界，遂提出『聖人無情說』的主張。」（頁 164）又云：「何晏聖人無情說代表
著玄學創始之初，著重於本體之無的建構，此正如何晏〈道論〉、〈無爲論〉、
〈無名論〉所論般，而於現象之有未能有效安頓。」（頁 165）吳氏雖由「聖
人無情說」以觀何晏透過「遮有顯無」的方式建構玄學，但同時也可以提供

　　就何晏此中的說法，人必須要把握住「無」，依此安頓現實之「有」，不能逆之而行，亦不能執著於「現象界」之「有」，以「有」治「有」。透過這層關係，可以進一步觀察何晏如何依此思維，跨越到「論學思想」中。其注「有顏淵好學，不遷怒，不貳過」時，云：

　　　　凡人任情，喜怒違理。顏回任道，怒不過分。〔註99〕

這裡點出了人不能任情，必須任道。人不能任情之因，由古及今均然，如上述的王符、徐幹等，均對「情」採取防範的態度，至少不能完全順隨情之發展，而無所節制。如此問題便在於此「道」是否與《道德論》中「無」相通？事實上，何晏在《論語集解》中所注解的「道」未必能直通《道德論》中的「無」，反而與《易傳》相近。〔註100〕但無論是近《老子》還是近《易傳》，都不妨礙尋索何晏在思辨框架下的突破性，亦即均是希望能突破「現象」的束縛，尋得背後的「道」，只是這個「道」的內涵，在《論語集解》、《道德論》中可能存在著歧異性。有了對於思辨方式的理解後，便可以直接來看，何晏怎麼談其「論學思想」，雖然《集解》為解經之注，必須順從經文，但仍能觀察其中蘊含的「論學思想」。

　　既然明白何晏必須透過對「道」的把握，才能突破「任情」的限制，因此可以觀察其如何把握「道」：

　　　　注「夫子之文章，可得而聞也」，云：「性者，人之所受以生也。天

　　　　道者，元亨日新之道也。深微，故不可得而聞也。」〔註101〕

人之性為受天道而生者，並非單純的氣性，因此存有「道」超越性的部分，也因有此超越性的部分，才有可能把握住元亨日新之「道」，而非與其斷然二分。既然「道」乃深微而不可經由現象知悉，因此必須透過其他方法來把握此「道」，因此何晏又說：

　　　　注「志於道」，云「志，慕也。道不可體，故志之而已。」〔註102〕

「道」的把握，何晏直截說明便是「志之」，即心慕於道，時時刻刻念之、思

　　　本文在「論學思想」中，提供「遮有顯無」的角度，來觀看何晏在思辨方式
　　　的突破，以及如何在玄學初期建構其有無關係的論述。

〔註99〕　《論語注疏・雍也》，頁 51-1。
〔註100〕　參見蔡振豐：〈何晏《論語集解》的思想特色及其定位〉，《臺大中文學報》第
　　　　　15 期（2001 年 12 月），頁 41～60。
〔註101〕　《論語注疏・公冶長》，頁 43-2。
〔註102〕　《論語注疏・述而》，頁 60-2。

之，但事實上，只用念之、思之是否能有效把握住「道」，本身的確有可疑之處，但事實上，何晏強調，只要把握住「道」，便能有效地成爲自己動作依循的依據，如前所述的顏淵任道外，還有：

> 注「子絕四」，云「以道爲度，故不任意」。〔註103〕

但無論是任道、以道爲度，都必須要以把握「道」爲前提，方才有可能達至，因此如何達至才是眞正的重點，除了上述的「志」之外，何晏在他處有提到另一個方法，其云：

> 注「回也，其庶乎！屢空」，云：「……一曰：……其於庶幾每能虛中者，唯回懷道深遠。不虛心，不能知道，子貢雖無數子之病，然亦不知道者，雖不窮理而幸中，雖非天命而偶富，亦所以不虛心也。」
>
> 〔註104〕

此處提到「虛心」方能「知道」，但此「虛心」是否如同莊子「心齋」、「坐忘」一般，恐怕也不是。這裡的「虛心」回到《論語集解》的脈絡來看，應當是不任情作爲，而回歸到「學」上：

> 注「可與共學，未可與適道」，云：「適，之也。雖學，或得異端，未必能之道」、「雖能之道，未必能有所立」、「雖能有所立，未必能權量其輕重之極」。〔註105〕

這裡點明了把握「道」的第三種方式，即透過「學」，如此便顯得更爲具體。對於何晏來說，「學」未必能把握住「道」，但能作爲一個入手處，但由此得門徑而入後，卻不能走向異端，必須時時心念於「道」，此乃「志之」之義。再者由學而入，不能僅滿足於學，而是必須由學而精熟之：

> 注「學如不及，猶恐失之」，云：「學自外入，至熟乃可長久。如不及，猶恐失之。」〔註106〕

學並非是天生即然的，是必須透過後天去努力的，故云學由外入，但必須精熟之，方能長久，方能把握住「道」，否則易失去。而所謂的精熟與把握住「道」，即是由學而之道後，還能立於自身生命中，更重要的是，在各種情況下，能權衡輕重，以適宜的方式應對。

〔註103〕《論語注疏・子罕》，頁77-2。
〔註104〕《論語注疏・先進》，頁98-2。
〔註105〕《論語注疏・子罕》，頁81-2。
〔註106〕《論語注疏・泰伯》，頁72-2。

但所謂的精熟爲學，並非駁雜泛濫，而是必須把握住最重要的道：

> 注「非也，予一以貫之」，云：「善有元，事有會，天下殊塗而同歸，
> 百慮而一致。知其元則眾善舉，故不待多學而一知之。」〔註107〕

天下事物、紛繁思緒，終究歸於「道」之中，因此士人要努力的，並非駁雜泛濫而學，而是於學精熟後，由此把握住「道」。而如何精熟？其云：

> 注「切問而近思」，云：「切問者，切問於己所學未悟之事。近思者，
> 思己所未能及之事。汎問所未學，遠思所未達，則於所習者不精，
> 所思者不解。」〔註108〕

所習所思者，必須要切己，而所謂切己者，即志於道，因此非志於道而不學，如此方能有所悟、有所及，才能把握住道，而以之爲度。

將何晏之《道德論》與《論語集解》對看，可以發現幾處現象：

一者，透過將「有」、「無」關係的梳理，可以觀察到，何晏希望能藉由「無」以把握「有」，亦即不被現象界所迷惑，而追尋背後所以然之「無」，並依此安頓現象界之「有」。

二者，《道德論》之「無」，與《論語集解》之「道」，其中意涵雖不一致，但均揭示同一思維方式，亦即必須穿透現象界之束縛與迷障，不能隨人情而任行，必須把握住背後之「道」。

三者，依此脈絡觀察何晏之論學思想，可以發現，何晏亦不願拘泥於瑣碎之學上，並藉由《論語》中的經文，希望能透過「學」而把握住「道」，而此「學」並非是依循於漢代的章句之學，反而是時時刻刻地「志於道」下，透過切問、近思等方法，精熟於此，把握住事物背後一貫之「道」。

四者，《論語集解》是可以提供理解何晏論學的一個切面，但不能建構出完整的論學體系，只能作爲一個參照面進行觀察。畢竟何晏在這之中，只是一個發軔者，並非系統論述的完成者。

事實上，這樣對於「有」、「無」關係的思辨，以及從中擴及到《論語》中「志於道」，都揭示出不一樣的「論學思想」，而王弼也順著這個脈絡，繼續深化、轉化，提出更深邃的理論。〔註109〕

〔註107〕《論語注疏・衛靈公》，頁137-2。
〔註108〕《論語注疏・子張》，頁171-2。
〔註109〕李軍：〈試評何晏、王弼的教育理論〉一文，曾從四個角度來討論二者的教育觀：「以『道』爲本的性情論」、「論以『道』爲核心的教育本質和價值」、「對世俗教育的批判」、「循『道』而設的理想的教育主張」等，與本文所論有切

二、王弼「名教出於自然」中呈顯的論學思想

何晏從《老子》思想，以及清議發展下，延伸出新的思辨方式，爲這條新脈絡的「論學思想」，提供了新的可能性。唯必須注意的是，何晏本身雖然注有《論語集解》與《道德論》等儒、道不同類型的書籍，但他並沒有在眞正意義下，將儒、道思想統合起來，亦即展現在《論語集解》與《道德論》中的思想並不完全一致。以「論學思想」而言，僅在《論語集解》中呈現，即使思辨的脈絡相近，都是希望不要執著在「有」的現象界，必須把握背後的「無」、「道」，但事實上，在《論語集解》中所把握的「道」，以及試圖達至的方法，都與《道德論》不完全協調，最具體可見之處便是：何晏是正面肯定「學」的行爲，並且是透過篤實爲學的功夫，試圖去把握住「道」，即使這個「篤實爲學」並非透過孜孜矻矻地背誦、訓詁等方式，但仍是在肯定爲學的面向，建立起論學的脈絡。

自何晏以降，「自然」與「名教」的論題便逐漸顯題化，成爲當世士人探究的重要課題之一。在緒論時，已將儒道關係乃至「自然」與「名教」的關係，在歷史源流上，做了一番簡單的介紹，且前行研究針對這個議題已經研究得相當透徹且豐富，〔註110〕因此此處擬直接引述現有的研究成果，先將脈絡梳理開來，作爲開展王弼「論學思想」的引導。

林麗眞先生曾將王弼「名教出於自然」分爲三個層次理解：一者「名教源於自然，非自爲本，乃以道爲本」、二者「王弼不反對名教，但名教的運作，必須以自然爲原則」、三者「若能把握自然無爲之心，便能自由地運作名教」。〔註111〕

合處，但出發的基點與脈絡不同，可參看。見顧明遠主編：《歷代教育論著選評》（一），頁 450～457。

〔註110〕此處可以許抗生：《魏晉思想史》一語做總述：「魏晉玄學雖說標榜自己遠離實際是要直探深奧的宇宙本體的學問（「玄遠之學」）的，然而它們哲學的最後歸宿還是要解決現實的自然與名教的關係問題的。所以討論解決名教與自然的關係問題，成爲了魏晉玄學的最終目的。在名教與自然的兩者關係上，先秦的老莊學，以崇尚自然反對名教，爲其思想特徵的。而魏晉玄學（除嵇阮外）總的來說，則是以調和儒道，調和自然與名教的關係，爲其基調。玄學的開創人王弼用以老解儒的方法注《周易》與《論語》，就是企圖把儒道兩者調和起來的。他並從本末有無的玄學哲理出發，認爲名教是自然和表現。」（頁 5～6）。按：筆者不認爲嵇康不欲調和儒道，僅是其生命表現與論述方式，迥異於王弼等人，見下一章嵇康部分所述。

〔註111〕林麗眞：《王弼》，頁 68～76。

　　「名教源於自然」主要說明：現象一切紛繁的制度、人為禮制，甚至漢代以來，習以為常的經典教育、仁義道德，都屬於名教的範疇。而在這名教範疇中的一切，均源自於自然的派生。如王弼所云：

> 仁義，母之所生，非可以為母。形器，匠之所成，非可以為匠。

〔註112〕

仁義、形器均不能以自己為本，必須探源於「母」、「匠」方能得其所本，換句話說現實的一切制度，都由「樸散」而來，初始是處於渾沌的狀態，但此渾沌的狀態並不完全利於萬物或人民生存，因此必須透過某種後天的人文制作，以梳理之，故王弼云：

> 始制，謂樸散始為官長之時也。始制官長，不可不立名分以定尊卑，故始制有名也。過此以往，將爭錐刀之末。故曰名亦既有，夫亦將知止。遂任名以號物，則失治之母也。〔註113〕

由於人文化成是來自於「自然」或「道」的派生，是「不得以而為之」的後天造作，但即使是後天造作，也不可以過度脫離，背離「自然」而行，否則便流於末端的爭鬥，反而不識本源之大體。

　　既然名教出於自然，人便必須反過來依循自然，法自然而行，否則便會背離自然，流於紊亂、紛擾之中，而無法安頓名教，因此王弼又說：

> 法，謂法則也。人不違地，乃得全安，法地也。地不違天，乃得全載，法天也。天不違道，乃得全覆，法道也。道不違自然，乃得其性，法自然也。法自然者，在方而法方，在圓而法圓，於自然無所違也。自然者，無稱之言，窮極之辭也。用智不及無知，而形魄不及精象，精象不及無形，有儀不及無儀，故轉相法也。道法自然，天故資焉。天法於道，地故則焉。地法於天，人故象焉。王所以為主，其主之者一也。〔註114〕

「法自然者」，只因順萬物而無所自為，即能於方法方，於圓法圓，於自然無所違背，換句話說，除了名教等制度外，即使如天地等崇高的自然界，也必須依循於道之自然，並不能背離而自以為本。人之「法自然」，可以涉及的層面相當豐富且複雜，如：「性其情」、「體沖和以通無」等，但除了一般

〔註112〕《王弼集校釋·老子·第三十八章》注，頁95。
〔註113〕《王弼集校釋·老子·第三十二章》注，頁82。
〔註114〕《王弼集校釋·老子·第二十五章》注，頁65。

所熟悉的體證，以及由此開展的道家修養外，是否還能觀察到王弼對於「論學思想」的論述呢？其中提到的「用智不及無知」或許可以提供尋繹的線索，從董仲舒開始到王符、徐幹，都對於「學」與「知」的關係有所論述，因此藉此爲引線，試圖在「自然出於名教」的框架中，輪廓出王弼的「論學思想」。

（一）「用智不及無知」：「學不學」論點的提出

從董仲舒到徐幹等人，對於「知」均是採取正面的肯定，咸認爲人若能透過「學」不斷地增進己知，便能有益於立身行事。同時，也肯定聖人在「知性」上的表現，亦是超乎凡人之上。而揚雄直截承認「知」乃入聖門之關鍵、王符「明智」之求學，以及徐幹雖言德、知雙修，但實際上更重視「知性」在當時的作用，都可以觀察到過去士人對於「知性」正面的肯定。然而王弼卻在「法自然」中，強調「用智不及無知」，認爲「無知」比起「用智」，反而更貼近人「法自然」，如此王弼是否反對「學」與「知」的關係，甚至根本否定「學」本身呢？

以下便順著這個脈絡，來探討王弼究竟如何看待「學」。《老子》本文中，曾出現「絕學無憂」完全對於「學」否定的句子，且看王弼如何闡述：

> 下篇云，爲學者日益，爲道者日損。然則學求益所能，而進其智者也。若將無欲而足，何求於益？不知而中，何求於進？夫燕雀有匹，鳩鴿有仇；寒鄉之民，必知旃裘。自然已足，益之則憂。故續鳧之足，何異截鶴之脛；畏譽而進，何異畏刑？唯訶美惡，相去何若。故人之所畏，吾亦畏焉。未敢恃之以爲用也。〔註115〕

王弼順著《老子》的文意，提出自己的看法，認爲學者，乃求益所能、進其智者也，意即透過「學」是爲了增加自己的才能與知識（或智慧），但這與「法自然」本身卻有相扞格之處，因爲「法自然」強調的是「在方法方」，是因循而不造作，從這個角度來看，對於知、能的增進，似乎都是後天的造作，而非因循自然的狀態。王弼在此舉了一個相當生動的例子，對於鳧、鶴來說，腳與頸的長短是天生而然，並不需要爲了增加或減少長度，而有所改變，只要順著天然的樣態即可，同樣的寒鄉之民，也隨順著自身對環境的需要，製作厚衣來禦寒，而非特地爲了內心想要寒衣而去學習怎麼製作。

從這個角度來看，王弼似乎全然反對後天的學習，希望能依循先天原始

〔註115〕《王弼集校釋・老子・第二十章》注，頁46～47。

的狀態，即爲「法自然」而不需要學習，但事實上，王弼卻又非全然的反對，如其云：

> 注「絕聖棄智」，云：「聖智，才之善也；仁義，行之善也；巧利，
> 用之善也。而直云絕。文甚不足，不令之有所屬，無以見其指。
> 故曰此三者以爲文而未足，故令人有所屬，屬之於素樸寡欲。」
> 〔註116〕

「聖智」、「仁義」、「巧利」等在人類社會中，都是一般所認可具有善的價值，但對於王弼來說，並不能徒恃此善來文飾己身，而心陷溺於此善中，亦即人不能僅僅透過這些善來成就自己，因爲對於王弼而言，所有現象界的一切，都必須要依循背後的「道」，以之爲本，而不能僅僅滿足、徒恃這些現象界的善。因爲不管在才、行、用上，都只是自然派生的一部分，自身不能依靠，且容易流於弊端，因此必須將這些都繫於「道」，而如何回歸於「道」，如何「法自然」，王弼認爲必須要能「素樸寡欲」。〔註117〕

所謂的「素樸寡欲」，對於王弼來說，是最接近「法自然」的，其云：

> 注「道常無名，樸雖小，天下莫能臣也。侯王若能守之，萬物將自
> 賓」，云：「樸之爲物，以無爲心也，亦無名。故將得道，莫若守樸。」
> 〔註118〕

「樸」即所謂「以無爲心」，不去矜誇自己的才、行、用之善，亦不汲汲營營增加自己的智、能，此即所謂繫之於「素樸寡欲」，不爲外物所干擾，也不爲自己的欲望所影響，一切依歸於自然之本然狀態。

如此便可以進一步問，在屬之於素樸之下，要如何面對「知」？又如何能解釋「用智不及無知」？首先得先看王弼如何解釋「知」（智），〔註119〕其云：

> 注「不貴其師，不愛其資，雖智大迷」，云：「雖有其智，自任其智。
> 不因物，於其道必失，故曰『雖智大迷』。」〔註120〕

〔註116〕《王弼集校釋‧老子‧第十九章》注，頁45。
〔註117〕此部分可以同時參看王弼〈老子指略〉：「夫聖智，才之傑也；仁義，行之大者也；巧利，用之善也。本苟不存，而興此三美，害猶如之，況術之有利，斯以忽素樸乎！」，見《王弼集校釋‧老子指略》，頁199。
〔註118〕《王弼集校釋‧老子‧第三十二章》注，頁81。
〔註119〕對於王弼來說，「知」、「智」基本相通，因此行文中，均採取「知」。
〔註120〕《王弼集校釋‧老子‧第二十七章》注，頁72。

王弼承認人有其「知」，這是天然具足於人身上的，但如何去面對此「知」，卻是王弼進一步思索的，亦即他不像王符、徐幹等學者，對於「知」全然採取正面的態度，反過來，他開始思索「知」可能造成的危害，因此他認爲若不能好好處理「知」的前提下，至少可以對「知」採取漠然的態度，即不任「知性」之妄爲，僅僅因順於外物，故其云：

> 注「復歸於嬰兒」，云：「嬰兒不用智，而合自然之智。」〔註121〕

嬰兒是人由道化生最初的階段，也是識見未明，智慧未開的階段，在這時候，雖有「知性」，卻不會用知，更不會任知妄爲，如此純樸、自然之知，反而暗合「法自然」，而達到屬之於「素樸寡欲」的條件。

然而隨著人的成長，智慧愈開，便會逐漸開始用「知」，有所作爲：

> 注「爲而不恃」，云：「智慧自備，爲則僞也。」〔註122〕

智慧本具足於人之身上，但不能任知而爲，否則便易流於「僞」中。對於王弼來說「知」本身就蘊含有「爲」的可能，如其云：「智者，謂知爲也」，〔註123〕因此王弼必須思索如何安頓此「知」，不使之妄爲。由此便順著《老子》文義，提出了「學不學」的論點，其云：

> 注「學不學，復眾人之過」，云：「不學而能者，自然也。喻於學者
> 過也。故學不學，以復眾人之所過。」〔註124〕

「不學而能者」，即人由道化生而來的自然狀態，一切沒有後天造作。但除了指這種先天如嬰兒般、無後天造作的自然狀態外，還可以指順著自然而行的後天行爲，如寒鄉之民，懂得製作厚衣，又如樸散後的聖人制作等。然而，若背離這個先天的自然狀態，或背離了順自然而行的後天行爲，便會產生過失，而流於妄爲躁動，故王弼注「爲學日益」時，便云：「務欲進其所能，益其所習」，〔註125〕亦即在先天原有的基礎下，持續對本來的能力增強，或者在順自然而行的行爲中，超脫出原始能滿足的狀態，如開始機械化製作生產厚衣，甚至透過各種加工，讓厚衣不僅僅只有保暖的功效，更增加美觀等其餘非自然的質性，如此便容易任知而不返，對於自身或自然產生背離或斲傷。

〔註121〕《王弼集校釋・老子・第二十八章》注，頁74。
〔註122〕《王弼集校釋・老子・第二章》注，頁6。
〔註123〕《王弼集校釋・老子・第三章》，注「使夫智者不敢爲也」，頁8。
〔註124〕《王弼集校釋・老子・第六十四章》注，頁166。
〔註125〕《王弼集校釋・老子・第四十八章》注，頁127。

　　既然「知」的妄爲會造成個人的傷害，且背離自然之行，因此要給予最大程度的限制，但這個限制，並非全然不用「知」，而是能夠予以調適。換言之，「學不學」本身即是一種學，是對於「不學」的領會與理解，藉由對於「不學」的理解，便能避免「學」的困境，而這個領悟與理解的過程便是一種「學」，故《老子》稱之爲「學不學」，而王弼予以進一步地疏解。

　　然而「學不學」並非是如同傳統經學的章句或訓詁等方法，亦非如王符、徐幹透過經典閱讀、獲取經典背後的大義，或者是更爲抽象的「感通」、「疏神達思」、「移情理性」等，反而是種對人天生具有的「知性」，做非常深刻地反省。而這種「反省」是能十分清晰地理解到「知性」的作用，以及它的運作、它所能帶來的利與弊，藉此尋得調適它的最好方法。換句話說，此「知性」乃出於道之化生於人身上的先天質性，人運用此「知性」時，仍舊不能背離「自然」而妄爲，即是必須「法自然」，更進一步地說，是必須將「知性」對於「名教」的施爲，本之於「自然」，此乃王弼論「學不學」之深意。〔註126〕

（二）「知性」所蘊含之「明」

　　知性的表現，又可稱作「明」，可以簡單地解作「照察」、「明察」之意，〔註127〕這乃是王弼認爲「知性」的重要表現：

〔註126〕此「學不學」便含有一定程度的工夫義，恰如蔡振豐談論「反本」時所云：「所謂的『反本』，不是以體用的關係經由智悟頓啓，直接由現象而掌握到本體。『反本』指出了心靈之能『與天地合德』，須經過一『反』、『復』的歷程，在這一歷程中即顯出實踐的重要性，然理論上須如此，而王弼的《老子注》中於此並未著墨，所以只能說《老子注》中含有功夫的意義，而無工夫論的說明。」參見蔡振豐：《王弼的言意理論與玄學方法》（臺北：國立臺灣大學中國文學研究所碩士論文，1993 年），頁 138。此處蔡振豐將「人心」類比於「道心」，得出「反本」過程中存有工夫論的意涵，而本文由知、明入手，亦觀察出「學不學」的過程，對於知、明的反省，亦含有工夫義。

〔註127〕勞悦強：〈以明乎？已明乎？——釋《莊子》的「明」義〉曾總結《老子》文本中的「明」，云：「在《道德經》的論述中，「明」並不歸屬於道德範疇。它主要的關聯在於知識而不在於道德。這是純粹精神層面的內向之『知』，而非運用於政治、禮義等實踐層面上的外用之『知』。」參見勞悦強：《文內文外——中國思想史中的經典詮釋》（臺北：國立臺灣大學出版中心，2010 年），頁 91。王弼基本上也繼承《老子》的主要意涵，並做更深入地論述，詳見本文後文。又關於王弼本身之「明」的敘述，可以參考盧桂珍：《王弼與郭象之聖人論》（臺北：國立臺灣大學中國文學所碩士論文，1992 年）云：「凡人所謂『明』，應當指的就是一般人所從事的認知活動。狹義的『認知』，是指表

　　注「慧智出，有大僞」，云：「行術用明，以察姦僞，趣覩形見，物
　　知避之。故智慧出則大僞生也。」〔註128〕

用「明」，即用來「察姦僞」，然而這種照察，是王弼所不認同的，並認爲會
斷傷自身：

　　注「聖人皆孩之」，云：「夫以明察物，物亦競以其明避之；以不信
　　求物，物亦競以其不信應之。夫天下之心不必同，其所應不取異，
　　則莫肯用其情矣。甚矣！害之大也，莫大於用其明矣。夫任智則人
　　與之訟，任力則人與之爭。智不出於人而立乎訟地，則窮矣；力不
　　出於人而立乎爭地，則危己也。未有能使人無用其智力於己者也，
　　如此則己以一敵人，而人以千萬敵己也。」〔註129〕

王弼認爲若將「明」用來照察「外物」，便會使得外物亦以其「明」避之，
更甚者，「用明」而「任知」，與人訟爭，反而亦會使對方「用明」而「任知」
與自己對抗，致使兩者俱傷。且自己的「知」與「明」又非絕對超拔於眾人
之上，若對方高於自身的「知」、「明」，反而爲對方所侵害。再者，自己若
始終「用明」、「任知」與人訟爭，則對象不僅僅只有一個，而是千千萬萬之
人，甚至一切外物，如此不僅使自己疲於奔命，也更容易戕害自身。

　　如此王弼必須思考如何能調適此「明」，如同調適「知」一般：

　　注「跨者不行，自見者不明」，云：「不自見，則其明全也。」〔註130〕

又

　　注「是以聖人自知，不自見」，云：「不自見其所知，以耀光行威也。」
　　〔註131〕

無論是「知」還是「明」，王弼都希望不要將之顯現、炫耀出來，而是向內收
藏，使之不隨意顯露，此即他在《周易・明夷》卦所云：

　　達解悟的命題與判斷；廣義的『認知』，則還包括非命題的解悟，譬如知覺、
　　記憶、反省等功能。此種『認知』活動以經驗性事物爲對象，活動的進行就
　　在於對經驗與件進行知覺、記憶，以及分析、歸納等整理功夫，形成我們所
　　謂的『知識』。科學上的分析、邏輯上的思辯都屬此類。……經驗性事物既是
　　如此的不確定，由之建構的認知活動，包括各種知覺的解悟與架構的思辯，
　　都將永遠有增訂、修正的可能，無法具有絕對性。」（頁15）。

〔註128〕《王弼集校釋・老子・第十八章》注，頁43。
〔註129〕《王弼集校釋・老子・第四十九章》注，頁130。
〔註130〕《王弼集校釋・老子・第二十四章》注，頁60。
〔註131〕《王弼集校釋・老子・第七十二章》注，頁180。

注「用晦而明」，云：「藏明於內，乃得明也；顯明於外，巧所辟也。」
〔註132〕

因此「知」與「明」雖然具足於人身，但不能使之妄發，照察於外物，汲汲於外物，反而要收之於內，然而什麼是收之於內呢？具體而言，即是「自知」、「自明」：

注「勝人者有力，自勝者強」，云：「勝人者，有力而已矣，未若自勝者，無物以損其力。用其智於人，未若用其智於己也。用其力於人，未若用其力於己也。明用於己，則物無避焉，力用於己，則物無改焉。」〔註133〕

又云：

注「不失其所者久」，云：「以明自察，量力而行，不失其所，必獲長久矣。」〔註134〕

王弼認為「用知於己」以及「以明自察」，方能長久，方能不與外物相牾，事實上這種「用知於己」、「以明自察」乃是一種向內省思、反本的過程，亦即不向外汲汲營營地探索、牴牾外物，因為外在的一切都是現象界紛繁的呈現，若執迷於這些外物，則難以反本於「道」。換句話說，若迷失於外界的現象界中，並不容易體察、領悟到「道」本身，也即是將會迷失於「名教」之中，而落失「自然」。

之所以「用知於己」、「以明自察」的原因，在於人是由「道」所化生而成，而具備能體道的質性，而此質性便存在於「知」、「明」之中，只是此「知」、「明」必須向內自知：

注「知人者智，自知者明」，云「知人者，智而已矣，未若自知，超智之上。」〔註135〕

這裡王弼似乎將「知」與「明」的位階分別出來，將「明」置於「知」之上，事實上，可以從兩者表達的意義來說明，亦即由上文所說，「明」其實是「知性」的一種質性，在大部分的情況下，這兩者是可以並提的，但「知性」可以指人之「知性」全貌，「明」卻不行，主要指涉「照察」的意義。故「知人」可以指整個「知性」的向外施用，但向內自知，卻說是超「知」之上，而稱

〔註132〕《王弼集校釋・周易・明夷卦》注，頁396。
〔註133〕《王弼集校釋・老子・第三十三章》注，頁84。
〔註134〕《王弼集校釋・老子・第三十三章》注，頁85。
〔註135〕《王弼集校釋・老子・第三十三章》注，頁84。

之爲「明」，換句話說，這裡的「明」是指「照察」於內，而此「照察」在某種程度上昇華了，而可稱之爲「玄覽」：

> 注「滌除玄覽，能無疵乎？」，云：「玄，物之極也。言能滌除邪飾，
> 至於極覽，能不以物介其明，疵其神乎？則終與玄同也。」〔註136〕

「玄覽」，即是不以外物影響自身之「明」，換句話說，即是將「明」用於內，而不爲外物所影響，而此種「自明」、「自知」可以極於「玄」，此「玄」可代指爲「道」，〔註137〕亦即透過「自明」的過程，可以體察到「道」，而通過「道」，能使此「明」達到「玄覽」的境界，至此即能同時以「道」體察萬物，而達到以「名教」歸於「自然」的理想。

在「玄覽」之時，即能「明物之性，因之而已，故雖不爲，而使之成矣」，〔註138〕能通透物之性來自於道化，而隨順之，不使「知」、「明」干涉，更具體地說，即是：

> 注「光而不耀」，云：「以光鑑其所以迷，不以光照求其隱匿也。所
> 謂明道若昧也。此皆崇本以息末，不攻而使復之也。」〔註139〕

「光鑑其所以迷」，即是明白物之性所在，使外物知其自然之性，並能順隨外物之性；但若以光照察其全貌，欲有所作爲，反而使外物躲避或反抗，此即爲「玄覽」。

回過頭來，可以進一步討論，爲何「以明自察」的「明」，可以超乎「知」之上呢？可以試著從王弼的「聖人有情論」來尋索，此論述記載於何劭〈王弼傳〉中，今存於《三國志·鍾會傳》裴松之注中所引，其云：

> 何晏以爲聖人無喜怒哀樂，其論甚精，鍾會等述之。弼與不同，以
> 爲聖人茂於人者神明也，同於人者五情也。神明茂，故能體沖和以
> 通無；五情同，故不能無哀樂以應物。然則，聖人之情，應物而無

〔註136〕《王弼集校釋·老子·第十章》注，頁23。
〔註137〕《王弼集校釋·老子指略》云：「夫『道』也者，取乎萬物之所由也；『玄』
也者，取乎幽冥之所出也；『深』也者，取乎探賾而不可究也；『大』也者，
取乎彌綸而不可極也；『遠』也者，取乎綿邈而不可及也；『微』也者，取乎
幽微而不可覩也。然則『道』、『玄』、『深』、『大』、『微』、『遠』之言，各有
其義，未盡其極者也。」（頁23）。依照王弼對於「名」、「稱」的疏別，道、
玄、深等稱謂，都是一種形容、描述語言，而非由透過感官，將對象物「定
形」而命名，故凡此稱呼，均可以指涉「道」。
〔註138〕《王弼集校釋·老子·第四十七章》，注「不爲而成」，頁126。
〔註139〕《王弼集校釋·老子·第五十八章》注，頁153。

累於物者也。今以其無累，便爲不復應物，失之多矣。〔註140〕

何晏認爲聖人無喜怒哀樂，故不爲外物所累，可以超然於世，得以遂行其道。而王弼卻認爲聖人不應無「五情」，因聖人與常人均是由道化生而成的，非超然於常人外，獨立成就，聖人之所以爲聖人，乃在於其化生時，「神明茂於人」，亦即聖人能透過「神明」〔註141〕來「體沖和以通無」。〔註142〕

〔註140〕《三國志・鍾會傳》，頁795。

〔註141〕關於「神明」的看法，吳冠宏曾總結主要研究成果而云：「對於『神明』的內涵，大體上也有頗爲一致的理解，皆指一種知常體無的玄悟能力與覺照智慧。」參見吳冠宏：《魏晉玄論與士風新探——以『情』爲綜合及詮釋進路》（臺北：國立臺灣大學中國文學研究所博士論文，1997年），頁45。盧桂珍曾對此做出進一步的疏解，其云：「筆者以爲王弼所言『神明』，應與《左傳》、荀子無異，用以描述人內在心靈的一種澄明狀態。至於『聖人茂於人者神明也』，非指聖人獨具此一心靈狀態，只是王弼特別強調相較於凡庶，聖人更能夠保持內心的明澈無疵，而凡人雖然偶有清明之時，卻仍泰半處在愚駭之中。」又云：「『明』即『神明』也，一種探知幽微道理的心靈作用，王弼強調具備『明』者不代表能去除『自然之性』，仍具哀樂之情。」參見盧桂珍：〈王弼、郭象性情論研考〉，《臺大中文學報》第25期（2006年12月），頁10～11。綜合而言，王弼之「明」與「神明」，均指向一種「探知幽微的心靈作用」，是一種「玄悟能力與觀照智慧」，此「明」人人皆有，但並非人人均能把握此「明」以體「道」而通「無」。在此要補充說明的是，無論是「玄悟能力」還是「探知幽微的心靈作用」，乃至於「心靈的澄明狀態」，都涉及到如何調節「明」本身，就像前文所敘述的，王弼時時刻刻點醒，不能將此「明」發用於外物上，要反本內照，此點醒與強調，無不在說明，希望能透過「學不學」的過程，使人領會如何調節「明」，而將此發用之「明」，轉爲內照之「明」，便在某種程度上，將此「明」昇華爲「神明」，此昇華過程，可以說是盧桂珍所云的「澄明狀態」，也可以是吳冠宏所云的「玄悟能力」，且是人人所具備的，但具備此「神明」，不表示在這方面的天賦便足夠能「體沖和以通無」，亦即人能通過「學不學」的過程，昇華「明」爲「神明」，這是人人可以做到的，但昇華後的「神明」，並非即能「體沖和以通無」，有其「濃薄」的限制，此即爲盧桂珍指出的，王弼的「聖人」接近天生，人所能達到的程度，只能接近「擬聖」，而不爲「成聖」，連結到本文的脈絡而言，即是人人均能昇華其「明」爲「神明」，但不必然便能夠「體沖和以通無」，進而達到聖人的境界。

〔註142〕關於「聖人無情論」與「聖人有情論」，可以參考吳冠宏近年來一系列的研究成果，如吳冠宏：〈王弼思想之歷程性的探尋：從聖人無情到聖人有情之轉變的考察〉、〈王弼聖人有情說與儒、道、玄思想之關涉與分判〉，《國文學報》第42期（2007年12月）、〈「貴無」與「滯有」——王弼「聖人有情說」之兩種詮釋向度的檢視及其對話〉，《中正大學中文學術年刊》第9期（2007年6月）。主要希望對王弼「聖人有情論」作全面的檢討與回顧，並指出王弼在其中有歷程性的轉變，且希望能回歸到玄學的內在理路中，重新檢討「情」與「士風」以及「玄學」三者之關係。吳氏對於王弼「聖人有情論」的研究，

　　換句話說，「以明察物」的「明」與「以明自察」的「明」，在某種程度上有了異質的變化，亦即當此明能照察於內，就能昇華成「神明」，並能「體沖和以通無」，亦即能滌除外物之干擾，而體悟到化生萬物之「道」，得以成聖而玄覽世間，超拔於現象界之「名教」中，而得以依於「自然」以觀萬物。

　　從王弼對於「知性」、「明」的疏解，以及提出「學不學」的論點，都可以看出，王弼並不完全同意王符、徐幹等漢代「知性論學」一路下來的看法，但仍在「知性論學」的脈絡中，試圖重新詮釋「知性」與「學」的關係，並反省「知性」不完全只有正面的價值，而考慮到它可能產生的負面影響，無論是從社會層面來看，還是在個人層面上，王弼都認爲有檢討的必要。

　　於是在「名教出於自然」以及「崇本息末」的思維中，將「知性」作了轉化，一方面既批評對外用知、增進自身能力的方式，認爲只會增加社會紛亂、並不能有效地安頓萬物；另一方面，則認爲必須將此「知」反觀於自身，通過將「知」中的「明」轉化爲「神明」，藉此體悟而通「道」，將「明」從「照察」外物的負面作用，轉化爲滌除邪飾的「玄覽」，並能依此「玄覽」明物之性而隨順之，不隨己意而強迫、干擾外物。如此放到漢代董仲舒以下「教化爲學」的脈絡中，可以看出相當大的不同，王符、徐幹等，多少仍保存有漢代「教化爲學」的痕跡，甚至王符還透過〈德化〉專篇論述。但由王弼開始，對於上下關係的「教化」觀進行深刻反思，認爲在這樣推行「教化」的「名教」社會，只會更增政治社會的紛擾，而無法有效安頓上下關係，因此必須要反省「教化」，試圖由此上下關係的枷鎖中解脫出來，而更著重在每一個人、物上，使其能各得其性，而自然地活在社會中。故由此「教化」而來的「知性論學」，便爲王弼所深刻反思，進而由《老子》的啓發，將此「知」、「明」調適，而透過「學不學」的反省過程，將上下關係的「教化」，轉化成因順萬物、不隨一己愛惡而妄爲的「玄覽」，人人在此「玄覽」中，是能因順其性而生，逍遙而活。

　　綜合而言，王弼繼承了何晏的玄學思維，並在「論學思想」這一範疇中，進行了更深層、細緻的思索，但王弼並不完全順著何晏的脈絡前進（也可以說，試圖將何晏的不一致性協調起來），他在「論學思想」方面，並不直接從正面肯定「學」的價值，而是透過較婉轉、迂迴的方式，論述對於「學」的看法。更準確地說，王弼完全站在「名教出於自然論」的大框架下，在理論

可以作爲本文論述的背景，謹供讀者參考。

的完整性上，將「體」、「用」關係的思維，更清晰地置入「論學思想」中。簡單地說，王弼所謂的「道」與「無」基本上是一致的，故如何達致這個「道」與「無」，顯然不能完全走何晏的脈絡，因為「無」是無形無名的，無法靠感官接觸學習的（這部分何晏雖然已經有觸及），更不可能直接以切問近思等精熟的積累學習而達致，因此王弼透過《老子》文本的提示，將「學不學」予以深入的討論，並由此連結到人之知性、明、性情等概念上，建立其對於「學」的看法。

（三）從「言意之辨」對漢代經典的反省

　　王弼透過「言意之辨」將《易經》的詮釋方法，轉向義理取徑，並由此成為玄學論述中最主要的方法，是過去前行研究多已提出的。〔註143〕其實自鄭玄以來，乃至荊州學派，〔註144〕對於經典的義理詮釋傾向便越來越明顯，

〔註143〕最早提出「言意之辨」作為魏晉玄學重要的新方法論的，當屬湯用彤先生，其云：「新學術之興起，雖因於時風環境，然無新眼光新方法，則亦只有支離片段之言論，而不能有組織完備之新學。故學術，新時代之托始，恆依賴新方法之發現。夫玄學者，謂玄遠之學。學貴玄遠，則略於具體事物而究心抽象原理。」又云：「夫具體之迹象，可道者也，有言有名者也。抽象之本體，無名絕言而以意會者也。跡象本體之分，由於言意之辨。依言意之辨，普遍推之，而使之為一切論理之準量，則實為玄學家所發現之新眼光新方法⋯⋯由此言之，則玄學系統之建立，有賴於言意之辨。」參見湯用彤：《魏晉玄學論稿》，頁19～20。另外，蔡振豐曾提及牟宗三、勞思光兩位先生，對於王弼「言意之辨」有不同的解讀與詮釋，因此試圖重新釐清、梳理王弼的「言意理論」，由此試圖在牟、勞二先生的歧見，找出合理的答案，指出王弼的「言象意說」是可以成為一個系統方法，並作為魏晉學術轉變中的重要地位。而蔡氏除了對「言意之辨」提出作為魏晉學術新的方法論做出論述外，也指出「言意之辨」有多層次的概念：「王弼的『言象意說』本身雖為一注經方法的說明，但在其簡單的話語中，實有多重的形上概念。本文對於王弼的『言象意』說，嘗試跳脫一般所常用的『體用』關係來說明。其原因在於體用關係實不能說明『形下』之『有境』的變動，這使得在解釋《周易注》時，只能用之以掃象，而不能說明它與卦爻結構之間的關係。」參見蔡振豐：《王弼的言意理論與玄學方法》，頁210。本文著重在王弼透過「言意之辨」改變解經的方式，是一種對於漢章句經學的反思，並連結到「名教出於自然」的思維框架中，以蔡氏之言，便是體用關係。因本文未涉入玄學方法本身成立的問題，故僅取「經學詮釋方法的轉變」（言意之辨）及「名教出於自然」的體用關係，來說明王弼在論學思想中的特出處。此特出處在於不同於王符與徐幹，此二人對於經典均是採取正面的論述，以活化、強調經典本身的價值與學者之關係為主，在經學詮釋或治經方法上，反而沒有更深刻的說明。但王弼卻重新反省過去的治經與詮釋方法，並運用新的思維與方法，賦予經學以及治學方法上新的面貌。

〔註144〕此現象不少學者均已指出荊州學派在當時的影響力。此處可參考林登順：《魏

〔註145〕而王弼特別透過《周易略例・明象》一文，專門述說如何擺落過去漢易執著於象數、經文之中，而欲穿透這些象與言辭，試圖把握住《周易》背後最核心的義理。

在前一章第三條脈絡中，說明由清議所引起的新思辨方式，便曾提到荀粲對於言意之間的關係有所思索，認爲經典並不能完全反映聖人之眞義，反而僅存聖人表層之糟粕，而象外之意、繫外之言，反而蘊而不出。然而語言、文字本身又是經典最重要的部分，如果徹底擺落了語言、文字，那麼根本不存在所謂的「經典」，也就無所謂經典教育或詮釋的工作了。

王弼在當時的思辨突破中，試圖超越此一困境，思索如何既能把握住經典本身，又能不爲其局限，甚至可以藉由經典，而直指聖人之眞義。一方面，王弼可以藉由對於語言文字的反思，試圖釐清背後所欲呈顯之意義，另一方面，王弼也試圖通過「名教出於自然」的想法，或者在此較爲適當的說法是「崇本舉末」的思索，將語言文字、經典等現象具體之物，作爲現實「名教」、「末」來看待，而其所呈顯，或形塑語言文字、經典之所以然，背後之理，則爲「自然」、爲「本」。只要有了這層概念，便能不爲「末」之語言文字所局限，而試圖通過它來理解背後之「本」。以下且看他如何說明：

> 夫象者，出於意者也。言者，明象者也。盡意莫若象，盡象莫若言。
> 言生於象，故可尋言以觀象；象生於意，故可尋象以觀意。意以象

晉南北朝儒學流變之省察》（臺北：文津，1996 年）：「事實上，經學重心的轉移，非但沒有使經學衰亡，反而有了新生命，呈現出另一種新風貌。由於訓詁經學在闡明義理方面，不能完全滿足新的思想體系；而天人感應、讖緯之學也無法維繫人心下，東漢末鄭學一統的局面，出現了新的蛻變。而其關鍵則在東漢末、三國初的荊州學派。從經學的發展看，荊州經學可謂，漢魏官學由今文經轉變爲古文經的轉折點，使古文經第一次合法立於官學，並使刪繁就簡，重視義理的學術風氣進一步發展。」（頁 163）。按：東漢經學朝向義理化發展，荊州學派可謂最爲顯著的特徵，但事實上無論是經學義理的抉發，還是經學刪繁就簡的過程，其實從東漢初中葉開始，便持續朝這面向發展，僅是在漢末荊州時，最爲顯著，故可稱之爲「關鍵」。

〔註145〕關於三國時代的經學詮釋逐漸轉向義理，可以參考汪惠敏：《三國經學之研究》（臺北：漢京，1981 年）所言：「經說之說解，自繁瑣之字句訓詁，進而爲簡明之義理闡述；自迷信之陰陽、讖緯、神怪，進而平易、合乎人情之事實，乃爲漢末、三國以來學術思想變遷之趨勢。劉表、宋衷首開先例，提倡所謂之經說簡化運動，王肅子雍繼之於後，復徧注群經，推波助瀾。兩晉已降，學者多已擺落漢儒陰陽、讖緯之論，而重義理之闡發，此適足以補專事訓詁，而忽略本義之弊端，予經學以新風貌。」（頁 240）。

盡，象以言著。故言者所以明象，得象而忘言；象者，所以存意，得意而忘象。由猶蹄者所以在兔，得兔而忘蹄；筌者所以在魚，得魚而忘筌也。然則，言者，象之蹄也；象者，意之筌也。是故，存言者，非得象者也；存象者，非得意者也。象生於意而存象焉，則所存者乃非其象也；言生於象而存言焉，則所存者乃非其言也。然則，忘象者，乃得意者也；忘言者，乃得象者也。得意在忘象，得象在忘言。故立象以盡意，而象可忘也；重畫以盡情，而畫可忘也。

〔註146〕

「象、言、意」是互涵的三組概念，由言而能明象，由象而能盡意，因此對於王弼而言，當常人要理解《周易》時，必先經由言、象，最終才能知悉意，而言與象本身，都只是為了探究意的載體，以王弼取莊子之例，比喻作抓兔子與捕魚的工具，因此語言符號在這裡也變成一種工具，一種可以為我們所使用，記載抽象之意的理想工具。然而即使是工具，本身也有限制性，如果執著在工具本身上，是不能躍出工具本身的理解，而朝向工具所指向的意。換句話說，王弼認為漢代章句之學等，過於分文析字的零碎方式，執迷於文字之上，而在很大程度上，忽略了經典本身所蘊含的義理與價值。

表現在漢易上，即是對於象數易學的反省與擺落，其云：

是故觸類可為其象，合義可為其徵。義苟在健，何必馬乎？類苟在順，何必牛乎？爻苟合順，何必坤乃為牛？義苟應健，何必乾乃為馬？而或者定馬於乾，案文責卦，有馬无乾，則偽說滋漫，難可紀矣。互體不足，遂及卦變；變又不足，推致五行。一失其原，巧愈彌甚。從復或值，而義无所取。蓋存象忘意之由也。忘象以求其意，義斯見矣。〔註147〕

乾卦表剛健、坤卦表柔順，都是一種透過抽象符號，表達某一種意義，而若執著於乾卦必定得以「馬」表剛健之意、坤卦必得以「牛」表柔順之意，反而困鎖在乾、坤的符號，與馬、牛的意象中，而落失乾、坤二者所反映出來的義理。而為了彌縫這種限定性，於是王弼認為漢代多數的變卦，都只是種偽說，是為了符合《周易》文字中的種種局限上，而不得不然的舉動。故站在這個觀點上來說，王弼希望能超脫出整個《周易》本文的限制，而直達背

〔註146〕《王弼集校釋・周易略例・明象》注，頁609。
〔註147〕同前註。

後之理，所謂「統之有宗，會之有元」，這與上述論學思想中的「名教出於自然」的概念，實是一脈相承而來。

值得注意的是，王弼與王符、徐幹等，對於經典的重新反思，都是朝向對經典本身價值的再發現，而不是執著在經文訓詁、章句上。只是三者對於經文價值的再詮釋，有著不同的路徑，但均是希望能在經典身上，得到指引人生社會的途徑，而非汲汲營營地求利，或僅僅在案牘上勞心勞力的瑣事。

第四節　小　結

本章具體地將第二章所述的第二條、第三條「論學思想」發展脈絡下，士人如何具體地論述其「論學思想」，也即是在時代變遷的過程中，如何回應新的課題，如何在舊有的「論學思想」下，重新反思士人之論學，藉此試圖建立或梳理新的方式，以回應時代的新課題。

首先，在論學思想的開展上，以王符而言，雖然承襲漢代主流的「氣化論」，並將之作爲化生天地萬物的主要來源，但卻在天地人關係中，將人的地位提昇出來，得以作爲參贊天地化育的主軸。這個脈絡雖然董仲舒已經提到過，但王符進一步，將人「感通」與「學」聯繫在一起，並試圖溝通二者，溝通人之性情與天地，甚至更擴及到人類社會中的人與人的關係，乃至政治影響，因此順著「感通」與「學」，王符提出了「德化」的概念，將三者相融一致。王符之論學思想，一言以蔽之，即爲前文中所說：「王符不完全遵循原始儒家，由內在心性挺立道德主體性，而是結合宇宙元氣、依循經典的途徑來挺立自身德性。」

再者，徐幹的論學思想，在「氣化」方面更加薄弱，僅僅提出人是由元氣所化，而在論述的過程中，將焦點移至人之「性情」，並試圖藉由「學」以達「疏神達思」、「移情理性」的開展，將學兼德、知的脈絡揭示出來。然而在時代發展中，無論是曹操求賢令的提出，還是才性論的影響，甚至是亂世的刺激，在德、知關係上，必取一者的話，徐幹還是選擇了「知性」，而這種對於「知性」的重視，既承襲先前對「知性」重視的潛流，亦影響後來的論學思想。

「學」與「知性」的關係，從王弼開始作出反省，因爲無論是王符還是徐幹，對於「知性」均是正面的肯定，特別在與「學」關聯上而言。但是對於王弼來說，他在何晏風氣導引下，開始思索「名教」與「自然」的關係，

這當然部分受到了清議以來，在思辨上的突破，另一方面，也歸功於道家思想的刺激。依此而言，「學」與「知性」的關係，是可以再重新檢討的，意即二者是否眞有利於國家、社會、個人，若眞有利於這三者，那麼爲什麼在「學」的發展下，仍有弊端的產生？因此王弼反思了「知性」本身，釐清出「知」、「明」，並試圖透過「學不學」的論述，消解掉「學」與「知性」對於國家、社會、個人的衝擊性，另一方面也透過將「知性」中的「明」昇華，由「神明」以通「無」，在「名教出於自然」思索中，將在現象界中的「學」，歸本於體道上。這種對於「知性」深刻地反思，或許也影響了嵇康對於「知性」的看法。

在「經典」的反省上，無論是王符、徐幹，還是王弼，都希望能對經典有新的闡發，試圖將彊化的經學，予以活化，並納入自己闡述的「論學思想」中，這點可以說是對今文章句之學的反動，另一方面，也可以說是因應時代下，對於經典給予當代的重新詮釋。王弼雖然在「言意之辨」中，試圖將經典的價值，歸本於經典所反映出來的義理，而非經文、文字本身，但事實上，仍在一定程度上，對於經典的權威性有所服膺。然而接下來的嵇康，在時代刺激下，對於經典本身的合理性、權威性，開始進行更深刻且激切的思索，這也是在王符、徐幹、王弼之後，更進一步的發展。

最後，回到本文的主要脈絡來看，王符所反映的「論學思想」，仍保留一定程度的「教化爲學」的痕跡，但到了徐幹時，這種「教化爲學」已經淡化，而更向個人靠近，而到王弼時，對於「教化」、「知」乃至於「學」，都進行全面的反省，因此從王弼的思想中，看不到「教化爲學」的痕跡，甚至多少透露出反對上下關係的「教化」。且在反省的同時，也凸出個人、萬物自身，強調要因循其自然樣態，而不造作，這種思索，也點醒個人自身與才性的重視，嵇康在這樣的脈絡下，更進一步建立「適性爲學」的論述。

第四章　嵇康「難自然好學論」的提出到「適性為學」論的建立與開展

　　從王符到徐幹，可以觀察到「教化為學」的觀念，逐漸淡化，「論學思想」也朝向個體的方向發展。士人們開始思索自身，認知自己的定位，並試圖在時代變遷下，給予新的詮釋。其中對於「知性」的討論，愈發凸顯出來，王符的「明智」求學、徐幹的重「知」，都反映出這個現象。此外，從清議、游談發展下，結合兩漢以來成為潛流的老莊思想，都提供了新的思想資源，刺激士人用新的角度思索過去的「論學思想」，以王弼而言，擺落了過去強調「知性」的看法，開始深刻思索「知性」可能產生的負面影響，並試圖用不一樣的方法調適，此乃開啟對於「論學思想」新的反思。

　　以上的梳理，都可以看出嵇康所處的時代，所獲得的思想資源，以及待處理的問題。而迫使嵇康對此有更深入思索的，當屬司馬政權崛起後，更加暴露「自然」與「名教」的問題。雖然從何晏到王弼對此已有相當豐富的討論，但直至嵇康，才更有意識地思索二者的關係，以及個人如何處在這兩者之中。故「自然好不好學論」的議題，並非憑空而起、突然將「自然」與「好學」結合起來討論，其中所反映的，可能是過去一系列「論學思想」發展，與現實政經環境衝突下，士人們必須認真面對及思索的課題。

　　此論與以往的「論學思想」，在焦點上有所不同，因此本文必須先將張叔遼與嵇康的立場與焦點清楚說明，並指出其核心論點所在。並在梳理完二者的觀點後，再從當世的「論學思想」中，觀察此議題產生之因，並試圖與前面「論學思想」的脈絡做出連結。

　　將二人對於「自然好不好學」的主張梳理清楚後，便可以進一步開展嵇康的「適性爲學」論。〔註1〕並在嵇康論述的過程，逐一梳理其思想中對於「人性」的討論，觀察他如何論述「人性」，以及由人性開展出來的「欲」、「智」、「情」等內涵，並在此脈絡下，連結到與「學」的關聯性。

　　嵇康在〈難自然好學論〉中，曾批評「六經」的權威性，以及伴隨而來的，在治學上的僵固，因此意圖將「學」與「六經」的連結性予以鬆解，並將「學」回歸到生命本眞上，重新將「學」的內涵擴大，並試圖通過「學」以安頓自身的「精神」、「肉體」，由此可以連結到嵇康論「學」與「養生」之間的關係。

　　最後，無論在何種脈絡上討論與「學」的關聯性，都必須回歸到「人性」上的安頓，以及在社會中存在的定位，甚至在反思「經典學習」下，能夠有所調和與安頓，故在上述種種細緻開展後，必得回歸到嵇康如何看待「適性」與「學」的問題，此乃嵇康在論學思想中，以及在時代踽踽獨行下，所欲找尋與回應的論題。

第一節　張叔遼〈自然好學論〉論點的建立

　　張叔遼在史書中僅見《三國志‧邴原傳》裴松之注引荀綽《冀州計》有記載，云：

> 鉅鹿張貌，字邵虎。祖父泰，字伯陽，有名於魏。父遼，字叔遼，遼東太守。著名自然好學論，在嵇康集。爲人弘深有遠識，恢恢然，使求之者莫之能測也。宦歷二官，元康初爲城陽太守，未行而卒。
> 〔註2〕

荀綽稱張叔遼爲「弘深有遠識，恢恢然，使求之者莫之能測也」，既有弘深之量，亦有遠識，實可謂魏晉之際推崇的人物性格，〔註3〕雖在史書上或有溢美

〔註1〕除了緒論提到的相關研究外，另可參李軍：〈嵇康的自然主義教育論及其反現實性〉，《中國文化月刊》（1994年12月）、曾春海：〈阮籍、嵇康對經學的繼承和批判〉，《哲學與文化》，第36卷第9期（2009年9月）。

〔註2〕《三國志‧邴原傳》，頁354。

〔註3〕弘深之量或可稱作「器」、「器量」，「器」與「識」在當時可合看，亦可分看，然其流變則是由二者各自獨行，而後漸相合爲用，張蓓蓓：《中古學術論略》云：「『器識』在魏晉人心目中實爲一種極高尚之品質，蘊涵深厚，故形成『弘雅』、『沈敏』、『清遠』、『雅貴』、『清敏』之品格。若分別言之，則『器』言

之詞，但這與嵇康的好友山濤的性格有很大的類似性，[註4] 故有可能張叔遼與嵇康或爲好友，因在政治立場、「自然」與「名教」議題上有不同的意見而有所論辯，如同向秀與嵇康在〈養生論〉上，有不同的見解而辯論一般。

觀其所論，旨在說明人在自然的狀況下，會衍生出好學的情況，此二者是不相牴牾的。若從人身上談自然，必得明言什麼樣的情況是自然，張氏開門見山即云：

> 夫喜怒哀樂、愛惡欲懼，人情之有也，得意則喜，見犯則怒，乖離
> 則哀，聽和則樂，生育則愛，違好則惡，饑則欲食，逼則恐懼，凡
> 此八者，不教而能，若論所云，即自然也。[註5]

張氏從人情出發，由喜怒哀樂等「八情」的暢發來談何謂自然，並下定義所謂的「自然」即是「不教而能」[註6]。此處的「八情」暢發，不僅僅只是情之發散而已，還涉及到「感應」的問題，包含由內而誘發，如饑餓等；由外而誘發，如見犯、聽和等，但這種涉及到物與感官、意念等所觸發的「八情」、如何誘導這「八情」，以及所以誘導的原因均沒有細緻地辨析，僅強調人本身有所謂「八情」，而這「八情」的暢發，是不教而能的。

接著張氏透過了飲食、樂曲的不同狀態，來說明人具有天生的選擇能力：

> 腥臊未化，飲血茹毛，以充其虛，食之始也，加之火齊，糝之蘭橘，
> 雖所未嘗，嘗必美之，適於口也。簀桴土鼓，撫腹而吟，足之蹈之，
> 以娛其喜，樂之質也，加之管絃，雜以羽毛，雖所未聽，察之必樂，

體量，主深弘，『識』言神智，主清雋；若合而觀之，則『器量』即可視爲一
人內在德行才分之總映現，而總以絕不庸淺爲度。」（頁 90～91）。

[註4] 如房玄齡等：《晉書·山濤傳》（北京：中華書局，2010 年）云：「山濤早孤，
居貧，少有器量，介然不羣。」（卷四十三，頁 1223）、《世說新語箋疏·賞譽》
云：「見山巨源，如登山臨下，幽然深遠。」（頁 500）、〈賢媛〉云：「山公與
嵇、阮一面，契若金蘭。山妻韓氏，覺公與二人異於常交，問公。公曰：『我
當年可以爲友者，唯此二生耳！』妻曰：『負羈之妻亦親觀狐、趙，意欲窺之，
可乎？』他日，二人來，妻勸公止之宿，具酒肉。夜穿墉以視之，達旦忘反。
公入曰：『二人何如？』妻曰：『君才致殊不如，正當以識度相友耳。』公曰：
『伊輩亦常以我度爲勝。』」（頁 799）。所云「器量」、「悠然深遠」、「識度」
均與張叔遼「弘深有遠識」義相近。
[註5] 戴明揚：《嵇康集校注》（北京：人民文學出版社，1962 年），頁 256～257。
[註6] 張氏所依據的「八情」其來有自，除前文討論種種學者的論據外，《禮記·
禮運》亦記載「何謂人情？喜怒哀懼愛惡欲七者，弗學而能。」（頁 431-2），
張氏此處新增「樂」。可見對於「情」的看法，兩漢以來的學者有其共通的
背景。

當其心也。〔註7〕

原始的飲食、奏樂方式，以及後來經由人文化成後的飲食、奏樂方式，人類自然會選擇較佳的一方，而這種天生的選擇能力，張氏似乎直接連結到「八情」上，認爲是情感所欲，故自然選擇。〔註8〕但選擇較好的方式，其實仍是受到外物刺激後的結果，但這種感應與外物刺激後所產生的行爲，張氏似乎均歸結到人自然具備的「八情」上，故其總結道：「民生也直，聚而勿教，肆心觸意，八情必發」，〔註9〕這裡的肆心觸意已經蘊含著「感應」的意義，但是張氏仍將之歸結於「八情」必發上，進而逆推「感應」與人的選擇能力。

在張氏論述完人的「八情」所包含的感應與選擇能力後，便切入主題，來說明人如何能自然好學，其云：

> 且晝坐夜寢，明作闇息，天道之常，人所服習，在於幽室之中，覩
> 丞燭之光，雖不教告，亦皎然喜於所見也；不以尚有白日，與比朱
> 門，旦則復曉，不揭此明而減其歡也。況以長夜之冥，得照太陽，
> 情變鬱陶，而發其蒙也。故以爲雖事以末來，情以本應，即使六藝
> 紛葦，名利雜詭，計而復學，亦無損於有自然之好也。〔註10〕

此處張氏將「好學」比作如幽室見燭光、長夜照太陽一般，自然可喜、自然可從。這與上面論述的脈絡是一致的，即透過對外物感應後，經由了選擇能力而作出的選擇，所謂「事以末來，情以本應」，由此六經亦是人生幽闇的燭光、太陽，即使其中有許多參差、附加的名利等性質，仍會誘發人之情感，計而復學，由此論證人性是自然而好學的。

但這「計而復學」是否能與饑而欲食、寒而欲衣，放在同一個脈絡上來看呢？顯然是有一段距離的。扣除掉「學」所帶來的名利等額外的利益，專就學六經本身來看，似乎與人之生理需求云云無所關涉，一個人若食息於天

〔註7〕 同前註，頁257。
〔註8〕 謝大寧將這種天生的選擇能力解釋爲「人情自有一種社會性的傾向，正是此一傾向造成了名教之種種規範。由此看來，張叔遼所持的乃是一種素樸的人文主義觀點，其論點雖單純，卻也在情在理。」將社會性的傾向含括於人情之中，但這社會性的傾向是包含在人情上，還是思慮（計）上，未及詳分，且經由思慮後還能稱作自然嗎？仍可以再分疏。詳見謝大寧：《歷史的嵇康與玄學的嵇康——從玄學史看嵇康思想的兩個側面》（臺北：文史哲出版社，1997年），頁49。
〔註9〕 《嵇康集校注》，頁257。
〔註10〕 同前註，頁258～259。

地之間，能吃飽、穿暖，天性上似乎也不需要其餘的人文化成。因此張氏爲了彌縫這段落差，將人在黑暗中好光的傾向，形容成「學」也是一種人生的光芒，是可以誘發人去追逐的，但這種誘發，又不是像食物、音樂一樣，可以直接由感官去攝取，故仍必須提出另外的動作「計」來說明，則此「計」便已超越前文所談的「感應」，而與「思慮」連結上了，那麼透過「思慮」而來的行爲，是否仍可稱作自然呢？張氏於此仍試圖彌縫這段落差，先承認其中難免雜有名利等社會羈絆，而直云即使有這兩者的附加，只要經由「思慮」而喜好學習，仍無損於「自然好學」。

　　通篇而觀，張氏爲論述「自然好學」，主要提出了「八情」與「計」兩個主要概念，還有潛脈絡下，透露出來的「感應」以及「選擇能力」。張氏文中談到，「八情」所起，必有相應的行爲來滿足，如「苴竹菅蒯，所以表哀；溝池岨嶮，所以寬懼」，﹝註11﹞但文中對於「好學」之情感，類比於見光之喜，似乎暗指「好學」相應於喜的情感，但見光乃是實見一物（或現象），確實由一外物（或現象）的「感應」，而興起喜的情感，但「學」卻並非是一物，而是一種人的行爲，今日若套用到紡織、手工藝等亦無不可，如此亦可說是自然好紡織或手工藝嗎？因此從「八情」這個角度來論述「自然好學」，顯然有其局限性，甚至有「情」與「學」難以連結的情況。再者，若每一情之發，必須有相應的行爲配合，那麼會不會造成爲了滿足種種情或欲望，而造成無所不用其極的情況發生？此處雖非張氏所措意，但其論述中確實含有這層缺失。

　　「計」與「選擇」在一定程度上是相合的，亦即透過計（思維）而促使人自然作最佳的選擇。﹝註12﹞可以說人在天性上的確會追尋更好的生活，無論食衣住行均是，但這大多反映在實際的物質層面，如張氏所談的飲食、音樂，然而在人文化成的過程中，所獲得的權利、名譽乃至種種人爲所施設的措施，都未必與實際物質有直接的關聯，而如何獲取權利、名譽，或許可以連結到人自身對生存能力的追求，但對於權利、名譽的理解與追求，不可

﹝註11﹞同前註，頁 257～258。
﹝註12﹞張叔遼使用「計」字相當特別，考量到先秦兩漢的用例，多數指涉負面（算計、陰謀）或中性之語（思慮），前者如《荀子·天論》：「君子道其常，而小人計其功。」（《荀子集釋》，頁 371）後者如《說苑·正諫》：「君子計而後行，二三子其計乎？」（《說苑校證》，頁 234）張叔遼用此字，或許承襲董仲舒〈人副天數〉所言：「心有計慮，副度數也」（《春秋繁露義證》，頁 357），作爲人生而然的能力，而近於中性之義。

能是透過天生「八情」所能達到的，雖然張氏談到了「事以末來，情以本應」的前提，但應「事」之「情」，卻未必就是人天生的「八情」，可能是經由「計」的考量後，所獲致的情感，如嬰兒肚子餓了會哭、吃完東西會高興，此「情」絕非因失去權利與名譽後的悵然若失，或獲致權利後的欣喜所能相等的。情感尚且如此，更何況是經由「計」之後所產生的行爲活動，更難說是不用經由社會化或人文化成等過程，而自然具備的。

既云「自然好學」，則所好之學是什麼呢？顯然張氏此文不單指「學習」這一行爲，而是將它限定在「六藝」上，則學習本身的開放性便被局限了，限縮於「六藝」之上，而所以習「六藝」的原因，又難以剝落掉名利的附加，因此張氏要論證人能自然好學來習「六藝」，更是難上加難了。

當然，若以「教化爲學」的脈絡來省思，或可爲張氏之論找到一個合理的立足點。除了「八情」與「計」的論述之外，前文尚提到張氏將「好學」比作如幽室見燭光、長夜照太陽一般，自然可喜、自然可從，強調「長夜之冥，得照太陽，情變鬱陶，而發其蒙也」，這不得不使人連結到董仲舒所言的「民之爲言，固猶瞑也」，必須待王者之教化，方能醒覺，如同張氏所言一般，長夜之冥，必須經由陽光之照射，方能啓其蒙。由此可以觀察到，董仲舒以上位者的角度出發，將教化人民的責任歸之於君王本身，透過君王自身的成學以啓發人民；但張叔遼卻不循此途徑而論，反而將爲學的主體轉移到「人」身上，以「八情」與「計」爲主軸，強調人自然而然地需要「學」的薰陶與教化，使人能脫離原始的限制，而朝向社會性或文明的道路前進。

這裡便存在著相當有趣的現象，張叔遼一方面強調「學」的重要性，以及人自然而然需要人文教化的薰陶，方能邁進文明之中；但另一方面，卻又不完全遵循過去以君王爲主，施教化於人民的途徑，而將主體完全落於「人」上，並以「八情」或「計」作爲主要的立論基礎。其中的轉變，或許歸因於士大夫認知到「以學爲本」的背景，致使張叔遼不知不覺中，擺落了過去君王爲主的教化觀，而提出富有士大夫自身色彩的「教化爲學」，而在此論述中，君王的角色便相當大程度的淡去，而以「人」爲主體，自主地以「學」追求「教化」。而此處的「人」可能同時具備「平民」以及「士族」雙重的涵義，這中間的轉變，可以說是從被動地受教化，轉變成主動地尋求教化。以上是基於張叔遼文本中所蘊含的思想，並置入「教化爲學」的脈絡中考察所得出的推論。在後文中，將置於歷史與學術的脈絡中，試著從另一個角度考察張

叔遼此論提出的可能背景。

第二節　嵇康反駁張叔遼之論點

一、針對「自然」與「學」的聯繫反駁

當討論人自然好不好學，必定涉及人性的問題，若人自然好學，則好學的性質必定具備於人性之中，天生即如此，反之亦然。這樣的探討與切入，也較張氏僅由情切入較爲深邃且精密些。嵇康云：

> 夫民之性，好安而惡危，好逸而惡勞，故不擾則其願得，不逼則其志從。昔洪荒之世，大朴未虧，君無文於上，民無競於下，物全理順，莫不自得，飽則安寢，饑則求食，怡然鼓腹，不知爲至德之世也；若此，則安知仁義之端，禮律之文？〔註13〕

嵇康首先點明人之性是「好安而惡危，好逸而惡勞」，但這是建立在滿足生理基本需求的前提下，即後文所說的「飽則安寢，饑則求食」。當此時是原始社會、人性「大樸未虧」的狀態，既無文（禮樂刑政），亦無競（名利爭逐），而能夠「物全理順」（萬事萬物均處在合宜、合理的狀態，而無所斲喪）。既然只爲了滿足原始的生理慾望，又無文無競，那麼何必需要仁義、禮律等人文化成呢？但這只是在「大樸未虧」前「至德之世」的理想狀態，往後人類歷史的發展便不曾停留於此：

> 及至人不存，大道陵遲，乃始作文墨，以傳其意，區別羣物，使有類族，造立仁義，以嬰其心，制其名分，以檢其外，勸學講文，以神其教；故六經紛錯，百家繁熾，開榮利之途，故奔騖而不覺。是以貪生之禽，食園池之粱菽，求安之士，乃詭志以從俗，操筆執觚，足容蘇息，積學明經，以代稼穡；是以困而後學，學以致榮，計而後習，好而習成，有似自然，故令吾子謂之自然爾。推其原也，六經以抑引爲主，人性以從欲爲歡，抑引則違其願，從欲則得自然；然則自然之得，不由抑引之六經，全性之本，不須犯情之禮律。故仁義務於理僞，非養眞之要術，廉讓生於爭奪，非自然之所出也。由是言之：則鳥不毀以求馴，獸不羣而求畜，則人之眞性，無爲正

〔註13〕同前註，頁259。

當，自然耽此禮學矣。〔註14〕

作文墨、立仁義、勸學講文，人文化成的出現，是由於「至人不存，大道陵遲」下不得不然的發展。這裡可以看到嵇康與張氏在本質上很顯明的不同，對於張氏來說受外物「感應」後，會有「八情」的發散以及選擇的產生，而此外物可以包含人文化成後的種種物質與非物質的層面，由此可以論述人對於這些外物有所追求，是符合人本然之「八情」與選擇的。但對於嵇康來說，人文化成若被政治利用，則會成為人類社會負面的發展，背反了原始之樸的狀態，頗可以與《老子‧二十八章》所云：「樸散則為器，聖人用之則為官長」〔註15〕相對照，在人類最純粹、最原始的本性上，若能滿足基本的生理需求，是不需要這些後天的人文化成，這些人文化成只會在人與人之間徒增紛擾。

接著嵇康開始說明在他認知中，當時的「學」是處在什麼樣的狀態，無論是「六經」或者是百家都是在「榮利之途」的前提下，進行各種追逐名利的競爭，這裡的「六經」可以連結到張氏所說的「六藝」，也可以更廣泛地來說，指當時官方所立的顯學，即經學；「百家」則可指東漢末以來，興起的各式學說，如形名學、法家等等，〔註16〕興起之因除了救世外，無非是追求名利耳。而真正趨使人去學以求榮利者，便是官方所訂定的經學標準。

「困而後學」可以從兩個方面來理解，第一，與前面的「以代稼穡」連結，若僅僅耕作以自食，是難以生存在這社會中，故必須另尋出路；第二，比較曲折些，可以解釋成受困於「人文化成」的焦慮，即當社會中，人人皆以「學」而致顯榮、得名利時，便會使隨波逐流的人感到焦慮，進而願「學」。無論從哪方面來看，「計而後學，有似自然」，反而成為一種社會化過程中，不得不然的強迫，而在這種狀態下浸淫已久，反倒真認為人自出生，便必須透過「學」方能證明自己所以為人，故云其「自然」也。

當嵇康認定人類的自然之性以及原始至德之世是如何時，便依此標準來檢定現今是否符合這樣的自然之性與至德之世。以自然之性而言，人是「好逸惡

〔註14〕 同前註，頁259～261。
〔註15〕 《王弼集校釋》，頁75。此可並參前一章王弼的部分。
〔註16〕 漢末各家有興起的端倪可參考王弼〈老子指略〉云：「法者尚乎齊同，而刑以檢之。名者尚乎定真，而言以正之。儒者尚乎全愛，而譽以進之。墨者尚乎儉嗇，而矯以立之。雜者尚乎眾美，而總以行之。」（同前註，頁196）又可參見唐長孺：〈魏晉玄學之形成及其發展〉，《魏晉南北朝史論叢》云「漢末魏晉時，儒、墨、名、法、道德、縱橫以至兵家都有一定程度的發展。」（頁303）。

勞」的，是「飽則安寢，饑則求食」的，這是人最原始的欲望與需求，即所謂「自然之性」，故所謂「從欲而歡」是必須在這個角度上來說的。〔註17〕在此對舉「六經」之抑引與人性之從欲，是有嵇康的深意所在。如果說以「六經」爲學的目的在於求榮利，則勢必依循於當世「六經」之學的種種規範，而依此規範來改變自己的態度與行爲，這與東漢以來的「察舉」以及當時的「九品官人法」便有相當的關聯性，〔註18〕既然是依循某種規範或價值觀而行，則此行爲本身就不是人生而自然的，是「計」而後行的。由此來看，即使「六經」所言人當節制、疏導性情是如何的合理，對於追求榮利的人來說，都只是外在強制性的學習。

順著這個脈絡來看，「仁義務於理僞，非養眞之要術，廉讓生於爭奪，非自然之所出也」，也可以得到當世現實的解釋，姑且不論是否受到《老子・十八章》中所言的「大道廢，有仁義；智慧出，有大僞；六親不和，有孝慈；國家昏亂，有忠臣」〔註19〕的影響，當追求「仁義」、「廉讓」等「六經」所

〔註17〕 嵇康〈答難養生論〉有對此進行疏解，其云：「夫不慮而欲，性之動也；識而後感，智之用也。性動者，遇物而當，足則無餘。智用者，從感而求，勌而不已。」（《嵇康集校注》，頁 174。）所謂「性之動」即是不慮之「欲」，遇物即可滿足，義可通「飽則安寢，饑則求食」，故可說是人之「自然之性」。關於「性」、「欲」、「智用」等問題，詳待下文說明。盧桂珍對於此句也有疏解，其云：「造成兩說（筆者案：養生所去之欲，與本處所云從欲）扞格之因，在於嵇康之立論往往隨機而轉，對應不同的論旨即有不同的說法。其謂『人性以從欲爲歡』，是想藉此凸顯『六經』、『禮律』、『仁義』抑制、引導人之情性，以做爲他批判說明六經、禮律、仁義爲僞作的理論基礎。」詳參盧桂珍：《境界・思維・語言：魏晉玄理研究》（臺北：國立臺灣大學出版中心，2010 年），頁80，注51。

〔註18〕 前者如張蓓蓓先生：《東漢士風及其轉變》云：「因爲朝廷重視名節，甚至用利祿來崇獎德行，所以士人往往追求名節過甚，甚至爲了使自己顯得比別人更有『才能操守』，更容易獲得察舉，不習刻意修飾一己的操行，『好爲苟難』，務期『絕出流輩』，『以成卓特之行』，故其種種行爲都漸漸有了『激詭』的趨勢。」（頁 6）。詳可另參趙翼：《廿二史箚記》，〈東漢尚名節〉一節，頁102～104。後者可參見唐長孺：〈九品中正制度試釋〉云：「曹氏三世對於漢末政治有一貫的意見，就是要抑止浮華，不讓名士的清議在政治上取得權勢。設立中正與此有密切的關係。但曹氏政權既不能不終於和大族名士妥協，因而中正的建立又正是二者協調的重要表現。及司馬氏當國，他們所提倡的學術與曹氏有異，而司馬氏又出於儒學大族，其政權基礎也建築在大族的擁護上，因之中正與大族更進一步地結合起來成爲門閥制度的有力支持。」（頁 94）無論是曹氏爲主導的「以才爲重」取人，還是後來司馬氏提倡的「名教」，都與官方標擧的學術有密切之關係，而以六經名教爲標準，在司馬氏掌權時更爲顯著。

〔註19〕 《王弼集校釋》，頁43。

啓示的美德時，背後所欲求的卻是榮利，那麼「仁義」當然會淪爲裝飾品，而「廉讓」也只會成爲爭官逐利的煙霧彈而已。是以就人自然本性而言，不需要這些人文化成後的種種造作，人生亦可以過得豐滿自得，故嵇康所云「全性之本，不須犯情之禮律」，在在提示著自然之性在這些「計而後學」的影響下，變得扭曲、不眞實，這些「禮律」也只是透過「榮利」來束縛著人性罷了。

二、針對張叔遼之思辨方式反駁

在嵇康闡釋完自己對於「人性」、「自然」與「學」等看法後，進一步就張氏之文來進行反駁，並針對由「計」而來的「學」進行反思，或者說是對「思辨方式」進行反思。

> 論又云：嘉肴珍膳，雖所未嘗，嘗必美之，適於口也，處在闇室，觀蒸燭之光，不教而悅得於心，況以長夜之冥，得照太陽，情變鬱陶，而發其蒙，雖事以末來，情以本應，則無損於自然好學。

> 難曰：夫口之於甘苦，身之於痛癢，感物而動，應事而作，不須學而後能，不待借而後有，此必然之理也，吾所不易也。今子以必然之理，喻未必然之好學，則恐似是而非之議，學如一粟之論，於是乎在也。今子立六經以爲準，仰仁義以爲主，以規矩爲軒駕，以講誨爲哺乳，由其塗則通，乖其路則滯，游心極視，不觀其外，終年馳騁，思不出位，聚族獻議，唯學爲貴，執書摘句，俛仰咨嗟，服膺其言，以爲榮華，故吾子謂六經爲太陽，不學爲長夜耳。今若以明堂爲丙舍，以諷誦爲鬼語，以六經爲蕪穢，以仁義爲臭腐，觀文籍則日瞧，修揖讓則變傴，襲章服則轉筋，談禮典則齒齲，於是兼而棄之，與萬物爲更始，則吾子雖好學不倦，猶將闕焉；向之不學，未必爲長夜，六經未必爲太陽也。俗語曰：乞兒不辱馬醫，若遇上古無文之治，可不學而獲安，不勤而得志，則何求於六經，何欲於仁義哉？以此言之：則今之學者，豈不先計而後學？苟計而後動，則非自然之應也。子之云云，恐故得菖蒲葅耳。〔註20〕

「論又云」一段是嵇康針對張氏一文作出直接的反駁，此段主旨如前文所述，即張叔遼將人情之「自然感應」與「天生的選擇」與「計而後學」混淆一起，

〔註20〕《嵇康集校注》，頁 261～264。

嵇康下文主要便先就此進行釐清。對於嵇康來說「口之於甘苦」等「感物而動」的狀態，是必然之理，即是人之自然即有，但「計而後學」則非人之自然即能如此，必須經過「計」這一層方才能產生「學」的動作，而「計」是否就是自然呢？嵇康在下文會再進行他的闡述。

此處可以先岔開來論「學如一粟之論」，這段話可以呼應董仲舒以來，對於「教化爲學」的討論，如：

> 《春秋繁露・實性》：「善如米，性如禾。禾雖出米，而禾未可謂米也。性雖出善，而性未可謂善也。米與善，人之繼天而成於外也。」〔註21〕

> 《論衡・量知》：「人之不學，猶穀未成粟，米未爲飯也。」〔註22〕

第二章已經討論過，董仲舒認爲人之性，是由「陽性陰情」、「陽善陰惡」的陰陽之氣所構成，並同時具足於人之中，因此必須透過「教化」的手段，以醒覺人民之善性；王充所論承襲自董仲舒，亦提倡「教化」，但在「以學爲本」的認知下，對於「學」有寬闊的認知與思索。但嵇康跳脫出兩漢論學思想的主流脈絡，思索爲何一定要透過「學」才能爲善，又人之本性是否一定要介入善惡之中，而孜孜爲善？凡此嵇康顯然都是站在懷疑的立場上進行思索。張氏以「自然好學」立論，也許是爲過去漢代章句之學這一條脈絡來尋找新的基點，但這樣的論點，也許在當世能說服門第士族等讀書人，但卻難以說服嵇康。

接下來的一大段，嵇康用具體的方式，來說明「計」在張氏所論的「好學」中扮演的角色。當時的社會中，將「學（六經）」作爲一種追求榮利之途的主要手段，因此由「六經」所展現的價值、意義、規矩等，都必須服從，如此方能「由其塗則通」，否則便會「乖其路則滯」，而當價值只限縮在榮利的追逐，當行爲只限縮在六經所言的種種規範，則人便會強迫自己依循之，甚至矯揉造作之，當整個身心都在爲此奔馳，則很容易便會自我催眠、自覺天生就該如此，而有似於自然。所以如此，最重要便是因爲「計」的因素，即人之思維判斷後，所產生的行爲，因此若要對這個部分進行反駁或辯證，便必須由此來討論。

張氏認爲「計而後學」便可云是自然，上文已有論述，站在嵇康的立場

〔註21〕　《春秋繁露義證》，頁311。
〔註22〕　《論衡校釋》，頁551。

來說，若「計」是可透過後天改變的，如當把「六經爲準」的認知，轉變成「以六經爲蕪穢」，就會觀察到當思維認知轉變時，連帶著影響價值、意義，進而改變行爲，則無論是以「六經」爲準還是爲蕪穢，都在彰顯是經過「計」而後產生的行爲，則這些行爲都不能算是自然天生的，因爲「計」本身若具有變動性，無論是由自主的改變，還是經過社會化的轉變，都有其潛在的不確定性，而這不確定性會造成不同的行爲模式，若有不同的行爲模式，怎麼能夠說成是天生自然的呢？嵇康便基於這樣的立場反駁張氏之論。且就其理想而言，上古之世的人是不需要有這些後天的人文化成即可獲安且得志，那麼何求於「學」與「仁義」呢？故無論如何，「計」而後所作的行爲，在嵇康的眼中，怎麼都不能算作是人生而自然的。

綜合上述，既然不能說「學」是天生自然的，但我們卻發現了可以進一步展開的論述脈絡，即是「計」本身可不可以作爲人天生自然所具備的？若可以，那麼嵇康會如何看待它？進一層而論，若「學」本身，嵇康認爲不是自然的，那麼嵇康如何看待「學」？是完全加以排斥？還是有其他的看法？又「學」既然不是由人性之自然而來的，那麼「學」與「人性」以及「自然」的關係又如何？再者，若「計」與「學」有所關聯，嵇康如何看待這兩者？又「學」在儒學傳統中是有相當大的影響與傳承，嵇康如何批判與繼承？又與當世如何之不同？這些將在後文一併討論。

第三節　由此「論辯」觀察當時論學思想的發展

一、「自然好不好學論」產生的時代背景

前文曾提到過，張叔遼跟嵇康，可能是好友的狀態，而針對本議題有各自的看法與表述，因此提出不同的見解。但事實上，也存在著另外解讀的可能性。觀張叔遼在史書中的記載，其曾任遼東太守，且於西晉元康初受任爲城陽太守，則張叔遼或在魏末晉初時曾支持司馬氏政權。而嵇康等人在當時，以風靡海內的任誕行爲，以及表面上與名教對抗的姿態，試圖凸顯出上位者的虛僞性，而張氏或爲了替司馬氏政權提出合理的辯護，提出了「自然好學論」的議題，意圖攏絡當時讀書人爲司馬氏政權服務。〔註23〕這在一定

〔註23〕林麗眞先生對此持較爲平和的說法，認爲張氏是繼承王弼「儒道調和論」的

程度上，反映了當時對於論學的不同認知，可作爲觀察當時論學的切入點之一。

因此有必要先回到當時的時空環境中，梳理此議題產生的背景，畢竟史書上，對於此事幾乎毫無記載，僅存在二人論辯的文字，而全不提論辯發生的時空環境，只能試圖從現有的材料中，釐清當時發生的可能性。

從魏初到晉初，在太學發展上，以及廣義的儒學上，時人認爲是頗爲頹敗的，如劉靖〈陳儒訓之本疏〉云：

> 夫學者，治亂之軌儀，聖人之大教也。自黃初以來，崇立太學二十餘年，而寡有成者，蓋由博士選輕，諸生避役，高門子弟，恥非其倫，故無學者。雖有其名而無其人，雖設其教而無其功。宜高選博士，取行爲人表，經任人師者，掌教國子。依遵古法，使二千石以上子孫，年從十五，皆入太學。明制黜陟，榮辱之路；其經明行修者，則進之以崇德；荒教廢業者，則退之以懲惡；舉善而教不能則勸，浮華交遊，不禁自息矣。闡弘大化，以綏未賓；六合承風，遠人來格。此聖人之教，致治之本也。〔註24〕

劉靖處於魏中葉之朝政中，當親睹由漢末至魏中的學術轉變。黃初年間，曹丕設立太學二十多年來，始終沒有達到漢代設立太學，崇舉今文經學，優選博士，進入朝政之中，得以經世致用的目標。反而認爲在太學中的博士既非名德碩望之輩，求學之太學生們亦非篤實求學，太學遂變爲名不副實，可有可無，淪爲逃避賦役之所。另一方面，在太學中活動的太學生，既非昔日嫻習章句的治學之方，徒襲漢末以來太學生清議、交遊的風氣，亦非劉靖所滿。因此可以說站在劉靖的角度來看，魏初以來的學術發展，在今文經學正統的觀點下，至少是頹敗、倒退的。

持相似的意見，另有魚豢〈典略儒宗傳序〉，其云：

> 從初平之元，至建安之末，天下分崩，人懷苟且，綱紀既衰，儒道尤甚。至黃初元年之後，新主乃復，始掃除太學之灰炭，補舊石碑之缺壞，備博士之員錄，依漢甲乙以考課。申告州郡，有欲學者，皆遣詣太學。太學始開，有弟子數百人。至太和、青龍中，

觀點而來，而嵇康則是批判當時假裝擁護名教，實則崇《老》《莊》的名士們。此說對政治角逐的部分較爲淡化，而側重於思想的發展以及時代刺激上。詳見林麗眞：《魏晉清談主題之研究》，頁144。

〔註24〕　《三國志‧劉馥傳》，頁464。

中外多事，人懷避就。雖性非解學，多求詣太學。太學諸生有千數，而諸博士率皆麁疎，無以教弟子。弟子本亦避役，竟無能習學，冬來春去，歲歲如是。又雖有精者，而臺閣舉格太高，加不念統其大義，而問字指墨法點注之間，百人同試，度者未十。是以志學之士，遂復陵遲，而末求浮虛者各競逐也。正始中，有詔議圜丘，普延學士。是時郎官及司徒領吏二萬餘人，雖復分布，見在京師者尚且萬人，而應書與議者略無幾人。又是時朝堂公卿以下四百餘人，其能操筆者未有十人，多皆相從飽食而退。嗟夫！學業沈隕，乃至於此。是以私心常區區貴乎數公者，各處慌亂之際，而能守志彌敦者也。〔註25〕

魚豢比劉靖更爲詳細敘述黃初以來的太學情況，博士粗疎、弟子避役求學，既不能延續漢代今文經學的傳統家學，又不能在政事有所作爲。然而魚豢雖站在傳統經學立場上，但在字裡行間仍透露出些許時代轉變下突出的觀念，如「性非解學」與「不念統其大義，而問字指墨法點注之間」。前者可以回應從東漢以來，一直討論的「學」與「人性」的關係，並由此可以涉及到一系列的問題。後者則是在今文章句家法盛行下，各家壁壘分明，互相攻訐，而逐漸淪落爲字斟句酌地排擊對方、加上混雜讖緯思想，使得經書本身義理反倒晦暗不明，另一方面，民間古學雖試圖跳脫今文經學之窠臼，卻又因古音古字、制度考辨等治學方法，亦使得過於零碎，而無法直通經書之大義。

接著或許能通過魚豢提出「性非解學」這個概念，可以進一步觀察「自然好不好學論」的產生原因。在東漢以來，民間有許許多多的讀書人，是單純爲了讀書的興趣，而勉勵求學的，如趙康、〔註26〕侯瑾〔註27〕等人，就這個角度來說，有些人的確是生性喜好學問，願意爲了追求學問，安於貧困與草莽間；同樣的，也有些人實際上對於學問並非這麼有興趣，也不一定能夠理解，即使進入太學，只是基於利益的考量、現實的因素，而不得不然的選

〔註25〕 嚴可均輯校：《全上古三代秦漢三國六朝文》（北京：中華書局，2012年），卷四十三，頁1297-1。

〔註26〕《後漢書‧孫穆傳》云：「時同郡趙康叔盛者，隱于武當山，清靜不仕，以經傳教授。」（頁1463）。

〔註27〕《後漢書‧侯瑾傳》云：「侯瑾字子瑜，敦煌人也。少孤貧，依宗人居。性篤學，恆傭作爲資，暮還輒柴以讀書。常以禮自牧，獨處一房，如對嚴賓焉。州郡累召，公車有道徵，並稱疾不到。作矯世論以譏切當時。而徙入山中，覃思著述。以莫知於世，故作應賓難以自寄。」（頁2649）。

擇。〔註28〕

　　如此說來，張叔遼所認爲的「自然好學論」，若是建基在太學生的數量，以及客觀環境上所呈顯的熱鬧上，則這些趨入太學者，未必眞的心嚮學問，反而是背後所涉及的利益跟現實考量，也即是文中所言的「計」的因素參入，如此若能說是「自然好學」實是個疑問。再者，「好學」字面意義所反映出來的，是對於學問熱切地追求與懷抱著濃烈的興趣，並不完全是「能不能夠治學」的問題，對於張叔遼而言，若僅從表面好學來看，而不考慮到個人才性與學的關聯，又可能會有所衝突，因爲一個人若十分之好學，但在才性上無法符合主流之學（以張叔遼的論點而言，便是「六藝」之學），則這樣的「好學」還是張叔遼所說的「自然好學」嗎？當然此處並非是否認才性不適宜治學的人，便不能好學，只是在「性不解學」的前提下，如何能將「好學」與「治學能力」在先天上縮合起來，是張叔遼所忽略的。最後，人之「好學」一定得在主流之學（「六藝」），而沒辦法擴及其他項目嗎？若無法擴及其他項目，又怎麼能在人初生時，即懂得以「六藝」爲學，並以之爲好呢？凡此都是張叔遼所注意不及處。

　　時人確實有天性好學，且若渾然天成者，如華歆所薦鄭玄之子鄭小同，便在某種程度上，將天性與學連結在一起，其云：

　　　　小同年踰三十，少有令質，學綜六經，行著鄉邑。海、岱之人莫不嘉其自然，美其氣量。迹其所履，有質直不渝之性，然而恪恭靜默，色養其親，不治可見之美，不競人間之名。〔註29〕

鄭小同之治學，有如渾然天成，不只在學問上有其造詣，在德性上亦爲人所欽佩，這樣的人或許確實存在於當世，因此張叔遼有感而發，以之爲心中理想的「自然好學」。然而當世的好學，不必然定須限定在六經上，鄭小同雖

〔註28〕　王仁祥：《先秦兩漢的隱逸》（臺北：國立臺灣大學文學院，1995 年）亦點出這個面向，其云：「東漢時學仕二途實有逐漸分離的趨勢。學仕分途的意義，在於學術具有獨立的地位，不再只是依附於政治的『利祿之路』。而東漢的學者（尤其是學古學者），確實有許多並不爲朝廷官學所能獨攬，學者又多不爲朝廷祿利所誘進，學仕分途的結果，遂使許多學者獨立於仕途之外。這些獨立於仕途之外的學者當然未必皆抱持不仕的態度，但至少這些學者在決定出仕與否之時，可供其選擇的空間當較西漢時期大得多。而若考慮到東漢中晚期政治腐敗、清議盛行，則亦不難理解何以士人多不願涉足官場，而寧隱身保持清名了。」（頁 203）。

〔註29〕　華歆：〈請敍鄭小同表〉，見《三國志》，頁 142。

是個顯著之例，但事實上仍能找出其餘並非心繫六經的例子，如曹丕即是顯例：

> 余時年五歲，上以世方擾亂，教余學射，六歲而知射，又教余騎馬，八歲而能騎射矣。……夫文武之道，各隨時而用，生于中平之季，長于戎旅之間，是以少好弓馬，于今不衰；逐禽輒十里，馳射常百步，日多體健，心每不厭。……余又學擊劍，閱師多矣。……余於他戲弄之事少所喜，唯彈棊略盡巧，少爲之賦。……上雅好詩書文籍，雖在軍旅，手不釋卷，每每定省從容，常言人少好學則思專，長則善忘，長大而能勤學者，唯吾與袁伯業耳。余是以少誦詩、論，及長而備歷五經、四部，《史》、《漢》、諸子百家之言，靡不畢覽。〔註30〕

曹丕從小跟在曹操身邊學習各種事物，舉凡射箭、擊劍、騎馬，甚至是彈棊等，都頗有熱情，且依其所述，都學習得不錯。更不用說傳統以來，各式經典，乃至史書、諸子著作，都爲其所備覽。雖然出自曹丕自述，不無誇口之嫌，但事實上可以見出，確實有對於學習各種事物抱持著熱情，且四處願意嘗試之人，此情形曹植亦如此。〔註31〕這裡確實可以見得猶如「自然好學」的成因存在。凡此都或可略爲觀察到張叔遼此論的建基點。

此外，無論是曹氏父子，還是晉初司馬氏，對於提倡「經學」都有所措意，一方面希望如同漢帝國一般，作爲維繫國家樞紐，提供人才培育的管道；〔註32〕另一方面，則可藉由官方教育的宣傳，達到形塑社會價值的目的，以

〔註30〕《三國志》，裴松之引曹丕《典論·自敘》，頁89～90。
〔註31〕《三國志》，裴松之引《魏略》云：「會臨菑侯植亦求淳，太祖遣淳詣植。植初得淳甚喜，延入坐，不先與談。時天暑熱，植因呼常從取水自澡訖，傅粉。遂科頭拍袒，胡舞五椎鍛，跳丸擊劍，誦俳優小說數千言訖，謂淳曰：「邯鄲生何如邪？」於是乃更著衣幘，整儀容，與淳評說混元造化之端，品物區別之意，然後論羲皇以來賢聖名臣烈士優劣之差，次頌古今文章賦誄及當官政事宜所先後，又論用武行兵倚伏之勢。乃命廚宰，酒炙交至，坐席默然，無與伉者。及暮，淳歸，對其所知歎植之材，謂之「天人」。」（頁602）。邯鄲淳謂曹植爲「天人」，嘆服他身兼多種技藝，從體育、小說雜言、古今聖賢、文學，乃至天地宇宙造化等，無不該覽，由此亦可見當時之人，在「學」上的擴展，不單單僅限於經書之上。
〔註32〕但事實上，魏晉在官學方面表現均不甚彰顯，主要的學術發展，還是依靠在門第與寺廟之中。門第爲當時學術之中心，錢先生已明確點出，如其云：「當時一切學術文化，可謂莫不寄存於門第中，由於門第之護持而得傳習不中斷；亦因門第之培育，而得生長有發展。門第在當時歷史進程中，可謂已盡其一

利於穩定社會秩序，如：

> 曹操〈修學令〉：「喪亂已來，十有五年，後生者不見仁義禮讓之風，吾甚傷之。其令郡國各脩文學。縣滿五百戶置校官，選其鄉之俊造而教學之。庶幾先王之道不廢，而有以益於天下。」〔註33〕

> 曹丕〈以侍中鄭稱爲武德侯傳令〉：「龍淵、太阿出昆吾之金；和氏之璧由井里之田；礱之以砥礪，錯之以他山，故能致連城之寶，爲命世之寶。學亦人之砥礪也。」〔註34〕

> 曹叡〈貢士以經學爲先詔〉：「尊儒貴學，王教之本也。自頃儒官或非其人，將何以宣明聖道？其高選博士，才任侍中常侍者。申敕郡國，貢士以經學爲先。」〔註35〕

> 司馬師〈上高貴鄉公書〉：「荊山之璞雖美，不琢不成其寶；顏冉之才雖茂，不學不弘其量。」〔註36〕

> 司馬炎〈敦喻五教詔〉：「敦喻五教，勤務農功，勉勵學者，思勤正

分之功績。」參見錢穆：〈略論魏晉南北朝學術文化與當時門第之關係〉，《中國學術思想史論叢（三）》（臺北：蘭臺出版社，2000年），頁275。又錢穆：《國史大綱》（臺北：商務印書館，1995年）亦云：「平情而論，南方門第對於當時傳統文化之保存與縣延，亦有其貢獻。一個大門第，決非全賴外在之權勢與財力，而能保泰持盈達數百年之久；更非清虛與奢汰，所能使閨門雍睦，子弟循謹，維持此門戶於不衰。當時極重家教門風，孝弟婦德，皆從兩漢儒學傳來。詩文藝術，皆有卓越之造詣；經史著述，亦粲然可觀；品德高潔，堪稱中國史上第一、第二流人物者，亦復多有。」（頁309～310）又程舜英：《魏晉南北朝教育制度史資料》中亦點出：「這時期的教育特點，一方面是中央官學的衰微，呈時興時廢狀態，使地方私學轉而大大的發展。另一方面大學者、博士難於在太學講論，轉而趨向於豪族的家學。家庭教育有了進一步的發展。」（頁1）。寺廟教育方面，錢穆先生雖無明確指出，當時教育中心曾落在寺廟中，但不少地方已隱隱約約點出，如〈略論魏晉南北朝學術文化與當時門第之關係〉曾云：「慧遠雖入山門，仍講授〈喪服〉。又如《續高僧傳》，釋曇濟在虎丘講《禮》、《易》、《春秋》各七通，釋僧旻從僧迴受五經，釋智琳《禮》、《易》、《老》悉窮幽致。宋釋慧琳、梁釋慧始皆注《孝經》。劉勰著《文心雕龍》，後爲僧名慧地。凡此皆當時釋氏兼通儒業之例。」（頁272）則可知，當時僧侶除講佛法外，亦以外道之儒家、道家經典教學，作爲佛法傳授的因緣，得以借此傳彼，故寺廟中，實保留住一定程度的文化命脈。
〔註33〕《三國志‧武帝紀》，頁24。
〔註34〕《三國志‧文帝紀》，頁59。
〔註35〕《三國志‧明帝紀》，頁95。
〔註36〕《晉書‧景帝紀》，頁29。

典，無爲百家庸末，致遠必泥。士庶有好學篤道，孝弟忠信，清白
異行者，舉而進之；有不孝敬於父母，不長悌於族黨，悖禮棄常，
不率法令者，糾而罪之。」〔註37〕

從曹操到司馬炎，陸陸續續便提倡「學」之重要性，有從政教而論的，有從
人須砥礪而論的，更有從才性本身之美須繼續雕琢而論的。甚至到司馬炎，
將「學」擴及到「孝道忠信」上，似與《論語》論點相合。〔註38〕但事實上，
從政教的觀點出發，便有其潛在的政治利益考量，也傾向於由外而內的教化、
乃至形塑的面向，即使強調由心性、道德而言，卻有如政令宣導般，也是種
制式的宣傳。

　　張叔遼或許考量到前文所述，當世確實有人從天性出發，眞誠愛好學
問；又考量到，在政教上，人確實需要透過「學」的薰陶、砥礪，方能在社
會上立足，且在某種程度上，能夠在天性上追求名利。因此試圖從較爲本質
的立場上出發，由「人情」爲立論的基點，並試圖消融「計」在其中的後天
人爲因素，爲「自然好學論」奠定立論的基調。

二、嵇康「難自然好學論」的時代性與立論處

　　嵇康之成學過程與其所處的環境，對其論學思想有相當大的影響，因此
先從此梳理後，再來討論其立論之處。嵇康的哥哥嵇喜爲其作傳時，云：

家世儒學，少有儁才，曠邁不羣，高亮任性，不脩名譽，寬簡有大
量。學不師授，博洽多聞，長而好老、莊之業，恬靜無欲。性好服
食，嘗採御上藥。善屬文論，彈琴詠詩，自足于懷抱之中。〔註39〕

《世說新語·言語篇》劉孝標注引嵇紹〈趙至敘〉云：

（趙至）年十四，入太學觀，時先君在學寫石經古文。〔註40〕

王隱《晉書》云：

〔註37〕《晉書·武帝紀》，頁57。
〔註38〕當時正值司馬氏提倡「以孝治天下」，如《世說新語箋疏·任誕》第二條，何
　　　　曾云：「明公方以孝治天下。」（頁855）學界對此多有述及，如林麗眞先生亦
　　　　云：「司馬氏取得政權，統治階層深知倫理情操不容壓制，社會清議亦重孝行；
　　　　而門閥制度的確立，又使『孝親先於事君』的觀念更爲加強；同時現實的政
　　　　治也發展了這個觀念。」引文與詳論參見見林麗眞：〈魏晉人對傳統禮制與道
　　　　德之反省〉，《臺大中文學報》第4期（1991年6月），頁127。
〔註39〕《三國志》，頁605。
〔註40〕《世說新語箋疏》，頁88。

　　康之下獄，太學生數千人請之。於時豪俊，皆隨康入獄，悉解喻一
　　時散遣。康竟與呂安同誅。〔註41〕

又云：

　　晉文王收嵇康，太學生三千人上書，請嵇康爲博士。〔註42〕

嵇康從小雖受儒學的滋潤長大，但在當時以名譽、修禮節爲尙的風氣中，不
隨眾人以此邀世譽，反而展現「曠邁不羣」、「寬簡有大量」的個人特質。在
成學過程中，亦不循傳統章句經學，守一經、專一家，而是隨著自己的興趣，
博覽閱讀、學習，隨著自己的才性發展，不拘於儒、道之別，轉而對老莊、
養生之事傾心，〔註43〕在文采、音樂等其他技藝上，更有卓越的表現。

　　嵇康在太學的生活，因史籍湮沒，不得其詳，但觀其在太學寫石經古文，
既能使趙至傾心，又在入獄後，獲太學生三千人上書請以爲博士，可見嵇康
本身的才學、氣度與儒學造詣均非泛泛之輩，不能輕易以「非毀名教」等罪
加之。嵇康所以會「每非湯武而薄周孔」，既與當世政經環境相關，亦與他內
心深層的焦慮與困惑有關。

　　嵇康之論「學」，其實是通過相當複雜、矛盾的思索，苦尋出來的，本論

〔註41〕湯球：《九家舊晉書輯本》（鄭州：中洲古籍出版社，1991年），頁243。
〔註42〕《九家舊晉書輯本》原作：「晉文王上書，請嵇康爲博士。」（頁243）。但戴明
　　　　揚認爲此文有誤，當作「晉文王收嵇康，太學生三千人上書，請嵇康爲博士。」
　　　　並云：「藝海樓鈔本《大唐類要》六十七引。原鈔『收』誤作『教』，又脫『上』
　　　　字。案陳禹謨本《北堂書鈔》此條誤作晉文王上書請嵇康爲博士。」見《嵇康
　　　　集校注》，頁356。
〔註43〕李豐楙曾云：「嵇康養生思想爲其思想、行爲具體表現之一，與其學養性格有
　　　　密切關係。……不訓不師，任性不群，爲其幼年性格。故雖世傳儒學，又嘗
　　　　『在學寫石經古文。』然儒學傳統之於嵇康，僅少嘗身受，浸潤匪深，及長
　　　　轉向道家、方術之學也。……道家思想，本即文士頤養性命，藉求個性之解
　　　　放，故好而行之也。……好老莊與好服食，乃精神之養與形軀之養兼合於一，
　　　　爲魏晉時期老莊道家、神仙道教匯流之新趨向也。」參見李豐楙：〈嵇康養生
　　　　思想之研究〉，《靜宜學報》第2期（1979年6月），頁43。對於嵇康傾心養
　　　　生學，以及對於養生學的發展，有很清楚的說明，但對於嵇康儒學的看法，
　　　　筆者並不同意，認爲嵇康對於儒學實有相當高的造詣。另謝大寧：《歷史的嵇
　　　　康與玄學的嵇康》考證譙沛等地爲道教流行之地，並云：「嵇康恰巧生長在道
　　　　教流行之地，應是可信的，加上他的寒素出身，受此民間信仰影響的可能性
　　　　自然更高。綜合上述這些情況，則我們應該有理想推斷，道教其實原本就嵇
　　　　康的家世信仰。」（頁85）。又余英時認爲嵇康的背景與道教關係不深，參見
　　　　余英時：《東漢生死觀》（臺北：聯經出版社，2008年），頁77，注53。本文
　　　　採取李豐楙與謝大寧的說法。

文所述,雖不知是否即是嵇康的最終答案,卻是在他現有的文獻所能尋繹的
線索中,所能獲悉的答案。再者,嵇康對於自身的探索,是相當用力且深刻
的,後文談到其論學之核心主題「適性」、「志」等自我認知,若不是相當用
心於自身的體會,是很難找尋出自己的方向,而所有的這些衝突與矛盾,可
以在〈卜疑〉中看得非常清楚。〈卜疑〉的排句,是相當參差凌亂的,沒有
一定的規律可行,一下慷慨激昂欲入世爲民,一下又隱逸遠遊、飄然於世,
一下又追求長生清淨,所有的一切可以說都與他的博覽多學有關,亦與時代
風氣的刺激有關,最後太史講了一句意味深長的話:「鑒乎古今,滌情盪欲」,
〔註44〕而如何鑒?如何滌蕩?正是嵇康論「學」之深意,也是嵇康所以異
於當世論學框架之處。

在前一小節中,已經提到了當時在官方上,主流對於「論學思想」的看
法,特別是由曹魏、司馬晉等政權對於「學」的看法,主要均是推崇其教化
的功用,以及在人才培育上的重要,〔註45〕這頗近於董仲舒所創立的太學制
度下,所反映出來的思想。但到了曹氏、司馬氏時,反而希望藉由儒學所塑
立的價值觀,意圖束縛、限制士人治學思想愈發活潑的表現,也試圖箝制在
士人治學思想發展下,逐漸呈顯的個體化,甚至是超逸出原有經典的價值,
而賦予經典新的時代性價值。

張叔遼或許是在這基礎上,爲統治者發聲,也或許是站在家族門第利益
上,試圖將「學」的內涵,賦予他所認爲的時代性,將「學」與「自然」結
合,希望能在道家思想逐漸勃興的時代,能夠在一定程度上,維繫已有的經
學價值,與其仕途管道。

但同樣是站在道家思想逐漸勃興的時代,嵇康卻不欲認同張叔遼的做法,
在表面上縮合儒家經典與道家思想,達成某程度的「學」與「自然」調和,並
依此符合統治者的期望。反過來,嵇康卻是深入其自身生命中,試圖爲這個議
題找到出路。在〈難自然好學論〉中,可以觀察到,嵇康主要行文雖建立在破
張叔遼之論點,但他在行文的過程中,卻漸漸地建立自己的「論學思想」,即
是透過破而立,在自覺或不自覺中,呈顯出他「論學思想」的面向。

〔註44〕《嵇康集校注》,頁142。
〔註45〕在此也可以孫吳的政權爲佐證,如孫休:〈置學官立五經博士詔〉云「古者建
　　　國,教學爲先,所以道世治性,爲時長器也。」見《三國志·三嗣主傳》,頁
　　　1158。

這裡可以簡述嵇康如何繼承前面有的論學思想，以作爲自身論學思想的開展，也可以將本節作爲後文開展的先導。以下以〈難自然好學論〉爲本，將之作簡要的梳理：

（一）在漢代經學上的反省

張叔遼對於「漢代六藝經學」沒有特別的反省，只是試圖從人情中的感應，連結到對於經學的渴求，但對於經學內涵及其本身，沒有太多深刻性的評述。

而嵇康對於漢代的六藝經學，實是有所反省的。自東漢白虎觀會議，可以觀察到當時對於經學的權威性：

〈五經〉：「經所以有五何？經，常也。有五常之道，故曰五經。樂
仁，書義，禮禮，易智，詩信也。人情有五性，懷五常不能自成，
是以聖人象天五常之道而明之，以教人成其德也。」〔註46〕

「五經」可以代表人的「五常之道」：人所蘊含的仁、義、禮、智、信，即通過五經中《樂》、《書》、《禮》、《易》、《詩》表現出來，因此經學之教，有導人性情的重大作用，〔註47〕也可以從中看出在人生的指引上，具有相當大的權威性。

王符、徐幹乃至王弼諸人，對於漢代經學均有過反省。王符、徐幹等人試圖將經學所蘊含的義理重新詮釋，使之符合當世現實，也在一定程度上予以經典的活化，並作爲論學的主軸。王弼則在方法論上，意圖擺脫章句之學的傳統，朝向直探微言大義的方法，將經學所蘊含的深刻道理，以及經學文字本身所透顯不出的價值，都抉發出來，這些都在很大程度上，對於經學本身做重新的檢討與思索。

嵇康順此脈絡，對於經學也有相當深的反思。首先，他並沒有向王符、徐幹，或王弼一般，從正面的角度重新活化經典的義理，而是透過表面上絕對的揚棄，以達到對於經典深刻的反思。因此在東漢以來，經學作爲教化爲本的思想，在嵇康看來反倒成爲一種限制，故稱其「以抑引爲主」。再者，嵇康認爲若人心自己不深刻思索，僅僅依循社會共有的價值觀，咸以「六經」

〔註46〕《白虎通疏證‧五經》，頁447。
〔註47〕《白虎通疏證‧五經》又引《禮經解》曰：「溫柔寬厚，《詩》教也；疏通知
遠，《書》教也；廣博易良，《樂》教也；潔靜精微，《易》教也；恭儉莊敬，
《禮》教也；屬詞比事，《春秋》教也。」（頁448），可參看。

爲準，而動作依循皆效準之，反而會成爲某種程度的盲點，而導致不思索經書背後深刻的義理，僅僅爲了社會期待、名利的考量，如此也無怪乎經學會成爲人性的束縛，與思想上的僵固。因此嵇康便偏激地說，若將「六經」視爲「腐朽」，那麼世人便不會動作依循於「六經」，即使嘴巴上云「好學」，也會蔑棄之。這樣的說法便是揭示：只要在思維上依循社會的價值，或者是單純的信服，不對經書做深刻的反省與理解，那麼人們只會徒然照著社會上的價值去走，而不去思索。如此不要說是「六經」，若政府標舉其餘的學問，乃至價值，世人便只會盲目地依循，若如此，則經書也無所謂有沒有價值；而此學，也僅是虛偽飄渺之雲煙而已。

（二）在士「以學爲本」上的認知

在前面提到過，揚雄以下的士大夫，對於「以學爲本」的認知越來越清晰，也越來越依此爲立論基礎，而成爲士大夫所以爲士大夫之根本。其出發點，多由「學」與「情性」的關係，試圖尋得內在上的一致性，但這一致性，並非如張叔遼所說，是一種「自然好學」的合一，而是希望透過「情性」的疏解，而能抉發出「學」的必要性，以及如何影響人之「情性」，在其正面的幫助下，如何成就士大夫個人。王符、徐幹等人，均是順此而作爲「論學思想」的軸心，並由此涉及到「知性」的問題；王弼在「情性」上的論述，雖與「學」沒有直接的關聯，但由王弼「性其情」的理路，也可以看出對於人之「情性」，在經學反思下，思索是否有新的發展、新的可能，只是王弼走的方法，並非是將「學」與「情性」連結，並做重新詮釋與論述，而是較近於對於個人心性上的「反本」作出思索，而近於個體修養上。〔註48〕

但嵇康不擬從「學」與「性情」之關係，進行直接的梳理，而是反過來，先平實地承認「性情」的自然狀態。亦即是認同人之性情是「好安而惡危」、「好逸而惡勞」的狀態，而這種闡述，不是站在反面否認的角度，而是完全的包容、接受這樣的狀態，認同人最自然的樣貌。在此爲前提下，再去思索，怎麼樣看待才是對人之「性情」最好的方式。由此他從理想的角度，上古洪荒之世，一路檢視到現今的人文化成的狀態，而這樣的檢視，讓他得以用最親切的角度，看待自身與眾人之性，於是由此而漸漸摸索出依循這樣的天然之性，究竟該往何處？人若有後天的學習，又該如何貼近性情之本而後作爲。

〔註48〕關於王弼「性其情」的討論，可參見林麗眞：〈王弼「性其情」說析論〉，《王叔岷先生八十壽慶論文集》（臺北：大安出版社，1993 年），頁 599～610。

因此對於嵇康來說，不是直接由「學」與「性情」去論述兩者如何如何，而是在充分體認人之性情本來面目後，再試著尋找適合此「性情」之「學」。也由這樣的體認，嵇康不再局限於傳統之學的束縛與論述，而是得以深入其中，並識得彼此情性之別，並依此情性之別，而尋得每個人最適宜的方式。

換句話說，嵇康並不僅僅滿足於原始之性，而是希望能在原始之性的基礎下，進行最貼近性情的學習方式，而在對於原始之性的理解上，也不是全然採信服的態度，而是對於性情中所包含的「知性」、「欲」、「情」等開始反思。也從中重新詮釋士之所以爲士，不再是那麼狹隘的局限，而此「學」，也充滿著開放性的可能。

（三）在才性、思辨上的接受與運用

在上文對於「學」與「性情」的思索中，嵇康接受了本來面目，並試著由此爬梳、深入其中，並找尋最適合的方式，來重新詮釋「學」與「性情」的關係。而這種思索的展開，很大的程度要歸功於漢末以來，清議逐漸演變到清談的過程中，對於論題思辨的擴展，這種論辯的方式，能夠將議題尋幽鈎玄，深刻地鑽到議題中，抉發出議題中最深邃之處，因此嵇康也運用這種方式，在各式議題中，尋得各種最精深的解釋，也透過這種論辯的方法，能得到他心中最理想的答案。事實上，也是透過這種方式，能使得人隨著他的腳步逐漸深入其思想中。

「學」中所富含的思辨性，也由此嶄露出來，不再只是簡單的認同，或重複的機械性學習，也不是章句之學等僵固之學，而是廣泛瀏覽下，得以對於議題做最大程度的擴展與理解。這一點也是嵇康論學思想，必須通過非常曲折、辨析的過程，才能夠試著詮釋出來的原因。

在道家思想勃興的過程中，由何晏、王弼等提出的「名教出於自然」的論述上，嵇康對此也有所思辨。就「難自然好學論」中看起來，「名教」與「自然」似乎是不相融的二者，猶如〈釋私論〉所云一般，欲「越名教而任自然」，但事實上，嵇康希望能通過對於「名教」的揚棄，反過來從更根本的地方把握，因此其「越名教」，是一種超越而後保有的過程，下文會針對這個部分再進行詳述。

最後漢末以來對於才性議題的討論，嵇康也思考得相當深邃。對於嵇康來說，每一個人都是獨一無二的存在，即使同爲元氣所化，但彼此無分優劣，只有找不找得到最適宜自己的方式，因此其「學」歸本到最後，是一種對於

自身「性情」的理解，以及由此而來對於「適性爲學」的探討。

第四節　自然人性論所擴展之「學」及其內涵

　　嵇康曾於〈明膽論〉云：「夫論理情性，析引異同，固當尋所受之終始，推氣分之所由。順端極末，乃不悖耳」，〔註49〕故要討論情性問題，勢必要觀察嵇康如何論述宇宙元氣，而其論述的部分，散見在他所寫的許多篇章中，可見他對於「宇宙元氣」的概念是相當重視的，但似乎在他心中已成一定見，而沒有特別費什麼功夫去論述或與人辯論。〔註50〕

　　嵇康的宇宙元氣討論，可見以下描述：

　　　〈太師箴〉：浩浩太素，陽曜陰凝，二儀陶化，人倫肇興，厥初冥昧，
　　　不慮不營，欲以物開，患以事成，犯機觸害，智不救生，宗長歸仁，
　　　自然之情。〔註51〕

　　　〈明膽論〉：夫元氣陶鑠，眾生稟焉。賦受有多少，故才性有昏明。
　　　唯至人特鍾純美，兼周外內，無不畢焉。降此以往，蓋闕如也。
　　　〔註52〕

〈太師箴〉、〈明膽論〉與〈難自然好學論〉開頭所述頗爲一致，最大的差別在於，〈難自然好學論〉沒有向上連結到太素元氣的部分，僅單就人性本身來立論；而〈太師箴〉則由太素而來的陰陽二氣，化生爲天地萬物。人稟氣而生後，最初始的狀態應當是「不慮不營」的渾樸狀態，但同時稟賦著「欲」、「智」以及「宗長歸仁」的「自然之情」，此三者皆存於人性之中，而爲嵇康人性論重要的討論範疇，這在下文會再詳論。再者，由〈明膽論〉而論，

〔註49〕《嵇康集校注》，頁252～253。

〔註50〕何晏、王弼雖以「無」作爲天地萬物之本體，在一定程度上掃除了宇宙元氣論，但何晏、王弼、嵇康乃同時之人，未必這個論述會在一時一刻即風靡當代，故嵇康在成學過程中，很可能仍保留了當時主流的氣化論看法。又可參考曾春海：《竹林七賢的玄理與生命情調》（臺北：五南，2013）云：「嵇康的宇宙生成論及人性論接續兩漢氣性及劉劭才性論的論述脈絡，當然，他也提出自己的創見。由大處而言，他承襲了兩漢以來所建構的『元氣』或『太素』之至一，開展爲『陰陽』或『二儀』之化，再流衍成五行，終成就『眾生』或『萬物』的繁然富有之現實世界。簡言之，這是一、二、五的宇宙萬物生成模式。嵇康的論述也深受這種傳統的宇宙論模式影響。」（頁32）。

〔註51〕《嵇康集校注》，頁309～310。

〔註52〕　同前註，頁248～249。

人之稟氣，並非人人皆稟相同的陰陽之氣，是有賦受多少的差異，因此人之才性也有昏明等區別，除了嵇康心中的至人與神仙，才是稟氣純美或特殊者，〔註53〕至於一般人則為自己的才性所限制，而難以為至人，甚至為神仙。

　　人的才性雖受到天生的稟氣所影響，但這層限制對嵇康來說，其實不必然是負面的，這個部分可以分兩方面來討論。一方面，無論是〈難自然好學論〉還是〈太師箴〉，都揭示了人在原始的狀態、大樸未虧前，只要能滿足基本的生理欲望，便能怡然自得，那麼人與人之間，人與社會間，其實不需要太多的人為造作，便能各自相處無礙，何須管你我之才優才劣？即使有這個差別，當時素樸的社會、尚未人文化成的狀態，也無處可以施展。故此時不需要擔心才不才的問題，也不需擔心人文化成後種種的社會分工、追逐名利等事情，此為嵇康心目中的理想社會。

　　另一方面，嵇康既已身處人文化成的社會當中，是不可能不面對已然的現實局面。而這局面，除了人類社會歷程性的改變外，還包含當時曹氏與司馬氏惡鬥的政治氛圍，嵇康於此當苦苦思索如何尋求出路，既能解決政治上的紛擾，亦能消解名利榮辱的枷鎖。此處先就消極的層面而言，如其云：

〈養生論〉：君子百行，殊塗而同致。循性而動，各附所安。〔註54〕

〈與山巨源絕交書〉：夫人之相知，貴識其天性，因而濟之……足下見直木，不可以為輪，曲木，不可以為桷，蓋不欲以枉其天才，令得其所也。〔註55〕

眾人因稟氣不同，而在性上有所殊別，而這種殊別在一定程度上，造成人可能有兩方面的不同：一者在「循性而動」時，會有遁入山林或登廟堂之上的差別，即人透過對自我才性的認知上，會在進退出處上有不同的選擇；二者，如同直木與曲木在質性上有顯明的差別，而這種差別，可以具體表現在現實功業上的不同。雖然兩段引文下方，嵇康所舉的例子均是出處進退之事，似屬相同，但在嵇康論述的脈絡下，仍有以上所說的區別。「循性而動」一段，下方云「志氣所託，亦不可奪也」，曲木直木一段，下方云「四民有業，各以

〔註53〕嵇康認為神仙不可至，因其氣稟與常人異，故其〈養生論〉云「夫神仙雖不目見，然記籍所載，前史所傳，較而論之，其有必矣：似特受異氣，稟之自然，非積學所能致也。」見《嵇康集校注》，頁144。

〔註54〕《嵇康集校注》，頁116。

〔註55〕同前註，頁123～125。

得志爲樂」，兩處均以「得志」與否爲說，〔註56〕但前者顯然是著重在出處進退上，較傾向於由天生的才性影響後天的思維認知；後者則著重在直木、曲木之別上，並引申至四民之業的不同，四民之業的區別，除思維認知上的傾向，更在於才性上對於現實職業、技術等影響。

因此就消極層面而言，無論從精神還是個人實際才性施爲而言，嵇康所要強調的，都是在於「適性」與否。這點與他同時代的劉劭《人物志》所言是基本相合，如以「元氣」談才性之所來，云「凡有血氣者，莫不含元一以爲質，秉陰陽以立性，體五行而著行；苟有形質，猶可即而求之」，〔註57〕又如討論性之不同，所能認同、了解之理亦復不同時，云「性有九偏，各從其心之所可以爲理」，〔註58〕又如討論才、能關係時，也說到不同才、能，所能負責的職位也不同，其云「夫能出於材，材不同量，材能既殊任政亦異」。〔註59〕這些基本上都與嵇康相合，但側重點則有別矣，劉劭注重的是，如何從個別殊異的人才中，揀別出適合各種不同職位的人，其立論的基點是在政治實際運用上，而嵇康則是站在個體立場上，對於殊別的特質討論，說明在先天稟氣上，造就後天個體依照天性來選擇自我出處進退，乃至所擅長的事物。〔註60〕

嵇康主張順著天生已然的稟氣，而不互相勉強對方才性上不適合、不擅長的部分。這便可以回應到〈難自然好學論〉所言「全性之本，不須犯情之禮律」，以至德之世而言，滿足生理基本需求，人民即可逍遙，本不需「禮律」之束縛，而在人文化成已然的現在，「禮律」若只是僵化爲千篇一律的規範，

〔註56〕「得志」與否對於嵇康來說頗爲重要，「得志」在一定程度上即建立在適性與否，所謂「適性」即是在天性上能與後天的想法作爲相一致，如〈六言十首〉之二，云「唐虞世道治，萬國穆親無事，閒愚各自得志，晏然逸豫內忘，佳哉爾時可意。」（同前註，頁41）、〈六言十首〉之十，云「嗟古賢原憲，棄背膏梁朱顏，樂此屢空饑寒，形陋體逸心寬，得志一世無患。」（同前，頁45）其他詩文亦多表達此意，而此「得志」與否雖可連結到「適性」與否來談，但基本上是建立在個人的立場來看，見下文。關於「志」與適性，如童強認爲：「守志，是『以無心守之，安而體之』，皆出于自然的本性。」詳細討論可參考童強：《嵇康評傳》（南京：南京大學出版社，2006年），頁299～302。

〔註57〕《人物志·九徵第一》，頁24。

〔註58〕《人物志·材理第四》，頁59。

〔註59〕《人物志·材能第五》，頁70。

〔註60〕嵇康凸顯個體的議題，可參考盧桂珍：〈生命的存在、限制與超越──嵇康學說中有關個體實存狀態之顯題化〉，《境界·思維·語言》，頁53～99。

當然不適用於稟氣不同的眾人。如此看來，嵇康對人性的理想既在大樸未虧以前，又在人文化成以後，認為人性必須「適性」，那麼似乎「學」與「人性」便有所脫離了，但這樣的脫離只是從表面上看來，事實上，嵇康如此論性，可以指向三個面向來討論：一者，既然人人皆須「適性」，那麼「適性」的過程是不是需要學習？且是否有其普遍性？二者，當嵇康將「學」與「六經」，甚至與儒學的強烈連結性解消後，「學」的內涵便開始擴大，甚至可以連結到其他的脈絡中，如嵇康念茲在茲的「養生論」，如此學與人性之間的關係，便可轉變成「學→養生→人性」，「養生」便成為「學」的一部分的內涵，進而在這樣的脈絡中，探討與人性的關係。如此便可以結合以上兩種面相，討論「適性」、「學」、「養生」的關係。三者，要討論嵇康的人性，不能僅僅就「性」這一總體概念，還必須涉及性本身所蘊含的其他面向，如「情」、「欲」、「智」、「計」等等，因此還必須對這些面向進行梳理後，方能更深一層地理解嵇康之「性」，並試圖連結至「學」，以期能更完整、深刻地展現嵇康如何論「學」。以下先就「性」所內涵的「情」、「欲」等進行討論，爾後談「學」與「養生」，最後再收束於「適性」上。

第五節　自然人性論之內涵解析

　　無論是〈難自然好學論〉，還是嵇康其他文章中，談到「性」時，並不僅僅就「性」這個總體概念來討論，其中還涉及到「性」本身所含有的其他面向，因此若要討論「性」與「學」之間的關聯，必須將「性」進行更細緻地分析，才能更進一步理解嵇康如何看待「性」與「學」。〔註61〕

　　嵇康在〈答難養生論〉中，將「性」、「欲」、「智」的關係做簡單的說明，其云：

> 夫不慮而欲，性之動也；識而後感，智之用也。性動者，遇物而當，足則無餘。智用者，從感而求，倦而不已。故世之所患，禍之所由，常在於智用，不在於性動。〔註62〕

〔註61〕盧桂珍在〈生命的存在、限制與超越──嵇康學說中有關個體實存狀態之題題化〉一文將「智」、「情」、「欲」三者收束於心之下（參見《境界‧思維‧語言》，頁73），但嵇康在使用這些概念時，其實是與「性」混含使用，並未作嚴格區分，此處非反對盧桂珍的討論，只是在本文論述方便上，不擬作顯題化之區分，故將此三者連同心，暫時包含於性之下。

〔註62〕《嵇康集校注》，頁174。

此處可以整理出三組概念：1.「不慮之欲」是「性之動」；2.「慮、識」包含於智之中；3.「性動」、「智用」分別爲「遇物而當，足則無餘」以及「從感而求，勌而不已」，第三組主要是第一組跟第二組的補充，以下會併入討論，而不作獨立論述。

一、糾之以和：性動之欲

先前已經提到「欲」對於嵇康而言，並非是絕對負面的，反而是一種中性的狀態，〔註63〕在原始人性中，「欲」只是人類透過生理需求，對於食物、居住空間等具有追逐、滿足的傾向，這種傾向性，是爲了維繫人的基本生存條件，因此無所謂善惡。

這裡提到了「不慮之欲」是「性之動」，則「欲」可分爲「慮」之前後，而性亦可分「動」之前後。就「欲」而言，「慮」以前是中性的，是原始自然、生物之本能需求，故嵇康認爲理想的大樸未虧時，這樣的「欲」是不妨礙人們逍遙自在的。但一旦「慮」之後，連結到「智」、「識」，感而後求，則這樣的「欲」便是負面的，會妨礙人之本眞，因此「智、欲」二者相連結，識而後感所產生種種的情況，都是嵇康所反對的，這個部分談到「智用」時，會再進一步疏解，因爲此處的「欲」已非單純的「欲」本身，還牽扯到「智」、「識」、「慮」等對於「欲」的影響，進而影響到人之性以及人之作爲。

性動之前後，這個「動」前後究竟是相對還是絕對的關係，嵇康在文中沒有明言，但的確會讓人聯想到王弼在〈復卦〉中談到的「復者，反本之謂也。天地以本爲心者也。凡動息則靜，靜非對動者也；語息則默，默非對語者也。然則天地雖大，富有萬物，雷動風行，運化萬變，寂然至无是其本矣」，〔註64〕若本爲絕對的靜，那一切的動都只是由靜所發用而出，動靜關係是體用，以靜爲體，而動爲用，一切紛繁之動，終究會歸於靜之中。雖然嵇康很少就此本體、體用等關係論述，但仍然可以找到一些蛛絲馬跡，來討論嵇康究竟如何看待性動前後的問題。既然「欲」是性動之後的結果，而人爲了滿足生理需求，必得有經過性動而產生「欲」的情形，這是人生而自然的狀態，

〔註63〕嵇康在〈答難養生論〉他處又云：「夫嗜欲雖出於人，而非道德之正」，此處「欲」似乎牽扯到道德善惡上，但實際上，嵇康指的是「嗜欲」這整體，是在「欲逐物而遷」、「識而後感」之後，並非指欲本身。引文見《嵇康集校注》，頁168。

〔註64〕《王弼集校釋》，頁336～337。

但性動所產生的「欲」是否會持續存在？且是否無法回歸性動以前呢？嵇康對此略有提點：

〈答難養生論〉：君子識智以無恆傷生，欲以逐物害性。故智用則收之以恬，性動則糾之以和。使智止於恬，性足於和。然後神以默醇，體以和成。〔註65〕

「欲」在自然的生理需求下，只要滿足便會恬然自得，可以暫且視爲性動之欲滿足後，回歸於性動之前。但「欲」其實會受到智用等干擾，而導向其他的地方，因此性動之欲，不必然會依循原始的狀態，在滿足基本生理需求，而回歸於性動之前，故嵇康提出了「糾之以和」的方法，而此「和」或許可以作爲性動以前的線索。「糾」有收束的意思，〔註66〕將性動收束於「和」的狀態，則此「和」可以有兩層意思：一是如飢餓則欲飽食，若能飽食則可以滿足，是一種透過後天的行爲，滿足於人自然的生理需求，在這個層面來說，從飢餓到滿足於飽食，也可以是一種性之和，此時性動所發出的生理欲望被滿足，自然會達到一種怡然平和的狀態，可以說這種狀態是性動以前的「靜」，只是嵇康不稱之「靜」，而以「和」代之。二是性足於「和」就代表「性靜」，即爲「性和」，是等同的狀態，透過後天人爲，可以達到「和」的本眞狀態，即如道家所言，道化生萬物，使萬物具有道之德，而萬物反本即可歸於道，使道與德合一，而嵇康則是代之以「和」，如云「守之以一，養之以和，和理日濟，同乎大順」、〔註67〕「順天和以自然」，〔註68〕「和」、「大順」、「天和」、「自然」可以相繫在一起，「天和與自然」便類似「道與自然」，而人之「和」能通往「天和」而可以同乎大順、順乎自然，則此「和」乃本具於「性」之中，也可說爲「性靜」之時。〔註69〕

從這裡或許也能看出何以嵇康如此重視琴聲，他在〈琴賦〉云：「性絜淨以端理，含至德之和平。誠可以感盪心志，而發洩幽情矣」，〔註70〕琴之

〔註65〕《嵇康集校注》，頁175。
〔註66〕《說文解字》云「繩三合也」（頁89），即三絲糾合在一起，所謂三股線也，引申有「收」、「合」的意思，如《後漢書・公孫瓚傳》云：「糾人完聚」，李賢注云：「糾，收也」（頁2365～2366）、《後漢書・荀彧傳》云：「收離糾散」，李賢注云：「糾，合也」（頁2287）。
〔註67〕《嵇康集校注・養生論》，頁156。
〔註68〕《嵇康集校注・答難養生論》，頁191。
〔註69〕嵇康所云的「和」，盧桂珍亦有討論，分嵇康之「和」爲「人和」與「太和」，可參考，見盧桂珍：《境界・思維・語言》，頁131～136。
〔註70〕《嵇康集校注・琴賦》，頁106。

性與德，正是嵇康認爲人最理想的狀態，因此嵇康對於人性的希冀，是在大樸已虧後，能透過後天人爲的努力，而反歸於這理想的狀態，而這後天的人爲努力是否與「學」有關呢？以下逐步來探討。

二、收之以恬：智識之用

　　嵇康對於「智識」基本是採取提防甚至是否定的態度，因爲智識對於人來說，負面的影響遠比正面的影響來得大，這一點或許受到王弼的影響，也或許同時爲時代風氣所趨，開始對「知性」反思。在嵇康詩作中，往往表明這種傾向，如：

　　〈六言十首惟上古堯舜〉：智慧用有爲，法令滋章寇生，自然相召不停，大人玄寂無聲，鎮之以靜自正。〔註71〕

　　〈重作四言詩七首〉：絕智棄學，遊心於玄默，過而弗悔，當不自得，垂釣一壑，所樂一國，披髮行歌，和氣四塞，歌以言之，遊心於玄默。〔註72〕

嵇康在詩中主要是表達《老子》對於「智識」的反對，以及莊子追求個人的蕭然自得，但這樣對「智識」持反對態度，是否即是摒棄「智識」，甚至依此反對「學」呢？要回應這個問題，必須先將嵇康如何論述「智識」全面考察後，才能進一步來談「智識」與「學」的關係。

　　首先必須說明何謂智識之用，依嵇康的說法，其云：「識而後感，智之用也」，而所謂的「識」，可採用盧桂珍的說法：即是「前識」，其云：

　　「前識」的作用，在於將事物的特別性予以紀錄，猶如莊子所謂「成心」。〔註73〕

所謂「識而後感」即是：

　　隨著時間的積累，「前識」逐漸形成個體價值判定的標準，因此當所感之物經由前識判定爲美、爲尊、爲貴者，則認知的主體將興起欲求之心，此即所謂「從感而求」。〔註74〕

最後盧桂珍總結道：

〔註71〕同前註，頁41～42。
〔註72〕同前註，頁49～50。
〔註73〕盧桂珍：《境界‧思維‧語言》，頁75。
〔註74〕同前註，頁77。

> 「性動」與「智用」相異的關鍵，在於「愛憎亂心」。人最大的禍患
> 並非起於身體本能之欲求，而是起於「識」與「感」介入後，因愛
> 憎之情而生的欲求之心。〔註75〕

而前面所提的「識智以無恆傷生」，也是站在這個角度上來說的，即是由於「前識」的建立，而有價值判斷的準則，透過這個價值判斷，人們便有愛憎之心，愛憎之心的介入，使得行爲不再滿足於原始的欲望，開始有種種過度的追求，這個「無恆」即是在「愛憎」沒有一定判準的標準下而有的患得患失。

從「前識立」到「從感而求」一系列的智用活動，可以先簡單概括爲「慮」，而此「慮」可以連結至嵇康與張叔遼辯論「自然好不好學」所提到的「計」。在前文疏解兩篇文章中，已經將「計」有所討論了，這裡若與「智用」參看，可以更清楚知道嵇康爲何會反對〈自然好學論〉中所主張的「計而復學」，因爲此「計」經過前識立的過程，將「學」有可能產生的各種附加價值都考慮進去，已經有名利、權位等先立的價值判準，進而「從感而求」，將原始之欲望擴張，連結到人文化成後的種種紛繁利益中，這樣一系列複雜、計算的智用活動，怎麼能夠說是「自然好學」，爲人生所具有的呢？嵇康所要反對的第一點就在於此。

既然嵇康對於「智識」如此防範，是否正如詩作所言，必須「絕智棄學」呢？顯然並非如此，嵇康試圖將「智、學」從以上的困境解放出來，畢竟「智識」乃爲人所生來具有，如同「八情」與欲望一樣，因此「智識」雖然會容易造成人負面的影響，但它本身是中性的，是自然具足於人身上，人所要做的，是適當地調節，使之不斷傷人之性；而在「學」的部分，一方面嵇康希望將「學」與「六經」強大的連結鬆解開來，不以之作爲「學」的全部內涵，另一方面，「學」既然與「計」與「智識」有相當大的關聯，則嵇康對於「計」與「智識」的調節，同時也會造成「學」本身的轉移，如此無論是「智識」還是「學」在嵇康身上都有了不同的、另類的拓展。

既然「智識」本身是中性的，那麼除了防範其可能的負面影響外，也可以積極運用導向正面之處，故嵇康云：

〈答難養生論〉：所以貴智而尚動者，以其能益生而厚身也。〔註76〕

〔註75〕同前註。
〔註76〕《嵇康集校注》，頁168。

智之所美，美其益生，而不羨生之爲貴。〔註77〕

嵇康一方面希望能將智「收之以恬」，使「智識」能夠在性動之時不干擾、影響欲的正常需求，以及滿足原始之欲的行爲。另一方面，「智識」既能夠爲了欲的追求，而產生諸多超出於原本人所既有的思維與能力，因此也可以反過來，透過「智識」讓人能安於性動之欲，甚至依此性動之欲，而保養自身，使身心達到一種和諧的境界，換句話說，「智識」既可能順欲而傷生、產生憂患，反過來，亦可以達到養生、避患的作用。因此嵇康對於人所本然具備的「智識」不是強加抵制，而是調節使之可以幫助養生，端看人之如何利用耳。

這裡可以看到嵇康分別繼承王符、徐幹以及王弼兩種不同脈絡下，對於「知性」的見解。對於王弼來說，「知性」雖爲人中性的存在，但卻往往造成人之欲望的引發，而背離由道化生的自然之質，進而朝向斲傷個人與萬物的方向前進，因此王弼希望能將「知性」對於外物的作用性降到最低，而反過來，透過「知性」反觀自身，經由對「明」的昇華，而導向「體沖和以通無」，進入「玄覽」天地的境界；至於王符、徐幹等，則是基於對「知性」的正面認可，認爲必須透過「學」以增進「知性」，同時由此感通、砥礪性情，以達到個人學問修養俱善的地步。而嵇康則是在兩者中，分別取其優點：亦即對於「知性」仍採取防範的態度，認爲其爲干擾人之欲望最主要的部分，但同時亦承認在能「收之以恬」的情況下，能將「知性」導向益於人生的方向，如此同時承認「知性」的缺點與優點，並試圖圓融二者，而不必如王符等片面地肯定，亦不必如王弼一般，反轉「知性」以超越其限制。

三、平其恣放：人情之變

嵇康與張叔遼在討論「自然好不好學」的問題上，「情」占了相當大的比重，張叔遼以人之「八情」作爲自然好學的基礎，而此好學之「好」亦與「情」有關，畢竟對某一事物之熱情、喜好，必離不開對於「情」的論述。

嵇康論「情」則會關聯到「性」與「欲」，在〈難自然好學論〉中，嵇康便先由「性」所來的「好安而惡危」、「好逸而惡勞」論起，將「好、惡」之情收束於「性」之下，而人之所以有好惡之情，在於性動所發之欲，此原始之欲會自然促使人們去滿足基本生理需求，而在滿足性動之欲時，將同時會

〔註77〕 同前註，頁 170。

伴隨著情緒的反應，而人的基本行爲即由「欲」與「情」交織而來。

　　性動之欲，若經由「智識」的干擾後，此「欲」將會偏離原始的滿足，配合上「情」的催發，便有可能會增強、擴大，如人類只要吃基本的飲食便可以滿足生理活動的養分，但吃到美味的食物，透過「智識」的干擾，對於美味的食物開始追求、執著，配合上「情」的擾動增強了喜好，即有可能會無所不用其極地追求美食，此時除了將躁動後、偏離原始「性動之欲」的「欲」歸返於「和」外，也必須將「情」調節。然而「欲」與「情」之間是相輔相成，互相干擾的，不能偏廢任何一者，從這個角度，可以再來觀察嵇康如何論「情」。

　　嵇康在〈難自然好學論〉中，基本上對於「情」、「欲」是持肯定的態度，但嵇康對於「情」其實是以戒愼恐懼的態度面對，在他眼中，「情」是相當變動不居的，其云：

　　　　〈答難養生論〉：人從少至長，降殺，好惡，有盛衰，或稚年所樂，
　　　　壯而棄之；始之所薄，終而重之。當其悦也，謂不可奪；值其所醜，
　　　　謂不可歡；然還成易地，則情變於初。苟嗜欲有變，安知今之所耽，
　　　　不爲臭腐？曩之所賤，不爲奇美邪？〔註78〕

「情」的好惡，除了與「欲」有密切關係外，亦關涉到「智識」的介入，以及由「智識」攝取而來，外界環境對己身的影響，種種紛繁的交錯，使得「情」一直處在不穩定的狀態。若以「智識」而言，如〈難自然好學論〉中提到，對於「六經」的看法可以有所轉移，那麼「情」在這個基礎上，變動的情況可能更爲明顯。因此比起在〈難自然好學論〉中肯定「不須犯情」，尊重人情之「必然之理」，在其他地方，嵇康採取的，仍舊是防範、疏導的原則，如其云：

　　　　〈聲無哀樂論〉：古人知情不可恣，欲不可極，故因其所用，每爲之
　　　　節。使哀不至傷，樂不至淫。〔註79〕

　　　　古人知情不可放，故抑其所遁；知欲不可絕，故因其所自。〔註80〕

因此嵇康無論在原始人性上對於「情」如何肯定，仍舊要面對人文化成、智識干擾後的「情」，而此「情」既容易恣放，便不得不有所調節。

〔註78〕同前註，頁188～189。
〔註79〕同前註，頁197～198。
〔註80〕同前註，頁223。

　　嵇康對於「情」之調節，是希望能將「性動之欲」與「智識之用」同時達成「糾之以和」、「收之以恬」，使「情」在其中的作用，是自然生發、且近於中性的，如同〈難自然好學論〉中所云的洪荒之世一般，因此比起直接調節「情」在其中的作用，嵇康更著眼於「性動之欲」與「智識之用」的安頓。

　　嵇康對於「情」的看法，頗近於王弼，但王弼的「性其情」，是透過「儀」與「靜」的方法，使情近性，使之不流盪失眞，但對於「情」之中性的看法，與嵇康基本上是一致的。

　　最後必須強調一點，嵇康對於人性的看法，並非如同秦漢諸子一般，對於「性」有明確的善惡觀，從〈難自然好學論〉與〈太師箴〉可以看到，嵇康基本上認爲「人性」是屬於自然中性的，只有後天的行爲符不符合人性上的順適，而不涉於道德上的絕對善惡，這一點下面還會談及。但對比王符、徐幹等人，一直到王弼的發展，其實對於性之善惡的討論已經漸漸淡化，同時代對於人性善惡的問題比較有具體的討論的，當屬荀悅了。〔註81〕

第六節　導養得理：養生思想與學的相融

　　在進入嵇康討論「養生」與「學」的關係前，可以先簡易回顧一下，過去的人如何看待養生之事。〔註82〕首先必須把「神仙」與「養生」的關係，做某種程度切割，因爲二者在概念上雖有連結之處，但事實上不必然等同，〔註83〕因爲某一學者反「神仙」之說，並不一定反「養生」之說，但也有二

〔註81〕荀悅著，黃省曾注，孫啓治校補：《申鑒注校補‧雜言下》（北京：中華書局，2012 年）中曾提及：「或曰：『善惡皆性也，則法教何施？』曰：『性雖善，待教而成，性雖惡，待法而消。唯上智下愚不移，其次善惡交爭，於是教扶其善，法抑其惡，得施之九品，從教者半，畏刑者四分之三，其不移大數，九分之一也。一分之中，又有微移者矣。然則法教之於化民也，幾盡之矣。及法教之失也，其爲亂亦如之。』」（頁 210）頗近漢代主流的性三品論。

〔註82〕較爲詳細的論述，可另外參考曾春海：《嵇康的精神世界》（鄭州：中洲古籍出版社，2009 年），頁 91～95。又可參考李宗定：《葛洪《抱朴子內篇》與魏晉玄學》，頁 59～224。

〔註83〕神仙與養生的分別，余英時：《東漢生死觀》已指出：「爲了方便，此後我們稱起源於遠古渴望長壽的傳統不朽爲『世間不朽』，後來的仙人不朽爲『彼世不朽』。不用說這兩種不朽由於相互影響或者說相互補充，並不總是容易區分。此外，這兩種不朽到了漢代亦確實匯合成一。然而，總的來說世間不朽與彼世不朽的區別不但明顯，而且兩者的區別對於追溯不朽概念的發展史非常有用。」（頁 30～31）。余氏所云的「世間不朽」傾向於養生思想，而「彼

者俱反者。〔註84〕東漢以來，對於神仙、養生的批評，可見如桓譚，其引晏子之語，云：

> 今不思勉廣日學自通，以趨立身揚名，如但貪利長生，多求延壽益年，則惑之不解者也。〔註85〕

桓譚在經學致仕爲主流價值的時代，對於「立身揚名」頗爲看重，但身爲反讖思想的學者，對於養生之類的異說，實是抱持著懷疑，甚至反對的立場：

> 今人之養性，或能使墜齒復生，白髮更黑，肌顏光澤，如彼促脂轉燭者，致壽極亦死耳。明者知其難求，故不以自勞，愚者欺惑，而冀獲益，脂易燭之力，故汲汲不息。〔註86〕

對於養性之事，桓譚認爲即使有所功效，仍會壽極而死，終離不開死亡的結局，況且過程、追求又不甚易，因此與其把精神花在這裡，不如強勉學問，還來得有益於己。至於神仙可學的想法，更決絕地反對。〔註87〕

　　王充之時，據其〈自紀〉所云，早年似乎不信「養性」之事，至晚年忽有所感，故作養性之論，其云：

> 髮白齒落，日月踰邁，儔倫彌索，鮮所恃賴。貧無供養，志不娛快。曆數舟舟，庚辛域際，雖懼終徂，愚猶沛沛，乃作《養性》之書凡十六篇。養氣自守，適食則酒，閉明塞聰，愛精自保，適輔服藥引導，庶冀性命可延，斯須不老。既晚無還，垂書示後。惟人性命，長短有期，人亦蟲物，生死一時。年歷但記，孰使留之？猶入黃泉，

世不朽」則爲神仙思想，二者是可分，但卻又互相影響的。

〔註84〕如揚雄的立場，較近於二者俱反，《法言・重黎》云：「或問：『趙世多神，何也？』曰：『神怪茫茫，若存若亡，聖人曼云。』」（頁327）又〈君子〉云：「或問：『人言仙者，有諸乎？』『吁！吾聞庖羲、神農歿，黃帝、堯、舜殂落而死。文王，畢；孔子，魯城之北。獨子愛其死乎？非人之所及也。仙亦無益子之彙矣！』或曰：『聖人不師仙，厥術異也。聖人之於天下，恥一物之不知；仙人之於天下，恥一日之不生。』曰：『生乎！生乎！名生而實死也。』或曰：『世無仙，則焉得斯語？』曰：『語乎者，非嚻嚻也與？惟嚻嚻爲能使無爲有。』或問『仙之實』。曰：『無以爲也。有與無，非問也。問也者，忠孝之問也。忠臣孝子，偟乎不偟。』」（頁517～518）同篇又云：「或問：『壽可益乎？』曰：『德。』曰：『回、牛之行德矣，曷壽之不益也？』曰：『德，故爾。如回之殘，牛之賊也，焉得爾？』曰：『殘、賊或壽。』曰：『彼妄也，君子不妄。』」（頁520）從儒家但問德性，不問壽命的立場，予以批駁。

〔註85〕《新輯本桓譚新論・祛蔽篇》，頁33。

〔註86〕同前註，頁34。

〔註87〕同前註，頁37。

消爲土灰。〔註88〕

王充作《養性》後，依循養生家所言，在精神與肉體上均予以保養，但仍避免不了衰老、接近死亡的日暮之感，因此雖以「養性」立論，並身以行之，但在執行後，效果不彰下，對於養生之說仍持保留的態度，而信服過去自己所言，生命有期的命定。

王充之後，到仲長統時，社會動盪下，士人對於個人生命的保養、調適，逐漸開始重視，其在〈樂志論〉云：「不受當時之責，永保性命之期」，〔註89〕已頗有養生之意味在。〔註90〕再者，東漢以來，不少儒生亦皆對於養生之事，頗有致意，如鄭敬、周磐、馬融、蘇順等。〔註91〕

嵇康的時代，已有不少信服養生之人，並追求神仙之術，但嵇康並不認爲神仙可致，而是反過來，對於養生之事，開始思索與論述。在先前的士大夫，多把養生之事與「學」分別開來，不一定將它連結到個人生命、學問中，做一個整體看待，而嵇康則是第一個將二者聯繫起來的人，並試圖在生命情性上，予以相融無礙的詮解，以下試著就這個部分予以開展。〔註92〕

〔註88〕《論衡校釋》，頁1208～1209。
〔註89〕仲長統：〈樂志論〉，《政論校注‧昌言校注》，頁401～402。
〔註90〕李豐楙曾引《抱朴子‧至理篇》論仲長統曾爲「行炁」之術，可參見李豐楙：〈嵇康養生思想之研究〉。又《政論校注‧昌言校注》引《群書治要》，題名爲〈闕題五〉云：「和神氣，懲思慮，避風濕，節飲食，適嗜欲，此壽考之方也。」（頁349）。凡此皆可以察見仲長統確實信服養生之方。又余英時：《東漢生死觀》評斷仲長統追求養生，背後還有「內在個人主義」爲特徵的性質，並云：「這種內在個人主義的組成部分包括：一、居所景色優美；二、財力雄厚以保證奢侈的家庭內外生活；三、通過文藝品味體現精緻文化；四、延年益壽；五、退隱官場。稱它是內在的，是因爲此種理想傾向於發現人自身的價值；說它是個人主義的，是因爲在其中儒家所強調的社會秩序不再起任何作用。人被告誡不要去關心任何外在事物，如官府的廉正、道德水平的提升等；相反，迫切要做的是及時行樂以減輕身心痛苦。……因而甚至僅仲長統的事例就能清楚地顯示：追求益壽延年是爲了享受人生，而別除了宗教熱情，這部分是士人發現個體與世間的結果。這也是我們一定不能在同一層面簡單看待求仙與養生術的原因之一。」（頁79～80）。余氏的說法，可以提供嵇康養生思想背景的一個側面。
〔註91〕詳論可參見李豐楙：〈嵇康養生思想之研究〉，頁39。
〔註92〕李豐楙：〈嵇康養生思想之研究〉將當時魏晉前後的養生思想進行綜述，並說明嵇康所承繼的養生資源（道家養神、道教方術養形資源，以及漢晉之間興起的名理之學），並從兩方面來討論嵇康的養生思想：「嵇康養生思想之論理基礎」、「嵇康養生思想與形神論之關係」，並點出「神仙養形之說，爲嵇康輔養，導養說之精義，蓋老、莊道家，僅能純化原始巫師之宗教性經驗，至後

　　上一節中將嵇康的「人性」作爲較爲細緻地分析，包括其中「欲」、「智」、「情」等部分，這樣分析後，可以知道雖然嵇康在一定程度上認爲人之性是由元氣所鑠，是不可改移的，但事實上，人稟氣而生的只是質性，如明、膽、〔註93〕智、欲、情等，但這些雖爲天生所具備，不代表後天不會因爲環境、個人等因素，甚至彼此之間的互動，而有所變動，正因爲這些質性會在後天環境、個人等情況下有所變動，就使得人在其中有了操作改變的可能性。而如何操作與改變，便涉及到「學」的問題，畢竟人有可能在原始「性動之欲」時，知道如何滿足基本的需求，但在「智識」擾動，以及後天的社會化過程中，對於「情」、「智」、「欲」的變化與掌握，可能就不是那麼清楚，如此便容易隨波逐流，而難以控制自身的「情」、「智」、「欲」，如此便必須透過「學」來調節自己的「情」、「智」、「欲」等部分。

　　當嵇康不認爲「學」必然連結至「六經」，但人又必須透過後天之「學」來調節自身，那麼將會尋求其他管道，而這個管道，即是嵇康念茲在茲的「養生」。〔註94〕這裡不擬將嵇康「養生」的重點、面相全幅展開，〔註95〕本文所關注的重點不在於「養生」之細節，而在於如何觀察嵇康之「學」向「養生」轉向，甚至作爲其重要之思想。

　　　　醫藥方術漸形發達，著錄養生圖籍倍逾往昔，嵇康始得綜合其説，此爲其較老、莊進步之處，亦道家觀察自然，轉化爲道教克制自然之關鍵。」（頁 60 ～61）。

〔註93〕「明」、「膽」兩種質性，本文未能深入，但「明」實與「智識」有相當大的關聯，或可與「智識」發用等同。關於「明」、「膽」的關係，可參考吳冠宏：〈嵇康〈明膽論〉之明膽關係試探〉，《東華漢學》創刊號（2003 年 2 月）。文中云：「以陽曜之『明』，它的特長是『見物』，此『物』包含道理、事理、物理等一切之理，從自然知識到對人情性才性的辨識，以及對客觀情勢發展的了然…等等無不包括，因此明不只是智識之多寡，更涵括了對整體主客間的全面了解與掌握，只是雖然同謂之『明』，但是人所賦受之元氣之量有別，故明之多寡亦有所差異；以陰凝之『膽』，其特性則在『決斷』，顯然可見者如決定自己當如何去做，何時去做，乃至做甚麼的決斷判定，因此膽可以說是知與行（實踐）之間的居間角色與轉換關鍵。」（頁 271）。

〔註94〕謝大寧先生在《歷史的嵇康與玄學的嵇康》一書中，將嵇康對於道教信仰、老莊哲學的創新進行了相當細緻的説明，其云：「他（嵇康）憑藉著對道教的反省，更明確地爲老莊之學貫注了宗教關懷的面向，這也是『玄學的嵇康』最大的創造與貢獻所在。」（頁 112）如此可以順此脈絡來看待嵇康將其「學」之重心定調於「養生」上。

〔註95〕欲理解嵇康「養生説」的重點討論，可以參考曾春海：《嵇康的精神世界》，頁 95～108。

　　首先由上文談到的「智識」出發，嵇康既認爲「智識」能干擾性動之欲，增強人之欲念與追求，那麼反過頭來，「智識」亦可體察知悉這些會斲傷人之性情的事物爲何，故也可以藉由理解「養生」的方式，使人調養身心、延長壽命。

　　因此若能理解「智識」、「情」、「欲」作爲干擾人之養生的重點，嵇康很自然地會在這部分下工夫，畢竟人之身體的動作改變，全部依循於精神對於身體的控制與指令。身體固然可以透過各式調息、攝取食物而使之健壯，但若沒有「智識」等精神部分做出調節、命令，則不能使身體做出有益的行爲：

　　　　〈養生論〉：精神之於形骸，由國之有君也；神躁於中，而形喪於外，由君昏於上，國亂於下也。〔註96〕

　　　　君子知形恃神以立，神須形以存，悟生理之易失，知一過之害生，故修性以保神，安心以全身，愛憎不棲於情，憂喜不留於意。泊然無感，而體氣和平，又呼吸吐納，服食養身，使形神相親，表裡俱濟也。〔註97〕

由對「性」析論中所談到的「欲」、「智」、「情」來看，嵇康是會相當重視「精神」的修養，並透過對「智識」的認識，來疏導「情」、「欲」，再配合上對於身體的吐納、服食，自能達到養生的效果。

　　其中最關鍵之處在於「智識」如何運作，誠如前述「智識」所貴在於能識得「養生」的益處，進而改變自己的認識、行爲，從而養生。那麼「智識」如何能識得「養生」呢？這便需透過「學」的過程。

　　嵇康如何來談「學」「養生」呢？首先在〈與山巨源絕交書〉中明白地說「吾頃學養生之術，方外榮華，去滋味，遊心於寂寞，以無爲爲貴」，〔註98〕嵇康對於「養生」的概念並非是憑空思索而得，仍是透過「學」的歷程，而學最重要的過程便在於「智識」的認識，如其云：

　　　　〈養生論〉：善養生者則不然矣，清虛靜泰，少私寡欲。知名位之傷德，故忽而不營，非欲而強禁也；識厚味之害性，故棄而弗顧，非貪而後抑也。〔註99〕

〔註96〕《嵇康集校注》，頁145。
〔註97〕同前註，頁146。
〔註98〕同前註，頁125。
〔註99〕同前註，頁156。

〈答難養生論〉：世之多累，由見之不明也。〔註100〕

　　君子知其若此，故准性理之所宜，資妙物以養身。〔註101〕

「知」、「識」、「明」〔註102〕468均是「智識」的活動，透過「智識」可以學習、獲取相關的知識，而透過這些對身心正向的知識，人便可以透過此而調節身心，不使「智識」隨著「欲」、「情」起舞，而流盪失眞。那麼如何透過「智識」學習呢？嵇康云：

〈答難養生論〉：夫至理誠微，善溺於世，然或可求諸身而後悟，校外物以知之者。〔註103〕

〈聲無哀樂論〉：夫推類辨物，當先求自然之理。理已足，然後借古義以明之耳。〔註104〕

此處的「至理」，用盧桂珍所言，乃爲「並非是幽渺難測之道，亦指日用平常應然平易之理，凡人只要時時深思惕厲，即可知掌握箇中吉凶之理」。〔註105〕而認識的手段可分爲三種：「求諸身而悟」，以觀察自身作爲媒介來體認，或個人實際的生命經驗；「校外物以知之」，通過認識、比較外物來體認；「借古義以明之」，藉由古人的書或話語來認識。此三種均須透過「智識」的運轉，以及「學」的過程才能達到，第一種過程還可以說與「學」較無關涉，但「校外物」與「借古義」則勢必經由學習的過程、對外的探索，才能達到這樣的效果與目的。〔註106〕

〔註100〕同前註，頁176。

〔註101〕同前註，頁182。

〔註102〕嵇康在〈明膽論〉提到「明」可以見事、亦可以見物，無論是何者，均是說明穿透事物的表層而無所惑，如此方能行得正道，不會被蒙蔽而使自己遭受禍害。此處可以與王弼所論之「明」參照，可見嵇康在論述「明」時，並非是將之超越，並昇華爲「神明」，以達到能體沖和以通無的境界，反而是傾向對經驗界的認識、事物之理的領會，以及人自身的判斷能力。

〔註103〕《嵇康集校注》，頁188。

〔註104〕《嵇康集校注》，頁204。

〔註105〕盧桂珍：《境界・思維・語言》，頁85。

〔註106〕這裡統括於「智識」的活動下，但盧桂珍其實對於「知」有更細緻地分析，分爲「世俗智」與「超越智」，前者指涉爲會干擾「性動之欲」、強化「情」的較爲負面的「智識」；後者則爲此處所言，體認「至理」、「貴智以養生」的「智識」。此處筆者不分，一方面在於此非本文所措意處，另一方面，就嵇康的語脈而言，縱使不分，亦能疏解，故不擬作細分。但盧桂珍對於「智識」的分疏，可以很清楚地理解嵇康的思想，亦不須透過上下的文脈來理解「智識」的面相，詳參盧桂珍：《境界・思維・語言》，頁84～86。

如此可以經由「學」來調節身心，即使受到「情」、「欲」等擾動，亦能脫離這個困境，而達到「體氣和平」的狀態：

〈答難養生論〉：縱令滋味嘗染於口，聲色已開於心，則可以至理遺之，多算勝之。〔註107〕

從這裡可以看到嵇康所言的「絕智棄學」若非激憤之語，則有其內涵的限定性，即並非指涉透過「養生」，所豐富意涵後的「學」，而是指涉在「犯情之禮律」下僵固的「六經」之學，由此可以很清楚地看到嵇康將「學」的內涵擴大、轉移了。

第七節 「適性爲學」之開展

經由上節所述，可以再思索一個問題，嵇康是否眞的將「學」與「六經」完全鬆綁，從此將「學」脫離「六經」的藩籬，從而完全無視於「六經」，將之視爲腐朽、蕪穢呢？本節擬在「適性」這個論題下，試著回應這個問題。

前面提到過，人人因爲稟氣之不同，連帶會影響到後天思維、才性上的差異，因此會在出處進退、甚至選擇職業上有所不同，故而在消極層面上，人人若能依循其性，找到適宜的生活方式即可。但在人文化成已然的現今，不太可能人人都能做到這一點，其中的變因太多，無論是個人受到「智識」、「欲」、「情」之擾動，還是社會國家的外在影響讓人無所適從，都容易造成自己既喪智於欲，又受國家政治之壓迫。那麼在消極的層面下既無法安身立命，勢必要在積極層面有所作爲，而如何「適性」，就有了後天人爲運作的可能，也在一定程度上可以連結到所要討論的「學」上，如此所謂的「適性」也不單單只能從消極面來看了，而同時具備積極的層面。以下擬分作個人與國家社會兩層面來分析。

個人方面，除了上所述的「養生」外，在偏屬於社會性的部分，可以由〈釋私論〉與〈家戒〉兩篇文章來觀察。

在〈太師箴〉、〈難自然好學論〉兩文中，嵇康頗爲仔細地說明大樸已虧後，歷史走向了「勸學講文」、「攘臂立仁」的階段。面對人文化成已然的當下，嵇康面對自身，能透過「養生」調養身體與精神，但在面對社會國家時，則須有另一套方法來「適性」；另一方面，嵇康身處社會中，要宣揚他的理

〔註107〕《嵇康集校注》，頁175。

念，仍必須經由「傳其意」的管道，而如何「傳其意」，則涉及了與「學」的關聯。以下試圖通過這兩條途徑解析「適性」中的個人面向。

「家誡」、「戒子」是當時相當常見的文例，東漢以來即有不少人留有此作，如鄭玄、曹丕、王昶、諸葛亮、向朗、姚信等，這與當時的門第背景有相當深的關係。其中所反映的精神，主要即是對「家族延續」的叮嚀，而如何延續家族，則涉及到自身待人處事、如何食息於天地之間有關。再者，當時的教育環境，除太學外，主要在門第、寺廟兩處，早期寺廟還不興盛時，文化脈緒主要落在門第上，因此門第如何教授子弟，對於當時文化發展有相當大的影響。

從這個脈絡來看嵇康，便可以先覺察出兩處：其一，嵇康書寫家誡文，表示並非全然「絕智棄學」，對於自己家族的子弟，仍希望藉由文化傳承的方式，得以挺立於世間；其二，嵇康家誡中，幾乎不涉老莊、養生等概念，主要均是人際關係如何應對，以及個人如何立身等，由此可知，對於嵇康來說，理想層面雖有個「大樸未虧」的時代，但現實層面仍必須照顧與面對，因此如何疏導家族子弟在這現實中生存，便是他書寫家誡最措心之處，其中正可反映其「學」的面向。

〈家誡〉一文除了說明如何處理人際關係外，其最大的核心便在於「志」：

> 人無志，非人也。但君子用心，所欲準行，自當量其善者，必擬議
> 而後動。若志之所之，則口與心誓，守死無二，恥躬不逮，期於必
> 濟。〔註108〕

嵇康此處將「志」看得相當重要，認為「志」是人之所以為人的關鍵，無志則非人也。早在嵇康以前，《論語》、《孟子》對於「志」已有相當深刻的論述，如《論語・里仁》云「士志於道，而恥惡衣惡食者，未足與議也」，〔註109〕「道」乃士之所志，非「道」無以彰顯士之價值，此處之「道」乃是孔門師生共同追求的理想，或可說即是「仁」也，但這樣的「道」經由每人的生命才情，也會有不同的形式呈現，故「殷有三仁」各自表現不同，然均不失為「仁」；同樣的，「志」所能體現的，也與每個人的生命才情有關，如孔子與顏淵、子路言彼此之「志」。又如《孟子・公孫丑上》云「夫志，氣之帥也」，〔註110〕以志帥血氣之身，從其「大體」也。至如《荀子・性惡》亦嘗言「今

〔註108〕《嵇康集校注》，頁 315。
〔註109〕《四書章句集註》，頁 71。
〔註110〕同前註，頁 230。

使塗之人伏術爲學，專心一志，思索孰察，加日縣久，積善而不息，則通於
神明，參於天地矣。故聖人者，人之所積而致矣」，〔註111〕說明「學」與「志」
相輔的關係。孔、孟、荀三者對於「志」的看法基本一致，但其中仍有部分
之差異，在此不深論，但可以看到「志」在儒學傳統中，有其一定的發展脈
絡，〔註112〕那麼嵇康如何繼承與發展呢？

　　前文在討論「適性」時，已有討論到「得志」與否的問題，連結〈家誡〉
此文來看，其云「若夫申胥之長吟，夷叔之全潔，展季之執信，蘇武之守節，
可謂固矣」，〔註113〕嵇康所云之「志」，已非孔孟荀三人，立身行道，直指聖
人之域，反而是依循個人之生命才情，尋得自己最適宜之處，而後堅守之，
這種將孔孟之「道」鬆脫，進而連結至「才性所宜」，使得人之志得以有更多
的可能性，由此嵇康便在〈難自然好學論〉中批評「詭志從俗」的求安之士。
此番轉變固然有時代政治壓迫等背景在，但亦可說是「個人自我之覺醒」風
氣下，有的合理發展。〔註114〕

　　「適性」的前提下，必須識得自我生命才情，並以志守之，那麼如何守
之？其云：

　　　　〈家誡〉：故以無心守之，安而體之，若自然也，乃是守志之盛者耳。

　　　　〔註115〕

無心守之，而能安之若自然，既然說是「若自然」，則非「自然」也，其中

〔註111〕《荀子集釋》，頁552。
〔註112〕除了先秦儒學外，在嵇康的時代，已有「守志」之先聲，如徐幹云：「遇不遇
　　　　非我也，其時也。夫施吉報凶謂之命，施凶報吉謂之幸，守其志而已矣。」
　　　　見《中論校注・修本》，頁 51。徐幹由時遇不遇，以及行爲得吉凶與否的問
　　　　題，而論「守志」的必要性，可與後來嵇康論「志」相參照。
〔註113〕《嵇康集校注》，頁 316。
〔註114〕關於嵇康之志，可簡稱「嵇志」，此部分已有盧桂珍專文探討，認爲由嵇康〈幽
　　　　憤詩〉一詩中所云：「志在守樸，養素全眞」作爲線索，可以從兩個面向，開
　　　　展出嵇志的全幅面向，其云：「其一，眞者不拘於俗，故以出離、悖反世俗爲
　　　　主，此乃以遮詮顯眞，而有清逸之氣、狂狷之態。其二，眞者精誠之至，故以
　　　　敬謹直行爲念，此乃以表詮顯眞，而能事君以忠、待親以孝、交友以義。」參
　　　　見盧桂珍：〈嵇志内蘊解析——兼論嵇康之矛盾與統合〉，《成大中文學報》第
　　　　30 期（2010 年 10 月），頁 37～70。此文通過對於「嵇志」的考察，將嵇康一
　　　　生看似矛盾的行爲與思想，統括於其「志」中，認爲均是嵇康順其心中之志而
　　　　行，在外人的眼中看似矛盾，其實都是嵇康合理以及願意的作爲。本文對於嵇
　　　　康論學思想的開展，可以說是站在另一個面向切入，但得到的結論，與盧文正
　　　　不謀而合，同時可以見到嵇康表面上矛盾的思想與行爲背後所持的道理。
〔註115〕《嵇康集校注》，頁 316。

即有人爲因素滲入，那麼如何能無心守之呢？若以〈養生論〉所言「知名位之傷德，故忽而不營」云云而言，則勢必連結到「智識」的層面，那麼如何在「智識」上來討論「無心守之」，可以在〈釋私論〉進一步分析。其開頭云：

> 夫稱君子者，心無措乎是非，而行不違乎道者也。何以言之？夫氣
> 靜神虛者，心不存乎矜尚；體亮心達者，情不繫於所欲。矜尚不存
> 乎心，故能越名教而任自然；情不繫於所欲，故能審貴賤而通物情。
> 物情通順，故大道無違；越名任心，故是非無措也。是故言君子，
> 則以無措爲主，以通物爲美。言小人，則以匿情爲非，以違道爲闕。
> 何者？匿情矜吝，小人之至惡；虛心無措，君子之篤行也。〔註116〕

「心無措乎是非，行不違乎道者」是指「君子」之所以爲「君子」，能符合這樣的狀態才能稱之爲君子，那麼如何「無措」、如何「不違」，嵇康從兩個方向來說：其一，氣靜神虛 → 心不存乎矜尚 → 越名教而任自然 → 是非無措；其二，體亮心達 → 情不繫於所欲 → 審貴賤而通物情 → 大道無違。

　　「心不存乎矜尚」與「情不繫於所欲」，可以通過上面對於嵇康的人性討論來理解。人之所以會有矜尚之心，在於經由「智識」活動確立了價值觀，並以此價值觀對於外在事物進行判準，一但有了判準，就有了貴賤等殊異，至此立身行事就難免有閉塞、有迎拒、有利己、害己、利人、害人之別。「氣靜神虛」則是如何達到「心不存乎矜尚」的方法，「氣靜」之氣，可以指「神氣」，那麼便與「神」爲同義，均是指精神（或心），但在本文脈絡逕指「智識」亦可，以〈養生論〉的用語來說，便是「收之以恬」，使「智識」不擾動，不妄建立任何價值判斷，在「養生」的角度，可以朝向學習養生的方向前進，但在這裡，嵇康提出「越名教而任自然」，名教指「一切『有名之教』，凡名相、名號、名分、名譽、名數以及由此而生的一切規矩法度都應包括在內」，〔註117〕在本文脈絡下，或可限縮在〈難自然好學論〉所談的「六經」，那麼便可以很清晰地看見嵇康所反對的「六經」究竟是如何，即是反對經由「智識活動」而形成一套「價值判準」，而驅使自己學習「六經」，進而滿足價值判準下所希冀的名利。那麼嵇康心目中理想的「學」便可由此透顯出來，即是穿透這層由「計」而來的「學」，以及在「價值判準」下希冀的「名利」，而

〔註116〕同前註，頁234。
〔註117〕張蓓蓓：《中古學術略論》，頁28。

對「六經」做純粹的認識，依今日的話來說，或可說「爲學問而學問」，又可以說「追求六經本身的眞理」。在這個角度來說，便可以解讀嵇康所謂的「無心」，也可以說是「若自然也」，「學」與「自然」的關係便這樣迂迴地建立了，這一點也可以在〈釋私論〉後文中驗證，其云：「謂永年良規，莫盛於茲；終日馳思，莫闚其外；故能成其私之體，而喪自然之質也」，〔註118〕當「智識」奔馳於外，追求社會僵化的規矩、價値，這時的自我是「存私」而追尋的，此「私」是帶有前面種種的計算考量，以嵇康〈釋私論〉本篇的脈絡來說，即是「匿情」，匿心中計算之後帶有的私情，而追求符合社會規矩的價値，進而擷取所謂的榮利，這種情況嵇康絕不認爲是自然。當然，從外部行爲來看，一個人「存私」所求的、所表現的，如廉讓、節儉，未必是「非」的，但以「匿情」之故，存心不正，自然也就無法深入所追求的核心，這連結到前面所說的「六經」亦然，只能呈現「六經」表層的樣態、規則，卻無法深入「六經」背後蘊藏的義理。因此嵇康所言的「無心」是相當重要的，無心即擺脫「智識」的擾動，擺脫「情」、「欲」的束縛，而對對象眞誠的接納、欣賞、奉行，而無其餘的干擾、算計。

接著來觀察「情不繫於所欲」所言的意涵。八情本爲人所具有，而「情」會受到「智識」的擾動，增強它的傾向，也會伴隨著「欲」的出現，隨之起舞。這裡的「欲」，可以指「性動」單純的生理欲望，也可以指「智識」干擾後所呈現的人文化或社會化的欲望，無論何者，「情」若介入，便會增強對於「欲」滿足的追求，因此必須將「情」調節、收攝。如何調節「情」，便需要透過「體亮心達」的方法，「體亮」之「體」或可解爲「體氣」，而「體亮」則可以〈養生論〉所言，是「體氣和平」，〔註119〕也即是「性」足之以「和」，則所謂「體亮心達」，便是將性動之欲收攝，使其足於「和」，而「心達」便無「智識」之介入與擾動，則「情」自然可以無繫於欲，而能有所調節，在此狀態下，「智識活動」不朝向負面運轉，亦不介入性動之欲，自然可以通透物之情，而不爲外物所擾動，而所謂的「貴賤」之判別，也不會受外物、社會僵化之規矩等影響，而能深刻地理解何爲貴、何爲賤，這既可以連結到〈養生論〉中的貴「養生」，亦可連結到〈難自然好學論〉中，鄙棄奔馳於外的求

〔註118〕《嵇康集校注》，頁316。
〔註119〕盧桂珍：〈嵇志內蘊解析——兼論嵇康之矛盾與統合〉亦採此解，其云：「體氣平和暢達。」（頁59）。

安之士。

　　〈釋私論〉主要分析「公」、「私」、「是」、「非」的問題，希望透過幾種層面的分析，來剖析社會的、個人的價值問題，試圖爲虛僞的禮教社會，尋得新的出路。而本文順著「學」的脈絡，認爲可以藉由〈釋私論〉來對嵇康的「適性」作深一層的分析，並由此看到「適性」的積極性，而不僅僅只有消極的、被動的依循自己的才性，而是能夠透過生命才性的差別，進而確立自己的「志」並執守之，但此執守並非僵化、固執地死守，而是穿透各種依附的價值觀、內心智識、情欲的繳繞，而能無心守之，如同自然一般。這裡筆者認爲嵇康其實便是在宣導一種「學」的方式及態度，是摒棄過去爲了其他依附價值、情欲、智識擾動下的「學」，而能對於所學有全然之認識，追求純粹的眞理，當然這種「學」並不僅僅是內心的探索，也並不僅只於對自我生命才性的認識，還必須藉由學習外在典籍等活動。由此可以明白，嵇康眞正在乎的是人如何食息於天地之間，如何能識得自己的天性，而朝向「適性」的方向前進，但如何「適性」，便須有道路可循，嵇康揭示了幾種「學」的態度，來試圖指引當時詭志從俗、奔馳於外的人，能夠「越名教而任自然」，超越社會所給予自身的枷鎖，而導向個人自然所具的天性。〔註120〕

　　以上梳理了個人「適性」的部分，接下來略爲談到國家社會層面能夠爲「適性」所做的事情，畢竟人生存於天地之間，不是只有個人而已，還會受到國家社會體制上的影響，因此如何在體制上，從基本的層面疏導人民，給予人民自由與空間，甚至協助調節人民之情是很重要的，故其云：

　　　　〈聲無哀樂論〉：爲可奉之禮，制可導之樂。口不盡味，樂不極音；
　　　　摱終始之宜，度賢愚之中，爲之檢，則使遠近同風，用而不竭，亦
　　　　所以結忠信，著不遷也。故鄉校庠塾亦隨之變。絲竹與俎豆並存，
　　　　羽毛與揖讓俱用，正言與和聲同發。使將聽是聲也，必聞此言；將

〔註120〕在導向個人自然所具的天性時，便不局限於經典教育、老莊思想等學說中，
　　　　甚至可以擴及到人生所能實現的種種技藝上，故嵇康順其天性，好琴、好鍛
　　　　等，都是順才性而得以適性的表現，當時的人亦有此自覺，此論張蓓蓓先生
　　　　已深刻點出，其云：「書、畫、琴、棋，甚至包括卜術與醫術，在時人心目中，
　　　　也都是天才所可有的『表現』，所以亦值得去從事或耕耘。而在耕耘與從事的
　　　　過程中，魏晉人眞正的企圖，與其說是『享受』或『寄託』（余英時語），不
　　　　如說是『自我實現』與『自我完成』。」參見張蓓蓓：《中古學術論略》，頁
　　　　153。嵇康在藝術上面的拓展與表現，可以參考曾春海：《嵇康的精神世界》，
　　　　頁 79～82。

> 觀是容也，必崇此禮。禮猶賓主升降，然後酬酢行焉。於是言語之
> 節，聲音之度，揖讓之儀，動止之數，進退相須，共為一體。君臣
> 用之於朝，庶士用之於家。少而習之，長而不怠，心安志固，從善
> 日遷，然後臨之以敬，持之以久而不變，然後化成。此又先王用樂
> 之意也。〔註121〕

這裡便可以很清楚地看到禮樂教化的痕跡，禮樂教化也是建基於人民學習
上，但這種學習並非虛偽的枷鎖，而是「可奉之禮、可導之樂」，是可以使人
「心安志固」，而非「詭志從俗」的，這才是「六經」、「禮樂」的真義，也才
是能調節人心、社會的方法，因此嵇康所認為的六經禮樂等，還要依循於
人民的才性生命，而導向於善的道路，這與當時的社會不顧人心、徒然使用
強制的手法提倡是有很大的反差。而人民在這樣的社會空間下，才能依循上
述個人「適性」的途徑前進，而使每個人都能在人文化成已然的現在，仍然
能做到近似「大樸未虧」前的「怡然鼓腹」、悠然自得的情狀。

　　因此當君王給出人民空間，配合一定的政教措施，上下便可以熙熙然，
如其云：

> 〈聲無哀樂論〉：古之王者，承天理物，必崇簡易之教，御無為之
> 治。君靜於上，臣順於下；君靜於上，臣順於下；玄化潛通，天人
> 交泰。枯槁之類，浸育靈液，六合之內，沐浴鴻流，蕩滌塵垢；羣
> 生安逸，自求多福；默然從道，懷忠抱義，而不覺其所以然也。和
> 心足於內，和氣見於外；故歌以敘志，儛以宣情。然後文之以采章，
> 照之以風雅，播之以八音，感之以太和；導其神氣，養而就之；迎
> 其情性，致而明之；使心與理相順，和與聲相應。合乎會通，以濟
> 其美。〔註122〕

這樣的狀態，一方面是君王能夠不干預人民，且能夠導引人民走向善的路途，
另一方面，人民亦可隨其才性所宜，適性發展，如此在外既不壓迫內在，在
內亦也不會妄作、詭志地改變自己，此種情狀正是嵇康理想的狀態，而其背
後正是在轉化、修正當時的經學，甚至是「學」本身。

　　通過以上的分析，可以知道嵇康所提倡的「適性為學」，並不完全反對兩
漢以下的「教化為學」，而是通過種種對人性的解析、主流論學的反省，對於

〔註121〕《嵇康集校注》，頁223～224。
〔註122〕同前註，頁221～222。

「教化論學」所產生的僵固人心、馳逐於名利場上的末流影響，給予最深層的活化。換句話說，嵇康所提倡的「適性爲學」，並非希望完全取代「教化論學」，雖然他內心理想的上古之世，是無所謂教化，人民只要自在、順從原始之性，即可愉悅地生活，但事實上，人文化成已然的現今，是不得不然的狀態，因此如何在此狀態下，能達到或接近最理想的國度，是嵇康心中所設想的，因此在某方面，希望能透過「適性爲學」對「教化爲學」的反省與衝擊，使得「教化爲學」中的意涵與脈絡，能夠重新反思，並經由「適性爲學」的借鏡與資源，將「教化爲學」個人情性的安頓等方面，更加顧及，而非全然地壓制，或者透過名利的方法誘導人民的群起追求，而是眞眞正正梳理個人情性之所宜，使人人均能生活在一個平順安妥的環境中，既不憂於上政，亦不憂於自身無法嵌入社會國家的主流價值中，使得人可以依循其性，自在過活。

此外，嵇康對於「養生」的提倡，一方面除了對於道教信仰、個人理想追求外，另一方面，也是意識到無論在精神還是肉體上，若沒有健全舒泰的狀態，是很容易墮入焦慮、病痛、苦難的狀態，而這種身心的煎熬，反倒成爲「適性」追求最大的阻礙，對於嵇康而言，唯有健全的心志、強魄的體態，方能在社會國家中，悠然自在，而這種「悠然自在」，是完全把握在自身手中，只要自己能透過「養生」的方法即可完成，故其將「養生」納入「學」的重要意涵中，當是有其深層的考量。

至此可以明白，由「教化爲學」到「適性爲學」，不完全是由後者取代前者，更多的是，在前者的脈絡下，進行反思、改造，以及能在「適性爲學」的基礎上，達到理想中的「教化」，而這種教化，亦非上對下的絕對關係，而是在同一個平面上，對於每個個體的尊重，使得每個個體均能悠然舒暢。

第八節　小　結

本章透過將張叔遼〈自然好學論〉與嵇康〈難自然好學論〉的疏解爲始，進行開展，梳理其中所涉及的各種議題與內涵，並針對這些內涵予以梳理。

張叔遼〈自然好學論〉主要透過「八情」之感應爲主，並以「計」爲終，試圖論述「好學」是可以歸之於人情之自然，然而其中所涉及到的「選擇能力」，以及「計慮」是否爲自然，都是問題，這一些也都爲嵇康所批評與反駁。

　　嵇康在〈難自然好學論〉中，主要對於人之「性情」作一番清晰地論述，並透過這梳理的過程，將其對於「性情」的主張，托盤而出，而後點出張叔遼在論辯上的種種問題，並予以反駁，由此駁斥其「自然好學論」的不可信。

　　在對兩篇文章作梳理後，試圖在時代環境中、時人見解中，觀察張叔遼〈自然好學論〉提出的可能性，並在此背景下，重新梳理嵇康如何透過〈難自然好學論〉繼承先前的論學思想，並予以自我的詮釋與開展。

　　接著由嵇康與張叔遼針對「自然好不好學」的論難作爲基點進行開展，爬梳兩人共同論述的命題、概念，進而深入嵇康的思維脈絡中，試圖尋繹嵇康如何論述「學」，如何繼承、批判前述的經學傳統、士「以學爲本」的認知，以及從清議、清談中，所涉及在才性與思辨刺激下，對「學」有所轉化與變革。

　　通過嵇康對於「人性」的細緻觀察，將其中的「欲」、「情」、「智識」進行剖析，明白各個部分在人性中如何運作、如何影響人之所以爲人，透過這層的分析與認識，進一步提點人該如何在社會中存在。就自我而言，可以透過「養生」來調節生理、精神上的過失；而在社會國家層面上，則以如何「適性」爲原則，運用「無心守志」、「無措」等方法，來尋求自己的定位。而國家君王對人民的影響，嵇康則認爲君王必須還給人民尋求適性的空間、不過度地干預，甚至必須起到某種引導的作用。

　　在分析嵇康的思維時，其實也發現嵇康自我的糾結與矛盾，正因爲嵇康身處的時代，經學價值的失落，徒剩虛僞的空殼、淪爲統治者的工具，嵇康如何能在論述上衝破這層限制，而尋得經學的價值，甚至救治當世之急，便成爲他心中揮之不去的困惑。嵇康幾乎不對經學做出任何評價與論述，現存的文獻當中，也僅存《春秋左氏傳音》，所以如此者，其因不詳。但就以本文分析脈絡來看，也許嵇康想更深層地認識人性，認識人爲什麼需要「學」，以及如何去「學」方才不會落入傳統窠臼當中，而在不同的因緣下，如其道教信仰的背景、才性偏好老莊等，都使得嵇康對「學」的想像、理解，不再是僵化的章句訓詁，而有了更多元的可能，也更貼近人性、人情。同時從這個角度指引人們需先改變爲學的態度，不再爲「欲望」、「功名」所累，而眞正地學習、理解古代的典籍，以及現實的爲人處世之道。

　　最後，可以觀察到，由「教化爲學」到「適性爲學」的過程中，不是一

種典範的取代，反而是對於「教化爲學」所涉及的種種意涵，做出反思與深層地解析，並透過「適性爲學」的提點與指引，重塑「教化爲學」意涵，達到安頓每個個體在社會中最適宜的位置，實現自己才性之所宜，而非通過既定、僵化的價值，將每個人束縛住，此爲嵇康對於「教化爲學」最深層的反省與改造。

第五章　結論：論學思想的回顧與展望

第一節　回顧：「論學思想」呈顯的學術史脈絡

　　「論學思想」是筆者在閱讀湯用彤先生〈謝靈運〈辨宗論〉書後〉一文後，深受啓發，並試著追蹤湯氏的脈絡，意圖勾勒出當漢晉之際，關於「學」的論述與討論。一般對於「學」的理解，都是從「學」本身含有的三層面觀察：學的對象、學的方法，以及學的目的。而對於「學」影響最大的，莫過於「目的」之所在，故湯氏以「聖人可不可學」為當世論學的重要議題，實導引了後人對於「聖人觀」以及當世士大夫論學重要的啓發，然而本文順其脈絡，提出了三個問題：（一）「若學不成聖，則當世為學的目的是什麼？」（二）「由兩漢學術過渡到魏晉時，為學目的是否有改變？其改變的過程又是如何？」（三）「嵇康在漢晉之間如何繼承、形塑與開展其論學思想？」並以這三個問題為引線，試圖爬梳其間的發展與演變。

　　在第二章〈漢代論學思想的形成與發展〉中，主要勾勒了三條發展脈絡，第一條是由董仲舒建立太學，推崇六藝之學開始，形塑了當時主流的論學思想，即以「教化」與「養賢」為主要目的，並將士大夫作為「教化」重要的管道，則士人一方面承接著帝王所賦予的政治責任，另一方面又以六藝之經學為重要的成學管道，由此形成了君王→士人→人民，由上而下，由外而內的「教化」關係。如此士人一方面成為帝國運作的軸心，另一方面在主流論學思想中，也以「教化」為最主要的訴求。

　　第二條脈絡，也導源自董仲舒所揭示「學」的兩層面：「覺悟」與「教

化」，並在後代士人逐漸意識到「以學爲本」的認知中，開始將「教化」與「覺悟」分別論列。在帝國統治與士人政治理想或追求下，「教化」仍作爲主要的訴求，但同時對於自身爲學的認知卻漸漸萌發起來，由《鹽鐵論》開始的文學之士到劉向、揚雄、王充等，這條脈絡漸漸清晰起來，其中所反映的是，士人開始思索「學」與自身的關係，並開始連結到自身的性情、才能，特別是「知性」的呈顯，由此開始呈顯了不一樣的論學思想，開始脫離「教化爲學」的束縛，而朝向「適性爲學」的方向前進。

第三條脈絡，可以結合第一條脈絡的發展來看，當時的經學發展中，有「講經」的現象，藉由口才來辯論經義、國事，在一定程度上，提升士人對此的注意與培養。另一方面，當章句之學逐漸僵固，而朝政又受到戚宦把持，士人便將用心於六藝之學的精力，轉移到了時風朝政上，由此出現了太學生議政的風潮，促成了當時游談之風的興盛。而在清議游談的過程中，不僅僅只是對於朝政的批評，同時開始反思到了自身才性適宜，以及伴隨而來的思辨上的突破，無論是在論題上的思索，還是談辯過程的研析，甚至在言意關係的辨析，都提供了以下論學思想豐厚的資源，透過這些新的方法或思辨，得以在「教化爲學」的反思上，促成「適性爲學」的啓發。

順著第二章的脈絡，在第三章〈漢晉之際論學思想的新課題——從王符、徐幹到何晏、王弼〉中，更細緻地觀察處在時風轉變之時，士人具體論學中，所呈現的變化。由王符與徐幹，可以看到「教化爲學」本身的演變與發展，並逐漸導向「適性爲學」。他們同時都對當時「爲學目的」有所不滿與反思，並試圖在檢討「爲學目的」的同時，建構出自身詮釋下的「論學思想」。

王符從天人關係著眼，並修正了人在其中扮演的角色，提升了人的能動力，並將之收束於「感通」，而將「學」視爲「感通」最重要的方式，並以「德化」爲最終的歸宿，從其表面看來，似乎仍是「教化爲學」的脈絡，但事實上，王符在其中提升了士人在其中的價值，挺立出士人「以學爲本」的認知。

徐幹則進一步擺落天人關係的框架，而著眼於「疏神達思」與「怡情理性」，換言之，徐幹將重心落在士人自身上，對於人自身所具備的神、思、情、性，或者說「仁」、「知」兩方面，做出一番思索，並試圖在「學」中，達到實現二者的期望，由此建構其特出的「論學思想」。

然而二者雖對「論學思想」均有一番思索與重建，但卻未對漢代經學展開強烈地批評或拋棄，反而是重新反思「經學」的意義，並試圖將之納入二

人所建構的「論學思想」中，作爲最重要的「學」的方法與過程。可以說，
二人對於過去主流的「教化爲學」做了相當程度的改造，而開始具備「適性
爲學」的特色。

　　比起王符與徐幹，何晏、王弼等人將「教化爲學」的特質大幅度地擺落，
而以道家思想，轉化了當時「論學思想」的內涵。在何晏身上，很清楚看到
了同時含有道家思想與儒家思想的特質，但如何將這兩者相融無礙地表現在
「論學思想」中，就現存的文獻看來，何晏顯然沒有更多的論述，事實上也
存在某種斷裂的現象。

　　王弼則承繼了何晏的思索，進一步地調和儒道二家。本文基於「自然」
與「名教」的脈絡，觀察王弼由「名教出於自然」的框架下，展現「學」出
於「無」或「自然」的論學形式。同時，王弼也對於過去多以正面的態度論
述「知性」感到不滿，他沿襲《老子》對於「知性」的警惕，更深切地論述
「學」、「知性」以及「明」的關係，並提出透過「學不學」的引領，向內反
思，並將「明」昇華爲「神明」，由此而達到「玄覽」的境界。因此王弼所展
現的，並非是「教化爲學」的由上而下的態度，反而是一種不造作、不妄爲，
因順萬物之性的「玄覽」，並在此「玄覽」中，尊重每個個體的適性，此爲「適
性爲學」中十分特出的論述形式。最後，王弼對於「經學」也提出反思與修
正，比較具體的便是提出了「言、意、象」的理論，試圖更合理地詮釋《周
易》，並由此擺落象數易學的窠臼。

　　第四章〈嵇康「難自然好學論」的提出到「適性爲學」論的建立與開展〉
則將焦點鎖定在嵇康如何建構其「適性爲學」的全貌。首先通過嵇康與張叔
遼對於「自然好不好學」論的開展，得以觀察到當時興起此論的背景，以及
二者所主張的不同。同時，試圖從〈難自然好學論〉中，觀察嵇康如何受上
述三條脈絡以及王弼等影響。由此可知嵇康對於「學」有相當清晰的思索，
包含「學」與「人性」的關係，以及人性層面中「知性」、「情」、「欲」，乃至
不同的「才性」。

　　嵇康的「學」並非限縮於六藝經學之中，結合他自身的背景與信仰，將
「學」擴展到養生層面上，因此在嵇康「論學思想」中，通過對於「情」、「欲」、
「知性」的調節與引導，將「學」聯繫到「養生」上。同時，嵇康還將「學」
與「人性」結合，認爲人必須「守志」而「適性」，故人必須通過「學」得以
「適性」，而當人人之志與才性不同，所需之「學」也不同，由此將「學」做

相當大程度的解放，故所謂的「學」是爲了人之「適性」而存在，而人爲了「適性」，可以從事各式各樣的「學」，可以包含養生、琴藝，乃至鍛鐵等等各種面向，此爲嵇康「適性爲學」全幅的開展，亦同時是兩漢以下漸漸發展而來的結果。

但嵇康所倡言「適性爲學」，卻並非決絕反對「教化爲學」，事實上，他的「教化爲學」是必須建基在「適性爲學」的基礎上。通過「適性爲學」充分的開展，方才有「教化爲學」的可能，亦即統治者必須照顧好獨立不同的個體，方才能邁向熙熙然的理想社會，也唯有此才能施行適當的「教化」，而士人也必須依循於「適性」的前提下，施展「教化」，此爲嵇康由「教化爲學」到「適性爲學」最核心的想法。

從董仲舒奠定的「教化爲學」，到嵇康開展的「適性爲學」，可以呈顯士人「論學思想」的轉變。其中的因素除了政治、經濟環境的刺激外，更重要的是士人「以學爲本」的認知，以及代代傳承的學術經驗，即使兩漢經學與魏晉玄學有顯著的差異，但通過本文的觀察，其內在理路，實際上是息息相通，是持續對此議題的關注與梳理，並透過本文揭示的數種關鍵字，如性情、知性等，傳遞並轉化。

所以董仲舒與嵇康之間的論學思想，乍看之下，差異巨大，但實際上是有其理路上的發展與轉變，而二者共同的訴求，都是士人以「學」淑世的理想，僅僅只是表現的方式與關懷的面向有所差異而已。〔註1〕

最後可以附帶一提的是，透過嵇康「適性爲學」的論述，並就其本身所具備的才性以及思辨方式，可以開展出嵇康更廣闊及超越的層次，這個部分可以鎖定在「智識」、「情」、「欲」等完全無所擾動，並充分達到個人「適性」的前提下，所澄澈無暇的「和境」，此「和境」可以透過不同的方式到達與表現：其一，可以在智識上面通透而無所干擾下，在理智運思清明中，達到一種知性的理境；其二，則可以嵇康所長的藝術才能，如琴藝、詩藝等的展現，而達到一種純粹的美境；其三，通過養生而達到的神形交養，從中煥發出來的生命之美，而展現出一種天地人混爲一體的天人合一的境界。這三種方式與進路並非互相排斥的，而是可以在互補、互動的過程中，同時達到，

〔註1〕 附帶而論，江建俊〈玄風中的反玄〉，《于有非有，于無非無——魏晉思想文化綜論》一文所指出的玄風與反玄的互動，實際上也可以作爲本文之背景。若將「教化爲學」與「適性爲學」二者互動的過程與玄風、反玄互動一起梳理，或許會有更多元的面向產生，此議題的開展暫留在來日追蹤與研究。

以嵇康之言來說，即是一種「順天和以自然」的狀態。這可以說是在嵇康「適
性爲學」的開展中，更高層次的展現，也是在禮教等僵固的束縛中，所無法
感受與到達的境界。這一部分所述，雖沒有在正文中提出，但順著嵇康對於
「適性爲學」的開展，實際上是可以指向這一條更高的途徑，而非僅僅只是
滿足於個人單純的原始欲望與才性中，此乃嵇康「適性爲學」所揭露出來，
並非是更多的束縛或囿限自身才性上，反而是在充分認知自身後得以有的無
限開闊與發展。

第二節　展望：教化、適性爲學在後世的迴響與反動

　　透過本文所開展的脈絡，可以看到由「教化爲學」向「適性爲學」轉變
的過程，但必須說明的是，「教化爲學」與「適性爲學」二者之間並非必然的
單線發展，本文所揭示的，乃是希望能從這條脈絡中，看到當時士人如何豐
富「論學思想」的意涵。以下簡要地順著「教化爲學」與「適性爲學」兩個
端點，來觀察後來的士人如何承繼並持續推展與修正。

　　嵇康之後對於「適性爲學」的繼承，最直觀聯想的，當屬郭象「玄冥獨
化」所反映的「適性」概念，因此可以說郭象對於「適性」的看法，在某種
程度上接續嵇康之論而來，且更強化了「自然已足，益之則憂」的觀點，如
郭象談「學」時云：

> 此五者（指「道昭而不道，言辯而不及，仁常而不成，廉清而不信，
> 勇忮而不成」），皆以有爲傷當者也，不能止乎本性，而求外無已。
> 夫外不可求而求之，譬猶以圓學方，以魚慕鳥耳。雖希翼鸞鳳，擬
> 規日月，此愈近彼，愈遠實，學彌得而性彌失。故齊物而偏尚之累
> 去矣。〔註2〕

郭象以爲圓即是圓，不須學方，魚即是魚，不須學鳥，對於他而言，萬物自
身皆已俱足，不須待於外，自然也無須學。此論其實頗通於王弼談「學不學」
的觀念，但郭象更著意天性自然的賦予，而人必須識得自身才性之所宜，而
不向外慕求，如此方能遂己而得以「適性」，就這方面而言，郭象所言「適性
論學」與嵇康所論有暗合之處。唯郭象所論與嵇康所言定有十分細緻的差異，
可待日後進一步追蹤。〔註3〕

〔註2〕　《莊子集釋》，頁88。
〔註3〕　江建俊：〈從「應變順和」到「適性安命」〉，《于有非有，于無非無——魏晉思

　　後來的李充對於嵇康頗有契悟，[註4] 史傳記載李充「幼而好刑名之學，深抑虛浮之士，嘗著〈學箴〉」，[註5] 李充雖好「刑名之學」，但其〈學箴〉所反映的理路，很大程度地繼承了嵇康的思維。〈學箴〉主要分成兩個段落：序文與箴文。序文主要在說明作此箴之用意，並指出：「物必有宗，事必有主，寄責於聖人而遺累乎陳迹也。故化之以絕聖棄智，鎮之以無名之樸。聖教救其末，老莊明其本，本末之塗殊而爲教一也」，[註6] 序文所繼承的思想，似乎兼有王弼、郭象的影子，但其箴文所表述的，卻與嵇康的思想頗爲吻合，其云：

> 芒芒太初，悠悠鴻荒，蚩蚩萬類，與道兼忘。聖迹未顯，賢名不彰，怡此鼓腹，率我猖狂。資生既廣，羣塗思通，闇實師明，匪予求蒙，遺己濟物而天下爲公。大庭唱基，羲農宏贊，六位時成，離暉大觀，澤洽雨濡，化流風散，比屋同塵而人周僭亂。爰暨中古，哲王胥承，質文代作，禮統迭興，事藉用以繁，化因阻而凝，動非性擾，靜豈神澄！名之攸彰，道之攸廢，乃損所隆，乃崇所替，刑作由於德衰，三辟興乎叔世，既敦既誘，乃矯乃屬。敦亦既備，矯亦既深，彫琢

想文化綜論》將嵇康歸於「應變順和」一脈中，並指出嵇康是「通過放達來張揚人性，呈現超拔不俗之精神、獨立不屈之人格，及自我之無上價值」（頁149）；對於郭象則有兩種評價：「大談因循適性及派生的安任現成，不求修爲工夫；因是因非爲齊物而無視是非，以安於性分之宿命，來換取超脫，這些都造成很大的流弊」（頁167～168）、「郭象『適性安命』說，乃將理想境界拉到人間，在『安於所受』、『靜於所欲』、『冥於其極』中，安頓生命之紛馳，使人處世俗之中而怡然自得。此在亂世可起安定人心、維繫社會穩定之作用。……蓋人人各得其性則自安，那麼統治者之責任，正在使民都得其性耳」（頁168）江氏所論的嵇康與郭象，指出思想淵源與人格呈現有別，但就其所論之郭象之「適性」，與本文所論嵇康之「適性論學」已頗有暗合，以「論學思想」爲線索，或許更可以挖掘二人在內在理路上的共通性也說不定，此可留待來日再研究。

〔註4〕　盧桂珍：〈嵇志內蘊解析──兼論嵇康之矛盾與統合〉曾引李充〈弔嵇中散文〉，並云：「李充的看法顯示了一道詮釋的裂縫，即嵇康之玄想足以超世域，其高步獨可超常倫，何以其仍不能身免於禍，難道是其侈談養生，實則識寡而無所益乎？」（頁39）又徐公持亦指出「李充在二篇作品中寫及嵇康，此點亦頗說明嵇康在其心目中崇高地位。」參見徐公持：〈理極滯其必宣──論兩晉人士的嵇康情結〉，《文化遺產》第4期（1998年4月），頁41。李充雖對嵇康表達了既崇敬又不解的心情，但李充實對嵇康的思想有所繼承與發揚，觀下文所述。

〔註5〕　《晉書‧李充傳》，頁2389。
〔註6〕　同前註。

生文，抑揚成音，羣能騁技，眾巧竭心，野無陸馬，山無散林。風
岡不動，化岡不移，人之失德，反正作奇。乃放欲以越禮，不知希
競之為病，違彼夷塗而遵此險徑。狡兔陵岡，游魚遁川，至賾深妙，
大象幽玄，棄餌收罝而責功蹄筌，先統喪歸而寄旨忘言。政異徵辭，
拔本塞源，遁迹永日，尋響窮年，刻意離性而失其常然。世有險夷，
運有通屯，損益適時，升降惟理。道不可以一日廢，亦不可以一朝
擬，禮不可以千載制，亦不可以當年止。非仁無以長物，非義無以
齊恥，仁義固不可遠，去其害仁義者而已。力行猶懼不逮，希企邈
以遠矣。室有善言，應在千里，況乎行止復禮克己。風人司箴，敬
貽君子。〔註7〕

李充從洪荒之世開始談起，並一直描繪到人文化成的出現，乃至於「雕琢生
文」等弊端的興起，這裡都與嵇康所云相合，但後來談到「放欲以越禮」等，
則是在嵇康等竹林名士後，士人效仿「任誕」而產生的末流，因此李充站在
後人的角度，既批駁僵化的禮教，又不滿頹放的風氣，於是總結「世有險夷，
運有通屯，損益適時，升降惟理。道不可以一日廢，亦不可以一朝擬，禮不
可以千載制，亦不可以當年止」，換句話說，必須要兼採儒道之長，以濟世
俗之弊。

　　李充所言有幾點可以略作探討：一者，李充已身在嵇康等人之後，同時
見到名教的弊端與任誕的弊病，因此試圖融合二者的長處，得以圓融應世。
二者，李充此處雖云「學箴」，但其「學」既不是漢代的章句經學，也非砥礪
修身的儒家之學，更非老莊所云的絕學，而是對於「學」的本質有所反思與
領會，而這種反思與領會，頗近於嵇康所論。換句話說，李充不似嵇康，用
激切的言辭，表達他的主張，反而是在雜揉後世的見聞，如郭象之論與名教、
任誕之弊，徐緩地道出融合儒道時所呈現的「論學思想」。李充之所以能輕易
地道出並採兼儒道之優點，很大的原因是前人如嵇康、郭象等，對於過去「論
學思想」已有所論述與發展，因此可以很自然地繼承嵇康之論，將嵇康迂曲
的「論學思想」直率地表述出來。唯李充與嵇康最大的不同在於，他泯除了
嵇康的養生觀念，但卻更清晰地表達出嵇康運用道家的思維，轉化當時「論
學思想」，並提出兼容儒道思想的論學觀念。

─────────────

〔註7〕　同前註，頁2390。

　　另外必須說明的是，李充雖是在「論學思想」上很大程度地繼承嵇康的思維，但其表現的痕跡並非是嵇康「適性為學」的特質，反而是嵇康在「適性為學」的論述下，所轉化的「教化為學」的內涵，〔註8〕故李充所云「聖教救其末，老莊明其本，本末之塗殊而為教一也」，此「教」已非董仲舒所云「教化為學」之「教」，而傾向於嵇康所轉化之「教」了。

　　以上十分簡易地概括郭象、李充等人之例，說明其繼承嵇康之論學思想的痕跡。自嵇康提出「適性為學」的論述，後世的論學思想或多或少都離不開嵇康所論，如《劉子》一書除提出〈崇學〉、〈專學〉外，還提出了〈適才〉，可以看到三者之間的互補。〔註9〕此外，必須進一步說明的是，嵇康所提出的「適性為學」，若放寬其涵義：以繼承兩漢以來的「論學思想」發展，並以「玄學」的背景，對於傳統「論學思想」進行的反思而言，後來「論學思想」多少都與嵇康的背景相似，並多少受到嵇康「論學思想」的影響，如稍晚的蘇綽〈敦教化〉云：

> 夫化者，貴能扇之以淳風，浸之以太和，被之以道德，示之以朴素。使百姓蠢蠢，日遷於善，邪僻之心，嗜慾之性，潛以消化，而不知其所以然，此之謂化也。然後教之以孝悌，使人慈愛；教之以仁順，使人和睦；教之以禮義，使人敬讓。慈愛則不遺其親，和睦則無怨於人，敬讓則不競於物。三者既備，則王道成矣。此之謂教也。先王之所以移風易俗，還淳反素，垂拱而臨天下以至於太平者，莫不由此。此之謂要道也。〔註10〕

此處所云的「教化」雖與董仲舒所論相差不甚遠，但卻已雜有時代的痕跡，如「朴素」、「不知其所以然」、「還淳反素」等，都可以看到受到王弼、嵇康等論學思想的影響。

　　此外，若由太學脈絡中論述「教化為學」，多承襲兩漢之舊，如戴邈〈請修建學校疏〉云：

〔註8〕　即第四章「『適性為學』之開展」一節最後所引述〈聲無哀樂論〉的部分。

〔註9〕　當然亦有對於嵇康論述表達不滿者，最顯著者，當以顏之推為代表，如其《顏氏家訓·勉學篇》云：「嵇叔夜排俗取禍，豈和光同塵之流。」（頁187），又云：「嵇康著〈養生〉之論，而以傲物受刑。」（頁361）顏氏針對嵇康倡言養生之論，卻又在個性、行事上與其所論衝突，顯然既不能體貼「嵇志」，亦不能全盤體會嵇康學行之用心，而僅執「養生」一事來論斷嵇康，未免有所偏頗。

〔註10〕李延壽：《北史·蘇綽傳》（北京：中華書局，1974年），頁2232。

　　臣聞天道之所大，莫大於陰陽；帝王之至務，莫重於禮學。是以古
　　之建國，有明堂辟雍之制，鄉有庠序黌校之儀，皆所以抽導幽滯，
　　啓廣才思。蓋以六四有困蒙之吝，君子大養正之功也。……明主唱
　　之於上，宰輔督之於下。夫上之所好，下必有過之者焉，是故雙劍
　　之節崇，而飛白之俗成；挾琴之容飾，而赴曲之和作；君子之德風，
　　小人之德草，實在感之而已。〔註11〕

戴邈此論深合於董仲舒所論「教化爲學」之宗旨：養賢與教化。故可知雖然
士人論學思想雖有從「教化爲學」過渡到「適性爲學」的脈絡，實際上遵循
舊脈絡之人亦不少。〔註12〕

　　綜合而言，本節提供在本文研究脈絡中，對於往後「論學思想」展望的
一種可能性，希望能透過兩漢到魏晉間所呈顯的「教化爲學」與「適性爲學」
作爲後來研究的一個切入點。

　　爬梳兩漢到魏晉「論學思想」的發展中，很清晰地看到「教化爲學」到
「適性爲學」發展的脈絡，即使二者本身並沒有衝突，或學術典範的替代等
現象，但確實有重心傾移的過程。藉由董仲舒到嵇康等人的考察，並試著深
入他們對於「學」的論述，進而形成的「論學思想」，可以覺察到兩漢經學到
魏晉玄學之間，若以這個角度考察，是可以看到另一層內在理路的轉變，而
非必然是驟變而至的學術現象。

　　本文所持的三個主要概念：「論學思想」、「教化爲學」以及「適性爲學」，
在前人研究中並非沒有涉及，但本文試圖將其整理成一個完整的脈絡，並依
序梳理，探討其中的演變與發展，庶幾希望能在漢晉這段學術史的研究發展
中有所貢獻。

〔註11〕《晉書・戴邈傳》，頁 1848～1849。
〔註12〕又如袁瓌：〈請建國學疏〉云：「臣聞先王之教也，崇典訓以弘遠代，明禮樂
　　　　以流後生，所以導萬物之性，暢爲善之道也。」（《晉書・袁瓌傳》，頁 2166
　　　　～2167）此處「導萬民之性」並非王弼所云「因物之性」，而較近於「導民爲
　　　　善」之義，故仍舊在「教化爲學」的脈絡中。

參考書目

壹、古　籍

1. 〔戰國〕荀子著，李滌生集釋：《荀子集釋》，臺北：臺灣學生書局，2000年。
2. 〔漢〕陸賈著，王利器校注：《新語校注》，北京：中華書局，2012年。
3. 〔漢〕賈誼著，閻振益、鍾夏校注：《新書校注》，北京：中華書局，2011年。
4. 〔漢〕劉安著，何寧集釋：《淮南子集釋》，北京：中華書局，2006年。
5. 〔漢〕董仲舒著，〔清〕蘇輿義證：《春秋繁露義證》，北京：中華書局，2002年。
6. 〔漢〕司馬遷：《史記》，北京：中華書局，2011年。
7. 〔漢〕桓寬著，王利器校注：《鹽鐵論校注》，北京：中華書局，2010年。
8. 〔漢〕劉向著，向宗魯校證：《說苑校證》，北京：中華書局，2009年。
9. 〔漢〕揚雄著，汪榮寶義疏：《法言義疏》，北京：中華書局，2011年。
10. 〔漢〕揚雄著，〔宋〕司馬光集注：《太玄集注》，北京：中華書局，2006年。
11. 〔漢〕桓譚著，朱謙之校輯：《新輯本桓譚新論》，北京：中華書局，2011年。
12. 〔漢〕王充著，黃暉校釋：《論衡校釋》，北京，中華書局，2009年。
13. 〔漢〕班固：《漢書》，北京：中華書局，2010年。
14. 〔漢〕許慎著，〔清〕段玉裁：《說文解字注》，臺北：黎明文化事業公司影印經韵樓藏版，1996年。
15. 〔漢〕王符著，〔清〕汪繼培箋，彭鐸校正：《潛夫論箋校正》，北京：中

華書局，2011 年。

16. 〔漢〕鄭玄注，〔唐〕孔穎達疏：《禮記注疏》，臺北：藝文印書館影印清嘉慶二十年（1815）南昌府學刊本，2001 年。

17. 〔漢〕崔寔、仲長統著，孫啓治校注：《政論校注·昌言校注》，北京：中華書局，2012 年。

18. 〔漢〕荀悅著，〔明〕黃省曾注，孫啓治校補：《申鑒注校補》，北京：中華書局，2012 年。

19. 〔三國魏〕劉劭：《人物志·材理》，臺北：金楓出版社，1999 年。

20. 〔三國魏〕徐幹著，徐湘霖校注：《中論》，成都：巴蜀書社，2000 年。

21. 〔三國魏〕何晏集解，〔宋〕邢昺疏：《論語注疏》，臺北：藝文印書館影印清嘉慶二十年（1815）南昌府學刊本，2001 年。

22. 〔三國魏〕王弼著，樓宇烈校釋：《王弼集校釋》，臺北：華正書局，2006 年。

23. 〔三國魏〕嵇康著，戴明揚校注：《嵇康集校注》，北京：人民文學出版社，1962 年。

24. 〔三國蜀〕諸葛亮：《諸葛亮集》，北京：中華書局，2011 年。

25. 〔西晉〕陳壽著，裴松之注：《三國志》，北京：中華書局，2010 年。

26. 〔東晉〕張湛著，楊伯峻集釋：《列子集釋》，北京：中華書局，2007 年。

27. 〔東晉〕葛洪著，楊明照校箋：《抱朴子外篇校箋》，北京：中華書局，2011 年。

28. 〔南朝宋〕范曄：《後漢書》，北京：中華書局，2011 年。

29. 〔南朝宋〕劉義慶著，〔南朝梁〕劉孝標注，余嘉錫箋疏：《世說新語箋疏》，北京：中華書局，2007 年。

30. 〔北齊〕顏之推著，王利器集解：《顏氏家訓集解》，北京：中華書局，2007 年。

31. 〔唐〕房玄齡等：《晉書·山濤傳》，北京：中華書局，2010 年。

32. 〔唐〕唐玄宗注，邢昺疏：《孝經注疏·開宗明義章》，臺北：藝文印書館影印清嘉慶二十年（1815）南昌府學刊本，2001 年。

33. 〔唐〕杜佑：《通典》，北京：中華書局，1988 年。

34. 〔唐〕釋道宣：《廣弘明集》，臺北：臺灣中華書局影印常州天寧寺本校刊，1981 年。

35. 〔唐〕李延壽：《北史》，北京：中華書局，1974 年。

36. 〔唐〕陸德明著，吳承仕疏證：《經典釋文序錄疏證》，北京：中華書局，2008 年。

37. 〔宋〕朱熹：《四書章句集注》，北京：中華書局，2005 年。

38. 〔清〕顧炎武著，黃汝成集釋：《日知錄集釋》，上海：上海古籍出版社，2006 年。

39. 〔清〕王夫之：《讀通鑑論》，北京：中華書局，2011 年。

40. 〔清〕趙翼：《廿二史箚記》，北京：中華書局，2005 年。

41. 〔清〕陳立：《白虎通疏證》，北京：中華書局，2011 年。

42. 〔清〕郭慶藩：《莊子集釋》，北京：中華書局，2007 年。

43. 〔清〕章學誠著，葉瑛校注：《文史通義校注》，北京：中華書局，2011 年。

44. 〔清〕嚴可均輯校：《全上古三代秦漢三國六朝文》，北京：中華書局，2012 年。

45. 〔清〕皮錫瑞：《經學歷史》，臺北縣：藝文印書館，1987 年。

46. 〔清〕唐晏：《兩漢三國學案》，臺北：華世出版社，1987 年。

47. 〔清〕湯球：《九家舊晉書輯本》，鄭州：中洲古籍出版社，1991 年。

貳、近人論著

一、專　書

1. 毛禮銳、沈灌群：《中國教育通史》，濟南：山東教育出版社，1995 年。

2. 毛禮銳、邵鶴亭、瞿菊農：《中國教育史》，臺北：五南圖書出版公司，1989 年。

3. 王仁祥：《先秦兩漢的隱逸》，臺北：國立臺灣大學文學院，1995 年。

4. 王永祥：《董仲舒評傳》，南京：南京大學出版社，1995 年。

5. 王葆玹：《正始玄學》，濟南：齊魯書社，1987 年。

6. 匡亞明：《揚雄評傳》，南京：南京大學出版社，2000 年。

7. 朱漢民：《玄學與理學的學術思想理路研究》，臺北：國立臺灣大學出版中心，2011 年。

8. 江建俊：《于有非有，于無非無——魏晉思想文化綜論》，臺北：新文豐，2009 年。

9. 江建俊：《漢末人倫鑒識之總理則：劉邵人物志研究》，臺北：文史哲出版社，1983 年。

10. 江建俊：《魏晉「神形超越」的文化底蘊》，臺北：新文豐，2013 年。

11. 牟宗三：《才性與玄理》，臺北：臺灣學生書局，2002 年。

12. 牟宗三：《中國哲學十九講》，臺北：臺灣學生書局，1983 年。

13. 米靖：《經學與兩漢教育》，天津：天津人民出版社，2009 年。

14. 余英時：《士與中國文化》，上海：上海人民出版社，2008 年。

15. 余英時：《中國知識人之史的考察》，桂林：廣西師範大學出版社，2004
年。

16. 余英時：《東漢生死觀》，臺北：聯經出版社，2008 年。

17. 余英時：《歷史與思想》，臺北：聯經出版社，1976 年。

18. 余英時等：《中國歷史轉型時期的知識分子》，臺北：聯經出版社，1992
年。

19. 余書麟：《中國教育史》，臺北：國立臺灣師範大學出版組出版，1960～
1961 年。

20. 余敦康：《何晏王弼玄學新探》，北京：方志出版社，2007 年。

21. 吳汝均：《當代中國哲學的知識論》，臺北：國立臺灣大學出版中心，2013
年。

22. 吳冠宏：《魏晉玄義與聲論新探》，臺北：里仁，2006 年。

23. 李中華：《中國儒學史·魏晉南北朝卷》，北京：北京大學出版社，2011
年。

24. 李弘祺：《學以爲己：傳統中國的教育》，香港：中文大學出版社，2012
年。

25. 李宗定：《葛洪抱朴子內篇與魏晉玄學》，臺北：臺灣學生書局，2012 年。

26. 李國鈞、王炳照主編：《中國教育制度通史》，濟南：山東教育出版社，
1999 年。

27. 李澤厚：《中國古代思想史論》，臺北：華京，1990 年。

28. 汪惠敏：《三國經學之研究》，臺北：漢京，1981 年。

29. 林登順：《魏晉南北朝儒學流變之省察》，臺北：文津，1996 年。

30. 林聰舜：《漢代儒學別裁：帝國意識形態的形成與發展》，臺北：臺大出
版中心，2013 年。

31. 林麗眞：《王弼》，臺北：東大圖書，2008 年。

32. 林麗眞：《魏晉清談主題之研究》，臺北縣永和市：花木蘭出版社，2008
年。

33. 林麗眞主編：《魏晉玄學研究論著目錄（1884～2004）》，臺北：漢學研究
中心，2005 年。

34. 邱爲君：《自然與名教──漢晉思想的轉折》，臺北縣板橋市：稻鄉，2010
年。

35. 唐長孺：《山居存稿》，收於《唐長孺文集》第六冊，北京：中華書局，
2011 年。

36. 唐長孺：《魏晉南北朝史論叢》，收於《唐長孺文集》第一冊，北京：中

華書局，2011 年。

37. 唐長孺：《魏晉南北朝隋唐史三論》，收於《唐長孺文集》第四冊，北京：中華書局，2011 年。

38. 唐翼明：《魏晉清談》，臺北：東大，2002 年。

39. 夏長樸：《兩漢儒學研究》，臺北：國立臺灣大學文學院，1978 年。

40. 夏甄陶：《中國認識論思想史稿》，北京：中國人民大學出版社，1992 年。

41. 容肇祖：《魏晉的自然主義》，臺北：臺灣商務印書館，1980 年。

42. 徐平章：《王符潛夫論探微》，臺北縣永和市：文津出版社，1982 年。

43. 徐復觀：《中國人性論史》，臺北：臺灣商務印書館，1969 年。

44. 徐復觀：《兩漢思想史卷二》，臺北：臺灣學生書局，1976 年。

45. 徐復觀：《兩漢思想史卷三》，臺北：臺灣學生書局，1979 年。

46. 秦躍宇：《六朝士大夫玄儒兼治研究》，揚州：廣陵書社，2008 年。

47. 張蓓蓓：《中古學術論略》，臺北：大安出版社，1991 年。

48. 張蓓蓓：《東漢士風及其轉變》，臺北：國立臺灣大學文學院，1985 年。

49. 張蓓蓓：《魏晉學術人物新研》，臺北：大安出版社，2001 年。

50. 許抗生、聶保平、聶清：《中國儒學史·兩漢卷》，北京：北京大學出版社，2011 年。

51. 許抗生：《魏晉思想史》，臺北：桂冠，1992 年。

52. 郭梨華：《王弼之自然與名教》，臺北：文津出版社，1995 年。

53. 陳平原主編：《魏晉玄學研究》，武漢：湖北教育出版社，2008 年。

54. 陳東原：《中國教育史》，臺北：臺灣商務印書館，1966 年。

55. 陳弱水主編：《中國史新論——思想史分冊》，臺北：中央研究院·聯經出版社，2012 年。

56. 陳寅恪：《金明館叢稿初編》，北京：生活·讀書·新知三聯書店，2001 年。

57. 陳麗桂：《兩漢諸子研究論著目錄：1912～1996》，臺北：漢學研究中心，1998 年。

58. 陳麗桂：《兩漢諸子研究論著目錄：1997～2001》，臺北：漢學研究中心，2003 年。

59. 陳麗桂：《兩漢諸子研究論著目錄：2002～2009》，臺北：漢學研究中心，2010 年。

60. 陳麗桂：《漢代道家思想》，臺北：五南圖書出版公司，2013 年。

61. 陶建國：《兩漢魏晉之道家思想》，臺北：文津出版社，1986 年。

62. 勞悅強：《文內文外——中國思想史中的經典詮釋》，臺北：國立臺灣大

學出版中心，2010 年。

63. 曾春海：《竹林七賢的玄理與生命情調》，臺北：五南圖書出版公司，2013 年。

64. 曾春海：《兩漢魏晉哲學史》，臺北：五南圖書出版公司，2008 年。

65. 曾春海：《嵇康的精神世界》，鄭州：中洲古籍出版社，2009 年。

66. 湯一介：《郭象與魏晉玄學》，北京：北京大學出版社，2009 年。

67. 湯用彤：《魏晉玄學論稿》，上海：上海古籍出版社，2005 年。

68. 程舜英：《兩漢教育制度史資料》，北京：北京師範大學出版社，1983 年。

69. 程舜英：《魏晉南北朝教育制度史資料》，北京：北京師範大學出版社，1988 年。

70. 童強：《嵇康評傳》，南京：南京大學出版社，2006 年。

71. 賀昌群：《魏晉清談思想初論》，北京：商務印書館，2000 年。

72. 逯耀東：《魏晉史學的思想與社會基礎》，臺北：東大，2000 年。

73. 黃盛雄：《王符思想研究》，臺北：文史哲出版社，1982 年。

74. 楊世文：《魏晉學案》，北京：人民出版社，2013 年。

75. 楊承彬：《秦漢魏晉南北朝教育制度》，臺北：臺灣商務印書館，1978 年。

76. 葛兆光：《中國思想史》第一卷，上海：復旦大學出版社，2001 年。

77. 鄔昆如：《哲學概論》，臺北：五南圖書出版公司，2007 年。

78. 熊鐵基，陳紅星主編：《老子集成》第一卷，北京：宗教文化出版社，2011 年。

79. 蒙培元：《中國心性論》，臺北：臺灣學生書局，1990 年。

80. 劉文英：《王符評傳》，南京：南京大學出版社，1993 年。

81. 劉汝霖：《東晉南北朝學術編年》，臺北：長安出版社，1979 年。

82. 劉汝霖：《漢晉學術編年》，臺北：長安出版社，1979 年。

83. 蔡振豐：《魏晉名士與玄學清談》，臺北：黎明文化事業公司，1997 年。

84. 盧政：《嵇康美學思想述評》，北京：中國社會科學出版社，2011 年。

85. 盧桂珍：《境界・思維・語言：魏晉玄理研究》，臺北：國立臺灣大學出版中心，2010 年。

86. 錢穆：《中國史學名著》，臺北：東大，2011 年。

87. 錢穆：《中國思想史》，臺北：蘭臺出版社，2001 年。

88. 錢穆：《中國學術思想史論叢（三）》，臺北：蘭臺出版社，2000 年。

89. 錢穆：《中國學術思想史論叢（四）》，臺北：蘭臺出版社，2000 年。

90. 錢穆：《兩漢經學今古文平議》，臺北，東大，2003 年。

91. 錢穆:《國史大綱》,臺北:商務印書館,1995 年。

92. 錢穆:《國學概要》,北京:商務印書館,2007 年。

93. 錢穆:《莊老通辨》,北京:九州出版社,2011 年。

94. 戴璉璋:《玄智、玄理與文化發展》,臺北:中央研究院文哲所,2010 年。

95. 謝大寧:《歷史的嵇康與玄學的嵇康——從玄學史看嵇康思想的兩個側面》,臺北:文史哲出版社,1997 年。

96. 鍾肇鵬,周桂鈿:《桓譚王充評傳》,南京:南京大學出版社,1993 年。

97. 羅因:《「空」、「有」與「有」、「無」——玄學與般若學交會問題之研究》,臺北:國立臺灣大學文學院,2003 年。

98. 羅鴻詔:《認識論入門》,臺北:臺灣商務印書館,1966 年。

99. 蘇志宏:《秦漢禮樂教化論》,成都:四川人民出版社,1991 年。

100. 顧明遠主編:《中國教育大系(修訂版)》,武漢:湖北教育出版社,2004 年。

101. 龔鵬程:《儒學新思》,北京:北京大學出版社,2009 年。

102. 〔日〕吉川忠夫著,王啓發譯:《六朝精神史研究》,南京:江蘇人民出版社,2012 年。

103. 〔日〕諸橋轍次:《儒學之目的與宋儒慶曆至慶元百六十年間之活動》,南京:首都女子學術研究會,1937 年。

二、期刊、會議論文

1. 方軍:〈王符「人道曰爲」的認識論思想論析〉,《安徽教育學院學報》第 23 卷第 4 期,2005 年。

2. 王季香:〈由東漢盛世學風論儒家知識分子的地位與處境〉,《應華學報》第 4 期,2008 年。

3. 余敦康:〈論中國思維發展史上的一次大變革——玄學思潮怎樣替代了經學思潮〉,《孔子研究》,1986 年 3 月。

4. 吳冠宏:〈王弼思想之歷程性的探尋:從聖人無情到聖人有情之轉變的考察〉,《台灣東亞文明研究學刊》第 5 卷第 1 期,2008 年。

5. 吳冠宏:〈王弼聖人有情說與儒、道、玄思想之關涉與分判〉,《國文學報》第 42 期,2007 年 12 月。

6. 吳冠宏:〈從余英時〈名教危機與魏晉士風的演變〉一文中「情」之論述及其商榷談玄論與魏晉士風的合理關涉〉,《東華人文學報》第 8 期,2006 年。

7. 吳冠宏:〈從莊子到嵇康——「聲」與「氣」之視域的開啓〉,《清華學報》第 44 卷第 1 期,2014 年。

8. 吳冠宏:〈嵇康〈明膽論〉之明膽關係試探〉,《東華漢學》創刊號,2003年2月。

9. 吳冠宏:〈貴無與滯有——王弼「聖人有情說」之兩種詮釋向度的檢視及其對話〉,《中正大學中文學術年刊》第1期,2007年。

10. 岑溢成:〈嵇康的思維方式與魏晉玄學〉,《鵝湖學誌》第9期,1992年12月。

11. 李軍:〈嵇康的自然主義教育論及其反現實性〉,《中國文化月刊》,1994年12月。

12. 李豐楙:〈嵇康養生思想之研究〉,《靜宜學報》第2期,1979年6月。

13. 周大興:〈越名教而任自然——嵇康《釋私論》的道德超越論〉,《鵝湖月刊》第197期,1991年11月。

14. 林聰順:〈玄學式的體制與反體制論述——魏晉思想的一個思考方向〉,成功大學中文系主編:《第三屆魏晉南北朝文學與思想學術研討會》,臺北:文津,1997年,頁465～489。

15. 林麗眞:〈王弼「性其情」說析論〉,王叔岷先生八十壽慶論文集編輯委員會編:《王叔岷先生八十壽慶論文集》,臺北:大安出版社,1993年,頁599～610。

16. 林麗眞:〈王弼玄學與黃老學的基本歧異〉,《臺大中文學報》第12期,2000年5月。

17. 林麗眞:〈從隋志之著錄看魏晉清談及學術之跡象〉,《國立編譯館館刊》第14卷第2期,1985年12月。

18. 林麗眞:〈魏晉人對傳統禮制與道德之反省——從服喪論、同姓婚論與忠孝論談起〉,《臺大中文學報》第4期,1991年6月。

19. 孫世民:〈嵇康相須論研究〉,《彰化師大國文學誌》第19期,2009年12月。

20. 徐公持:〈理極滯其必宣——論兩晉人士的嵇康情結〉,《文化遺產》第4期,1998年4月。

21. 張寶三:〈漢代章句之學論考〉,《臺大中文學報》第14期,2001年6月。

22. 郭永吉:〈先秦至西漢博士論考——兼論博士與儒的關係〉,《清華中文學報》第2期,2008年。

23. 陳美朱:〈嵇康、阮籍的「理想士人」論——由「宏達先生」與「大人先生」的形象談起〉,《孔孟月刊》第34卷第2期,1995年10月。

24. 曾春海:〈阮籍、嵇康對經學的繼承和批判〉,《哲學與文化》,第36卷,第9期,2009年9月。

25. 曾春海:〈從規範倫理與德行倫理省察魏晉名教危機〉,《哲學與文化》第36卷第4期,2009年4月。

26. 楊聯陞：〈東漢的豪族〉，《清華大學學報》，1936 年。

27. 劉國平：〈徐幹天人思想體系試構〉，《研究與動態》第 9 期，2003 年 12 月。

28. 劉增貴：〈論後漢末的人物評論風氣〉，《國立成功大學歷史學系歷史學報》第 10 期，1983 年。

29. 蔡忠道：〈越名教而任自然——嵇康倫理價值的追求〉，《哲學與文化》第 37 卷第 6 期，2010 年 6 月。

30. 蔡振豐：〈何晏《論語集解》的思想特色及其定位〉，《臺大中文學報》第 15 期，2001 年 12 月。

31. 盧桂珍：〈王弼、郭象性情論研考〉，《臺大中文學報》第 25 期，2006 年 12 月。

32. 盧桂珍：〈嵇志內蘊解析——兼論嵇康之矛盾與統合〉，《成大中文學報》第 30 期，2010 年 10 月。

三、學位論文

1. 吳冠宏：《魏晉玄論與士風新探——以「情」為綜合及詮釋進路》，臺北：國立臺灣大學中國文學研究所博士論文，1997 年。

2. 蔡振豐：《王弼的言意理論與玄學方法》，臺北：國立臺灣大學中國文學研究所碩士論文，1993 年。

3. 盧桂珍：《王弼與郭象之聖人論》，臺北：國立臺灣大學中國文學所碩士論文，1992 年。

4. 謝大寧：《從災異到玄學》，臺北：國立臺灣師範大學國文研究所博士論文，1989 年。